四川省科学技术厅软科学项目
"高质量发展背景下四川民族地区资源型产业转型升级研究"
（项目编号：2019JDR0034）成果

高质量发展背景下
四川民族地区资源型产业转型升级研究

GAO ZHILIANG FAZHAN BEIJING XIA
SICHUAN MINZU DIQU ZIYUANXING CHANYE
ZHUANXING SHENGJI YANJIU

张华泉　漆雁斌　吴　平　申　云　李佳珈●著

西南财经大学出版社

四川·成都

图书在版编目(CIP)数据

高质量发展背景下四川民族地区资源型产业转型升级研究/张华泉
等著.一成都:西南财经大学出版社,2020.12
ISBN 978-7-5504-4733-2

Ⅰ.①高… Ⅱ.①张… Ⅲ.①民族地区—资源产业—产业结构
升级—研究—四川 Ⅳ.①F127.71

中国版本图书馆 CIP 数据核字(2020)第 257767 号

高质量发展背景下四川民族地区资源型产业转型升级研究
张华泉 等 著

责任编辑:陈何真璐
封面设计:墨创文化
责任印制:朱曼丽

出版发行	西南财经大学出版社(四川省成都市光华村街 55 号)
网　　址	http://www.bookcj.com
电子邮件	bookcj@foxmail.com
邮政编码	610074
电　　话	028-87353785
照　　排	四川胜翔数码印务设计有限公司
印　　刷	四川五洲彩印有限责任公司
成品尺寸	170mm×240mm
印　　张	13.5
字　　数	242 千字
版　　次	2020 年 12 月第 1 版
印　　次	2020 年 12 月第 1 次印刷
书　　号	ISBN 978-7-5504-4733-2
定　　价	78.00 元

序言一

在 2035 年远景目标指引下，在当前新发展格局构建过程中，我国民族地区的经济发展注定会立足新的历史方位，注入高质量发展基因，迈入新的历史变革期。民族地区产业结构调整与经济转型升级，不仅关系到民族地区可持续发展与社会稳定，还关系到我国新发展理念的贯彻落实及民族团结。因此，研究民族地区产业转型升级，特别是探究民族地区主导产业的资源型产业转型升级的科学内涵、动力机制、路径设计、制度安排，对于推动民族地区的高质量发展具有重要的理论及实践意义。

目前学界关于资源型产业转型升级的研究，基本上都聚焦于枯竭型资源城市和地区的产业转型升级，较少关注研究特定区域如四川民族地区的产业升级相关痛点、难点、盲点。根据《全国资源型城市可持续发展规划（2013—2020年）》界定，四川民族地区资源型城市在国家公布的资源型城市名单中属于成熟型城市或再生型城市，这类区域在转型过程中具备成本较低、风险较小等后发优势。然而，四川民族地区地理位置偏远，产业结构单一、产业布局分散，使得其资源型产业转型升级难度较大，相应的研究成果对其也着墨较少。基于此现状，本书对涵盖了攀枝花市、凉山彝族自治州、甘孜藏族自治州、阿坝藏族羌族自治州在内的四川民族地区资源型产业转型升级进行了系统梳理与考察研究。同时，四川民族地区作为包含攀西战略资源创新开发试验区在内的资源富集区，其转型发展自然可以作为民族地区资源型产业转型升级和可持续发展的典型案例，具有独特的研究价值。通过小切口、深剖析，以小见大，以点概面，有利于为其他同类型资源城市和地区的产业转型升级提供经验类比与借鉴。此外，本书的数据来源充分，实证分析合理，定性与定量有机融合，能够比较真实地反映四川民族地区资源型产业转型升级的段位、点位，匹配了当前四川民族地区资源型产业转型升级的生动场景，因此本书的研究成果具有较强的实际应用价值。

本书引用绿色发展、产业生态学、循环经济等相关经典理论，明晰了高质量发展目标导向下四川民族地区资源型产业转型升级的作用机理、政策调向，并细分了攀枝花市、凉山彝族自治州、阿坝藏族羌族自治州、甘孜藏族自治州资源型产业转型的异质性维度，完整构建了"理论基础—现状分析—水平测度—因子剖析—案例借鉴—路径构建—政策靶向"的研究框架与演化逻辑，识别了四川民族地区资源型产业转型升级的动力机制，明确了新时代背景下四川民族地区资源型产业转型升级的特殊使命与目标担当，深刻描绘了该区域转型升级高质量发展的宏伟远景与践行路径、制度安排。

总体而言，本书内容全面、翔实，论述深邃；不仅有理论阐释，还有实施方案；不仅有大面概说，还有典型例证。作者花费巨大精力，通过精心搜索和整理，运用国内外多个经典案例，进行了很有价值的实证研究。可喜可赞！

最后，想借此机会寄语我的学生，也即本书著者张华泉博士。一路走来，华泉都是我非常器重、非常喜欢的一位学生。作为老师，我见证了他的可喜成长，见证了他的点滴进步，见证了他的开拓进取。回首遥望，倍感欣慰。在新的起点上，在厚积薄发的学术生涯中，愿他在四川农业大学的大舞台上尽情挥洒青春，尽情绽放热情，在最好的时光里，不断寻觅，精耕细作，踵事增华，弦歌不辍。更愿他不忘初心，永远鲜衣怒马、仗剑天涯，历尽千帆，归来仍是少年！

中共四川省委党校、四川行政学院教授
四川省学术与技术带头人
四川省区域经济研究会副会长　孙超英

序言二

2018 年 6 月，中共四川省委十一届三次全体会议通过了《中共四川省委关于全面推动高质量发展的决定》，提出要把握四川高质量发展总体要求，坚持质量第一、效益优先，深化供给侧结构性改革，着力解决产业体系不优、市场机制不活、协调发展不足、开放程度不深等问题。四川作为资源大省，其资源型产业优化升级自然值得关注，尤其是民族地区作为资源富集地区，其产业转型升级更是引人注目。

四川是一个多民族大省，四川省民族地区是指甘孜藏族自治州、阿坝藏族羌族自治州、凉山彝族自治州三个自治州以及乐山市峨边彝族自治县、马边彝族自治县等区域。众所周知，四川省民族地区拥有丰富的矿产、水能、旅游、生物等资源，有着资源型产业发展的良好"先天"基础。以水能资源为例，四川省水能资源理论蕴藏量达 1.5 亿千瓦时，位列全国第二。其中，水力资源理论蕴藏量在 1 万千瓦时以上的河流共 781 条，95% 分布在流经甘孜藏族自治州、阿坝藏族羌族自治州、凉山彝族自治州（以下简称"三州"）的金沙江、雅砻江、岷江和大渡河流域。水能资源在三州地区高度富集，分布面广且相对集中；同时，由于有独特的地质构造和地质特征，三州地区既是西南"三江"有色金属巨型成矿带，又是以钒钛磁铁矿为主的攀西裂谷成矿带，矿产资源种类繁多，品位极高，埋藏浅，易采选。

按照高质量发展的总体要求，四川资源型产业的发展无疑也已经进入了新的变革时期。开发和利用这些资源已经成为四川省民族地区经济发展的主要途径。然而，这些地区大多属于国家和四川省限制或禁止开发的重点生态功能区，在资源开发利用和产业发展规划中，必然要受到一定约束。且由于长期以来受资金、人才和技术等因素制约，当地经济社会发展整体相对缓慢，形成了"富饶的落后"的状况。

如何转变粗放式卖资源和破坏性开采的经济增长模式，实现资源科学合理利用、生态环境保护和经济可持续发展三方面的平衡，是四川省民族地区以资源为依托的地区区域经济发展的关键。在高质量发展背景下，四川省民族地区资源型产业未来的发展方向、发展机制、发展对策是怎么样的？四川省民族地区资源种类繁多，不同类别的资源型产业发展现状、特征、问题是什么？高质量发展对四川省民族地区资源型产业转型升级会提出哪些新的要求？这些理论及实践问题都值得思考。

由四川农业大学张华泉博士主持研究相关项目后撰写的《高质量发展背景下四川民族地区资源型产业转型升级研究》一书，正是以上述问题为导向，在相关理论基础上，研判高质量发展对四川省民族地区资源型产业转型升级的影响机理，探讨四川省民族地区目前的产业政策，将理论应用于实践，进一步寻求四川省民族地区资源型产业发展的路径选择及配套措施，以求创新突破。本书基于高质量发展背景，依照"研究进展—概念界定—实证分析—案例研究—路径构建—制度安排"的逻辑，通过构建四川省民族地区资源型产业转型升级的一般分析框架，明确提出了四川省民族地区资源型产业转型升级的基本路径与制度安排。本书的很多分析数据来源于相关统计年鉴以及实地调研资料，能够比较真实地反映四川省民族地区资源型产业的发展现状和特征，契合了当前四川省民族地区资源型产业转型升级的鲜活场景，因此本书的研究成果具有较强的实际应用价值。

总之，本书从资源型产业高质量发展视角出发，深度研究了四川省民族地区资源型产业转型升级的科学内涵、动力机制、转型所处节点、转型瞄准的历史方位、转型路径与制度保障，是张华泉博士及其研究团队对相关领域阶段成果的凝练和升华。本书体系完整，逻辑清晰，观点鲜明，理论意义和应用价值突出，是深入研究四川省民族地区产业转型发展的创新之作。相信本书出版后能够发挥重要的学术和社会影响。

凉山州发展和改革委员会党组成员、副主任 万映斌

目　录

1 导论

1.1 选题背景与研究意义

1.1.1 选题背景

18世纪60年代,工业革命拉开了大规模工厂化生产的序幕,机械化生产使得人类对自然资源和生态环境的利用与掠夺更加便利,也使得人类征服大自然的欲望更加强烈。19世纪下半叶以来,在工业革命浪潮的席卷下,人类更加便利地利用和开发自然资源,对自然资源的需求急剧上升。同时,帝国主义国家的殖民活动加剧了世界各地对各类自然资源的开发和利用,尤其是在世界各地快速兴起了以矿产资源的采掘和加工为目的资源型城镇或社区后,对自然资源的开发活动更甚。到20世纪初期,大规模的工业化生产促进了工业经济的快速发展,这也意味着各种自然资源(主要以煤、铁等矿产资源为代表)的消耗量剧增。20世纪中叶,由于资源型产业发展所带来的环境问题日益严重,一些资源型城市谋求转型,如德国鲁尔工业区等。在传统工业化过程中,经济增长严重依赖于自然资源,继而导致资源型产业路径依赖效应的产生。然而,以矿产为代表的不可再生类自然资源的禀赋是稀缺的,随着这类自然资源日趋枯竭,资源型产业或资源所在地区将面临因资源枯竭而导致的产业阵痛与系统性的经济社会问题。资源型产业发展瓶颈之所以产生,归纳起来,无外乎两个方面的原因,原因一即直接原因是自然资源耗竭,原因二也即根本原因则是资源开发和城市运营体制和管理等制度缺位。而资源的过度消耗和环境污染对生态的破坏亦十分严重。进入21世纪后,环境和生态问题更加受到世界各国的广泛关注。由此,基于可持续发展视角的资源型产业转型升级研究就成为世界各国资源型城市面临的重大课题,如何破解资源型产业发展与生态系统平衡的难题也成为当今世界经济可持续发展的核心问题。

就我国而言，新中国的工业化建设开始于中华人民共和国成立后的第一个五年计划。本着优先发展重工业的经济发展战略，以资源开发利用为依托，我国相继建立起了一批能源、矿产和林业等资源开发和利用基地。改革开放后，我国经济得到飞跃式发展，物质财富得到极大的增长，人民生活水平显著提高，但是我国的经济发展模式在相当长的一段时期内是以环境破坏为代价、以资源消耗为基础的传统发展模式，我国的工业化发展模式是一种典型的粗放式发展模式。改革开放40余年的高速发展使得我国面临资源和环境的双重约束，传统经济的增长模式亟须转变。面对我国经济发展现状和资源环境的现实约束，党和国家高度重视这一现实问题。十六大报告在"推进西部大开发，促进区域经济协调发展"一节中就明确指出"支持以资源开采为主的城市和地区发展接续产业"。2003年，胡锦涛在中央人口资源环境工作座谈会上指出，要加快转变经济发展方式，将循环经济的发展理念贯穿到区域经济发展、城乡建设和产品生产之中，使资源得到最有效的利用。同年7月，胡锦涛系统性地提出了"坚持以人为本，树立全面、协调、可持续的发展观，促进经济社会和人的全面发展"的科学发展观。2010年，党的十七届五中全会提出要加快建设资源节约型和环境友好型的"两型"社会，大力发展循环经济，增强可持续发展能力。2011年，国务院印发《工业转型升级规划（2011—2015年）》，对推进中国特色新型工业化、调整和优化经济结构、促进工业转型升级提出了进一步要求。该规划是"十二五"时期工业转型升级的总纲，对这一时期中国深化改革开放、加快转变经济发展方式具有十分重要的理论引导价值。2012年，党的十八大报告指出要坚持节约资源和环境保护的基本国策，坚持节约优先、保护优先、自然恢复为主的方针，着力推进绿色发展、循环发展、低碳发展，形成节约资源和保护环境的空间格局、产业结构、生产方式和生活方式，从源头上扭转生态环境恶化趋势。随着新时代的到来，中国经济从高速增长转向高质量增长阶段，我国经济进入新常态，对经济发展方式有了更高的要求。2017年，党的十九大报告明确提出支持资源型地区经济转型发展，坚持绿色发展和可持续发展，强调经济发展要与环境相适应、经济发展应增强对环境的修复能力，形成人与自然和谐发展现代化建设新格局，同时要大力发展环境产业和绿色产业，实现绿色循环低碳发展、人与自然和谐共生。

本书的研究范围为中观层面的四川民族地区。四川民族地区位于四川西部、青藏高原东部边缘地区，主要包括甘孜藏族自治州（简称"甘孜州"）、阿坝藏族羌族自治州（简称"阿坝州"）、凉山彝族自治州（简称"凉山州"）三个自治州以及乐山市峨边彝族自治县、马边彝族自治县等，民族自治区域共有 50 个县（市）。而位于攀西地区的攀枝花市也是一个多民族聚集地区，同时又是四川最具代表性的资源型城市，所以本书所研究的四川民族地区资源型产业转型升级是包含了攀枝花市和攀西国家战略资源创新开发试验区的其他地区在内的川西自然资源富集区。攀西国家战略资源创新开发试验区除了铁、钒、钛、铬等重要资源，还富藏多种稀有金属和稀土、碲铋等战略性资源，资源丰富。其中，储量位于世界第一的钛资源，已探明储量约为 8.7 亿吨，约占全国储量的 90%；钒资源量 1 600 万吨，约占全国储量的 62%，位居世界第三；铬资源量超过 900 万吨，约占全国储量的 80%。优越的资源禀赋是四川民族地区资源型产业发展的基础，其丰富的自然资源对四川乃至全国的经济社会发展起着巨大的推动作用。以攀枝花市为例，攀枝花市的钒钛产业发展势头迅猛。2017 年，全市钒钛产业产值首次突破 200 亿元，达到 214.57 亿元。其中，钒产品产能和产量仍居全国第一，钒产业产值达 82.39 亿元，钛产业实现产值 132.18 亿元。2018 年，仅攀枝花市的钒钛产值就实现 375 亿元。然而，随着四川民族地区资源型产业的不断发展和演化，资源的储存量下降，资源枯竭的形势必将越来越严峻，而且传统的以初级加工产品为主的最终产品生产，以耗费资源、污染环境和破坏生态为代价，其附加值低、利润流失的"资源—产品—废弃物"线性发展模式，不仅使资源型产业自身发展缺少可持续性，还会造成资源富集地区环境污染等问题，进而引发环境压力大、经济发展滞后、社会矛盾加剧等一系列综合性社会问题。

为统筹推进全国资源型城市可持续发展，国务院于 2013 年印发了《全国资源型城市可持续发展规划（2013—2020 年）》，位于四川民族地区的攀枝花市和凉山彝族自治州被定为成熟型城市，阿坝藏族羌族自治州被定为再生型城市。该规划针对资源型城市发展实际，对资源型城市可持续发展提出了总要求，并明确了促进可持续发展的总体目标。2017 年 1 月 6 日，国家发展改革委印发《关于加强分类引导培育资源型城市转型发展新动能的指导意见》，对资源型产业在经济发展新常态下发展新经济、培育新动能，加快实现转型升级提出相关指导意见，是对中国资源型产业转型和升级的再一次有益指导。该意见分别对成长型城市、成熟型城市、衰退型城市、再生型城市的资源型产业发展和转型的方向做出明确指示。四川民族地区的资源型城市主要为成熟型城市和再生型城市，其在深化供给侧结构性改革、构建多元化产业体系、构建新型营商环境、推动经济提质增效、鼓励创业创新、塑造良好人居环境等方面实现资源型经济的健康可持续发展也是国家总体政策框架下的具体实践。

2017 年 10 月，党的十九大报告指出"我国经济已由高速增长阶段转向高质量发展阶段"，这一科学论断十分鲜明地指出了当前我国社会经济发展的阶段性特征。2017 年年底，中央经济工作会议再次明确提出，中国特色社会主义进入新时代，我国经济发展也进入新时代，基本特征就是我国经济已由高速增长阶段转向高质量发展阶段。2018 年 7 月，中国信息化百人会学术委员、十三届全国政协常委、全国政协经济委员会副主任杨伟民在深圳举行的 2018 前海合作论坛上发表题为"推动高质量发展，建设现代化经济体系的背景、内涵和途径"的演讲，从推动高质量发展和建设现代化经济体系的背景、高质量发展和现代化经济体系的内涵以及推动高质量发展和建设现代化经济体系的途径再次重点阐述当前我国经济高质量发展的阶段性特征。

经济高质量发展既是国际经济发展形势变化的要求，也是我国国内经济发展总特征深刻变化的内在要求。从国际背景来讲，推动经济高质量发展是世界各国尤其是发达国家积极追求的目标。积极调整产业结构，构筑先进产业体系推动经济高质量发展是世界各国应对经济冲击的主要手段。与此同时，日益激烈的国际竞争也要求中国在国际竞争中要取得主动权和主导权，推动经济高质量发展，坚持自主创新，不断提高中国国际竞争力和影响力。从国内而言，我国经济发展进入了"新常态"，经济增速从高速转为中高速增长，经济增长动力从投资要素驱动转为创新驱动、经济结构优化升级。我国社会主要矛盾也已经转化为人民日益增长的美好生活需要和不平衡不充分的发展之间的矛盾，这也要求解决我国发展过程中的供需结构不匹配、发展不协调、环境污染等发展不平衡不充分问题。经过长时期的努力，我国已经取得了丰硕的成果，人民生活水平得到极大提高，物质财富得到很大程度的积累。但是，顺利跨越"中等收入陷阱"，进入高收入国家行列这一目标还未达到，能否顺利达到这一目标，关键还是在于中国能否顺利实现经济高质量发展。而经济高质量发展要求新时代中国经济发展要贯彻落实"创新、协调、绿色、开放、共享"五大发展理念，在供给侧结构性改革、创新驱动、现代化产业体系、质量和品牌建设、绿色发展等方面强化措施，形成经济发展合力。资源型产业转型升级正是在高质量发展背景下积极实现区域经济质量和效益统一的关键举措。

在当前国际国内经济发展的大形势和大背景下，四川省也积极对经济发展布局做出新的调整和部署。2013 年 5 月，中国共产党四川省第十届委员会第三次全体会议明确提出"以结构调整升级为主攻方向，坚持做大规模与提升质量效益并举、改造提升传统产业和培育发展新兴产业并举、产业链技术创新和价值链高端融入并举，加快解决发展面临的结构性矛盾"。2017年，四川省发布实施《四川省矿产资源总体规划（2016—2020年）》。该规划对四川省落实国家资源安全战略，加强和改善矿产资源宏观管理做出具体指示和要求。该规划也是对四川省资源型产业发展的全面指导，对促进四川省资源型产业规范发展具有重要意义。2018年4月，四川省委书记彭清华同志在市厅级主要领导干部读书班上提出构建"一干多支"发展格局的构想。同年6月，四川省委十一届三次全会提出实施"一干多支"发展战略，构建"一干多支、五区协同"的区域发展新格局的战略部署，着眼于解决发展不平衡不充分问题，强化区域联动，增强内生发展动力。对攀西地区而言，攀西经济区拥有得天独厚的水能及钒钛、稀土等自然资源，是四川省开发潜力巨大的经济区域，对于大力发展先进材料、能源化工、食品饮料产业，培育世界级钒钛材料产业集群有着得天独厚的优势。川西北生态示范区主要包括甘孜州和阿坝州的民族地区，主要发展生态经济和旅游经济，同时建设高原特色农产品加工基地、藏药产业化基地等。攀西经济区和川西北生态示范区作为资源富集的两大区域，在四川省"一干多支、五区协同"发展战略中扮演着"守门员"的角色。因此，四川民族地区的资源型产业发展以及转型升级关乎四川乃至全国经济可持续发展大局。2019年4月，由四川省发改委指导，由四川省社科院、省社科联、省县域经济学会和攀枝花市委市政府共同主办的全省资源型城市转型发展座谈会在攀枝花市举办。此次座谈会旨在加快四川资源型城市经济结构战略性调整，总结资源型城市转型发展成功经验，探讨四川资源型产业转型发展存在的突出问题，同时对四川资源型产业转型升级发展提出相关的政策建议。

从全国经济社会发展形势和战略要求来看，资源型产业的转型和升级势在必行。推动四川民族地区社会经济发展是关系四川发展全局的重大战略，也是关乎全国全面建成小康社会的重要环节。生态优先、绿色发展是新时代发展理念的主题，生态环境保护和经济发展不是矛盾对立的关系，而是辩证统一的关系，正确处理经济发展和生态文明建设的关系是现代经济社会发展的主线。四川民族地区的资源型产业转型升级也是贯彻绿色发展理念的要求，在转型过程中应该牢牢把握绿色发展理念，遵循绿色发展理念。讲发展、重发展很重要，讲发展方式、重发展方式更重要。近年，攀枝花市已经开启了绿色转型发展之路，攀枝花市以加快建设攀西国家战略资源创新开发试验区、全国阳光康养旅游目的地为契机，立足发挥比较优势，做好"钒钛""阳光"两篇文章，守住"发展""绿色"两条底线，加快老工业城市绿色转型发展，推动攀枝花市由工矿基地向生态宜居城市、由钢铁之城向阳光花城、由传统三线建设城市向开放包容的绿色健康城市转变。但是由于四川民族地区社会经济发展水平普遍不高以及所处地理位置、地形地貌等自然环境的制约，四川民族地区的资源型产业转型升级仍然任重而道远。

就四川民族地区资源型产业转型升级的制约因素来看，首先，矿产资源的不可再生性决定了资源型产业发展的生命周期，四川民族地区的资源型产业经过几十年的发展，大规模的资源输出使得资源的开采规模加大、开采速度加快，资源型产业发展的颓势日益明显。其次，特色优势资源的大规模开采和利用对资源的高消耗和对环境的污染不断削弱四川民族地区生态承载能力，对当地的生态环境也造成了很大的破坏。目前，我国经济发展已经由高速增长转变为高质量发展，对经济增长方式有了更高的要求，但四川民族地区资源型产业的发展方式仍较为粗放，资源的综合利用效率低，未充分挖掘资源的附加值，经济增长面临瓶颈。再次，计划经济时期的历史影响和客观条件的限制使得四川民族地区资源型产业发展还存在体制僵化、管理制度不完善、经济发展可持续动力不足等一系列问题。最后，四川民族地区资源型产业在发展早期缺乏科学合理的规划，资源的开发管理和自然地理区位条件的选择与基础设施等不配套，城市功能缺位，导致资源型产业在发展初期积累的问题集中爆发，如产业链条无法延伸、产业协调互补能力不足等。因此，研究四川民族地区资源型产业的转型升级对于四川民族地区经济发展方式转变和经济社会可持续发展具有重要战略意义，同时也对推动四川省"一干多支、五区协同"战略实施具有十分重要的实践价值。

1.1.2 研究意义

通过梳理国内外文献，我们发现关于四川民族地区资源型产业转型升级的系统研究较少，而四川民族地区这一相对偏远的资源富集区域对四川乃至全国发展布局又具有重要的战略意义，在高质量发展背景下系统地研究四川民族地区资源型产业转型升级路径现实意义重大。本书的立题是高质量发展背景下四川民族地区资源型产业转型升级，其宗旨在于系统归纳、总结和研究四川民族地区资源型产业转型升级的理论和实践，以及在当前时代背景下，如何实现四川民族地区资源型产业的可持续发展和生态转型。相较于国外资源型产业的发展经历而言，我国的资源型产业发展起步较晚，而发达国家资源型城市产业转型起步早，历经的时间较长，积累的经验教训很多，我国东北、山西等地区的资源型城市产业转型升级也有一些经验教训，可供四川民族地区资源型产业转型升级借鉴。但四川民族地区产业发展的现状和实际情况异质性突出，不能照搬照抄国内外资源型城市产业转型升级的模式、政策、路径构建等，而是要顺应当前我国经济发展的总体形势和相应经济发展的总体要求，促进当地经济可持续发展和绿色发展，以及实现区域经济协调发展的整体布局。

本课题的研究具有重要的理论意义。本课题是对资源型产业转型升级的研究，是对资源型城市产业转型及可持续发展理论等产业转型升级理论的有利扩充，因此，具有一定的理论研究意义。具体体现在以下几个方面：

第一，丰富和完善四川民族地区这一特殊的民族区域的产业发展理论。四川民族地区位于四川西部地区，地形地势复杂，资源丰富但生态脆弱，资源型产业发展面临转型困境的同时还面临严峻的生态环境约束。本书瞄准四川民族地区这一特殊区域，在相关资源型产业转型理论的基础上探索四川民族地区资源型产业转型升级的发展路径，期望可以对四川民族地区资源型产业发展规划起到一定的指导作用，能够有助于加速四川民族地区资源型产业转型和优化升级，为推动四川民族地区当前资源型产业发展与转型提供理论依据。所以本书的研究对于丰富以四川民族地区为例的特殊区域的资源型产业发展理论具有重要的意义。

第二，丰富和发展资源型产业转型升级发展理论。四川民族地区作为四川重要的资源储备区，其资源型产业发展对于其经济发展具有支柱性作用，因此研究其资源型产业的发展现状和特征刻不容缓。本书通过总结和分析资源型产业转型升级的相关理论研究，进一步地拓展和深化区域资源型产业可持续发展理论与实践的研究，可为丰富资源型产业研究理论和与资源型产业转型升级相关的城市地理学和区域科学理论以及相关经济学理论宝库做出贡献。

第三，本书在对四川民族地区资源型产业发展情况做出详细分析，并在丰富理论指导的基础上，系统地总结四川民族地区资源型产业转型升级的规律和机制原理，同时也为中国高质量发展背景下的四川民族地区未来经济发展布局提供理论借鉴。

本书的研究还具有重大的现实意义，本书的研究在实地调研和面对面访谈的基础上，尤其是针对攀枝花市和凉山彝族自治州两大资源型产业发展突出的市州，运用四川民族地区的相关数据进行详细分析和论证，因此研究成果具有一定的实际应用价值，有助于四川民族地区资源型产业的转型探索，对四川民族地区资源型产业转型战略制定和政策实施具有一定的参考意义，同时也在一定程度上对其他资源型城市尤其是民族地区资源型产业转型升级以及产业布局提供有益的借鉴。

1.2　国内外文献研究综述

1.2.1　国外文献研究综述

资源型产业发展的理论奠基与初步发展阶段始于 20 世纪 20 年代。资源型产业发展理论是以对资源型城镇的相关研究为基础的，主要对资源型经济、资源型城市中出现的广泛社会问题等进行研究。资源型城市的概念最早是在矿业等资源型产业发展的基础上形成的，因此其概念主要由矿业城镇（mining town）逐渐演化而来，这一概念主要是基于城市职能分类提出来的。最早提出矿业城镇概念的是英国学者阿隆索（Auronsseau）。1921 年，阿隆索通过对城市职能分类和分类体系进行研究，以城市承担的主要职能和主要产业为依据，提出矿业城镇的概念[1]。在这一时期，加拿大学者麦金托什（Machintosh）最早提出了"大宗商品理论"[2]，这一理论强调传统商品或大宗商品的作用及其对塑造资源丰富型经济的影响。1923 年，加拿大政治经济学家伊尼斯（Innis）在麦金托什"大宗商品理论"的基础上着眼于社会发展问题，对加拿大经济史和文明史的系列进行了研究，并揭开了资源经济和资源型城市研究的序幕[3]。在这一时期，除了资源型城市研究的理论奠基之外，国外学者对资源型城市和资源型产业的研究大多表现为对特定城市或一些城市及区域进行简单的实证，但所做的实证分析大多也只是做相对简单的描述性分析。比如琼斯·史蒂芬（Jones Stephen）对加拿大落基山脉一带的矿业城市坎莫尔（Canmore）和旅游城市班夫（Banff）进行了对比分析[4]。

20 世纪 60 年代至 70 年代中期，关于资源型城市和资源型产业的研究大量涌现，这些研究主要通过社会学、行为学等相关理论对资源型城市的社会经济的影响问题展开，如单一产业城市的社会问题、城镇规划等。同时，自然资源的丰裕程度与经济增长之间的关系也是研究的热点，并且这一时期大多数学者支持资源丰裕对经济增长具有正面效应。1961 年，沃尔特·罗斯托（Walter Rostow）就曾提出自然资源禀赋及其开发将成为工业发展的"启动器"的说法[5]，并且一些学者认为自然禀赋对当地经济发展具有巨大促进作用的说法也佐证了这一观点，如美国学者哈巴谷（Habakkuk）就认为 19 世纪美国获得的更高生产率得益于自然资源的丰裕[6]。1963 年，在传统大宗商品理论的基础上，加拿大学者沃特金斯·梅尔维尔（Watkins Melville）和戈登（Gordon）对加拿大资源型经济与经济增长关系的研究补充和完善了麦金托什和伊尼斯的大宗商品理论，并对这一领域的研究产生较大影响[7-8]。1971 年，卢卡斯（Lucas）提出了资源型城市的四阶段发展理论，把资源型城市发展分为建设期、发展期、转型期和成熟期四个阶段[9]。而这一时期对资源型地区的社会问题给予关注的代表性学者有西门子（Siemens）（《加拿大资源边缘区的单一企业社区》）、鲁滨孙（Robinson）（《加拿大资源富集边缘区的新兴工业城镇》）等[10-12]。

20 世纪 70 年代末期至 80 年代中期，随着工业化新特点的出现，第三次科技革命极大地促进了生产方式的变革，资源型城市理论研究进入了实证与规范研究相结合的阶段。研究内容包括对依附理论、区域发展理论、四阶段发展理论等的实证检验及进一步阐释。尤其是 1971 年卢卡斯提出的四阶段发展理论影响很大，此后多位学者从不同角度就资源型城镇的发展阶段开展了持续的研究。以布拉德伯里（Bradbury）和圣马丁（St. Martin）为代表[13]的学者较多引述或修正这一划分方法。布拉德伯里认为应该对资源型城镇中广泛存在的社会问题进行充分的研究，以寻求其产生机制，并指出资源型城镇发展理论的基础是地区的不均衡发展，以及资本主义社会发展进程中的资本积累过程[14]。此外，布拉德伯里和其他学者还应用国际化理论和依附理论对资源型城镇开展研究[15-16]。配费奇力格（Ofairoheallaigh）对依附理论中高度垂直一体化和水平多样化的跨国公司的作用提出了新的理解[17]。他认为还是有许多与某一个具体地区和矿储地紧紧相连的、并不垂直一体化的公司，再加上对建筑、机械、地质知识和人才的巨额投资等方面的考虑，可以判断布拉德伯里大大地高估了跨国公司生产投资转移程度，同时他还认为在资源区与工业中心之间往往会发生多种利益集团之间的争斗，外来投入部门分享利润的要求也是正当的。1973 年，第一次石油危机的爆发，对资源型城市产业发展的研究方向的转变产生了重大影响，著名的"荷兰病效应"逐渐引起了一些学者对资源丰裕与经济增长关系的重新思考。例如，有的学者以资源丰富地区的制造业发展为研究对象，研究得出丰富的资源产生资源转移效应、相对价格效应和支出效应而使制造业逐渐衰落[18]的结论。

20世纪80年代末以后，自然资源丰裕与经济负增长关系这一现象受到更多关注，最著名的是奥蒂（Auty）的"资源诅咒"假说，他认为丰裕的资源与经济增长是负相关的[19-20]（对某种相对丰富的资源的过分依赖，导致社会经济发展反而出现一系列难以调节的问题）。美国经济学家萨赫斯（Sachs）和瓦默（Wamer）建立实证模型对"资源诅咒"这一概念进行了验证[21]。美国、加拿大、澳大利亚等国家的其他专家和学者也对这一变革时期的资源型产业和城镇发展与地区发展之间的关系产生了较多的关注[22-23]。此外，资源经济逐渐体现出技术密集和资本密集的特征，国外对资源型城市和资源型产业发展的研究更多地开始转向了可持续发展和生态化发展，资源经济转型成为研究的重点。经济转型对资源型城市的经济发展、劳动力市场和社区发展都产生了巨大的影响，使得资源型社区正在展开新的、根本性的调整，以求在资源型产业和非资源型产业之间达到平衡，实现持续的发展[24]。不仅社区在进行着经济多样化的调整，资源型城市里的家庭也被迫开始采用各种手段来应对过于依赖主导经济产业而带来的危机[25]。在澳大利亚兴起的"长距离通勤模式"（long distance commuting，LDC）成为资源型城镇发展的新模式[26]。在这一时代背景下，针对全球化、技术革命影响下的资源型产业新的特征和发展趋势，有的学者还开展了新大宗商品经济的研究[27]。20世纪90年代，针对资源型城市和资源型产业发展中面临的一些新的挑战，哈特（Hayter）和巴恩斯（Barns）等指出经济全球化条件下加拿大大陆主义（continentalism）的发展趋势以及全球性的环境保护潮流使得加拿大的资源经济发生了新的变化[28-29]。巴恩斯还对20世纪90年代中后期以来加拿大资源型产业及城市研究进行了总结[30]。在这一阶段起主导作用的是经济结构调整理论、劳动力市场分割理论等资源型产业转型和发展理论。

进入21世纪以后，可持续的资源型城市发展路径和理论模式成为专家学者们关注的焦点。不少学者对传统资源型城市和资源型产业发展的理论做了进一步的补充和论述。例如，奥特曼·莫里斯（Altman Morris）在传统大宗商品理论的基础上构建了一个简洁的资源型经济增长模型，以解释资源型经济的增长和发展机制[31]。此外，相关研究还囊括了经济转型中的产业发展思路以及转型发展策略等资源型城市转型发展中的关键问题[32-33]。学者们在资源型产业与非资源型产业的关系方面也有深入浅出的研究。丹尼斯（Dennis）等的研究认为，资源型产业尤其是单一传统资源型产业发展遇到瓶颈时，通过非资源型产业接续发展能够深化产业链分工，以及提高生产效率和管理创新能力[34]。

随着全球经济社会的快速发展，西方大多数国家的资源型产业转型在这一时期基本完成。除了在资源型城市及产业发展转型和升级中的理论研究之外，国外还积累了大量的实践经验，主要表现在国外著名的资源型城市或地区（如德国鲁尔区、日本九州岛）的产业升级和转型方面。在资源型产业实证研究方面，国外学者也对经典的资源型产业发展的理论进行了大量实证检验，一些学者论证了自然资源相关度量指标选取的科学性问题[35-39]，同时在自然资源相关度量指标选取的科学性问题的基础上，一些学者在对经典的资源型城市发展和产业发展理论进行验证的同时，对资源型产业与区域经济增长、经济变革等的关系也进行了实证检验[40-43]。

国外对资源的大规模开发和利用较早，资源型产业的发展历史相对悠久。但在 20 世纪 50—60 年代，一些国家和地区由于资源枯竭或来自低成本替代品的竞争这两大主要原因，其资源型城市衰退，结构性问题开始产生并受到关注。在此期间，资源型城市开始寻求产业转型和升级，从而实现经济振兴和可持续发展的目的。因此，国外关于资源型城市转型与可持续发展的研究大多集中在 2000 年以前，但近年关于资源型产业转型发展的研究仍然没有停止。关于资源型产业与其他产业发展的关联以及作用机制等，一些学者也做了比较有意义的研究[44-46]。综合来看，国外关于资源型产业发展和资源型产业转型升级的研究主要包括了资源型城市的经济和产业基础、社会问题、劳动力变化、市场结构以及交通通勤等方面。随着社会经济的不断发展，关于资源型产业发展和转型升级的研究也因时代背景的变化而不断演进和更新。但总体而言，伴随着资源型城镇的发展，国外资源型产业转型升级开始的时间较早，关于资源型产业转型升级的研究也比较成熟，已经形成相对完备和完善的理论体系。

1.2.2 国内文献研究综述

中国大多数资源型城市形成于中华人民共和国成立后[47]。相较于国外而言，由于中国的现代工业化起步晚以及中国的具体国情影响，中国的资源型产业发展研究也较晚。中华人民共和国成立之初，在国内外环境双重约束下，中国实施以国防工业为主、优先发展重工业的战略举措，这一时期矿产资源和原材料的需求急剧增加，中国的资源型产业迅速发展起来，资源型城市快速崛起。按照中国资源型产业发展轨迹与演化路径，中国资源型产业发展和转型升级的研究大致可以分为三个阶段，即 1949—1980 年前后、1981—1996 年前后，1997 年以后。

1949—1980 年前后，由于实行计划经济，中国推行重工业优先战略，资源作为工业发展的基础，对中国工业发展具有重要的保障作用。由于受到苏联时期"地域生产综合体理论"影响，这一阶段的相关研究更多是围绕资源型城市的选址与布局、规模与时序等国家宏观生产力布局实践[48]，以及资源产量提升等资源型产业问题来开展的。这一时期，人们对资源型产业的认识较为肤浅，理论探索刚刚起步，中国资源型产业的相关研究逐渐受到关注。这一时期，中国经济地理学界兴起了对中国资源型城市发展问题的研究，研究者以李文彦为代表[49]。

1981—1996 年前后，该阶段中国拉开了改革开放的大幕，国家对总体发展战略与经济社会发展思路进行了较大幅度的调整，这一时期中国由实施计划经济向实施市场经济转变，资源型产业转型升级和可持续发展问题越来越受到关注。继李文彦等人之后，程绪平对中国资源的稀缺性和资源型产业的发展选择做了比较深刻的讨论[50]，同时一些学者也分别从不同角度对资源型城市产业发展展开了针对性研究[51-53]。这一阶段，随着经济的高速发展，矿产资源需求量剧增，资源型城市的开发强度进一步增大，问题也变得越来越明显并且受到关注，国内的研究也因此逐渐增多。总体来说，这一阶段的研究主要集中在对资源型城市的概念、现状、成因、存在问题等方面的初步分析和可持续发展研究的初步探讨方面。

1997 年以后，随着可持续发展战略的深入，众多专家学者开展了对资源型城市的全面研究。对资源型产业转型升级方面的研究主要可以概括为资源型产业转型理论探讨、转型模式研究、转型与可持续发展实证研究和政策研究等方面。

资源型城市产业转型的理论涉及范围较广，主要的理论基础包括资源型城市生命周期理论、产业结构演进理论、产业结构优化理论[54]。焦华富等较早对西方资源型城镇研究的理论进行了归纳和总结[55]。一些学者还结合了协同理论、耗散结构理论等对资源型城市的产业转型升级进行了探讨。但对我国资源型城市的理论研究相对滞后，与资源型城市转型与可持续发展的实践需求相比，新理论尚缺乏大量验证，传统西方国家的理论很难被因地制宜地运用，需要结合中国特色不断加强理论研究和创新[56]。在资源型产业转型升级模式研究方面，根据产业转型的特点，资源型产业转型的模式主要可以概括为产业链延伸模式、产业替代模式、产业多元化模式三种[57]。根据主导主体不同，转型模式可以划分为政府主导型模式和市场主导型模式，前者可进一步划分为专门委员会负责模式和产业政策引导模式[58]。而根据对待转型的态度不同，又可将转型模式划分为主动模式和被动模式，前者成本低、难度小、效果好，后者成本高、难度大、效果差[59]。在资源型产业可持续发展方面，一些学者根据资源型城市可持续发展能力的成长阶段及演变特征[60]，在理论分析的基础上运用实证模型进行验证。而对资源型城市可持续发展具体路径的研究探讨，学界一般较为认同须从多方面着手，全方位考虑，如大力发展人力资本[61-62]等，同时在资源型产业转型过程中需要考虑资源型城市的脆弱性[63]。

2013 年，中国制定了《全国资源型城市可持续发展规划（2013—2020年）》，对资源型城市具体属于哪一个类别做出区分。该规划有利于某个城市根据成熟的理论方法，因地制宜地选择产业转型方向，也使得关于资源型产业转型升级的研究更多地应用于实践。随着生态文明理念不断深入，资源型产业转型与生态文明越来越多地被人们关注。在生态文明视角下，关注资源型产业转型升级的研究也越来越多。从资源型产业转型的几个方面来看，资源型产业转型升级的指导思想、转型目标、支撑体系和参与主体以及对策措施是专家学者相对关注较多的方面。徐君等认为指导思想、转型目标、支撑体系和参与主体是资源型产业转型升级战略必须考虑的四个方面，并从转型的指导思想、转型目标、参与主体、支撑体系四个方面构建了资源型城市低碳转型的战略框架，对生态文明视域下的低碳转型路径进行了细化设计[64]。在生态文明建设背景下，资源型产业转型升级的机理和路径研究也受到关注，林利剑以马鞍山与莱芜这两个初始发展条件极其相似，但是在转型升级过程中却出现了显著差异的两座"钢城"为例，探索资源型城市生态文明建设中的产业转型升级机理[65]。随着中国经济进入新常态，资源型产业转型升级也面临新的形势。经济新常态对资源型地区而言是挑战，更是经济增长动力转换的良好契机，广大资源型地区亟待动力转变和思想解放[66]。与此同时，中国资源型产业转型升级的研究也发生了新的变化，陈冬博在对相关文献进行综述的基础上，基于产业转型模式和新产业发展理论从企业主导的角度构建了新产业发展支撑系统[67]。资源集群对区域经济发展具有重要意义[68]，目前中国资源型产业集群发展还处于初级阶段[69]，要想使资源型产业集群实现路径突破，尽早摆脱路径依赖的锁定状态，在资源型产业集群演化的利益主体博弈中实现高效率，不仅需要地方政府调控布局，还需要企业群体积极配合[70]。资源型产业主要是以不可再生资源的生产加工为主，因此资源型产业需要实现低碳绿色转型升级，对此，一些学者探究了低碳、绿色转型升级的机理及路径构建[71-74]。在供给侧结构性改革背景下，中国资源型产业实现转型发展则应在供给和需求两侧均做出制度设计[75]，注重资源型产业链的延长和升级[76]，而且在资源型产业转型升级过程中还要注意资源型产业和非资源型产业的良性互动[77-78]。除此之外，一些学者还关注了资源型产业与高新技术的关系[79]，证明资源型产业转型升级与技术创新密切相关。

近年，针对民族地区的资源型产业转型和社会经济发展的研究逐渐增加，尤其是对西部民族地区资源型经济转型和产业结构升级调整的理论研究和分析也越来越多。民族地区的经济发展方式和产业转型升级路径与要求与其他地区具有较大的差异，对于民族地区的产业转型升级来讲，其目标、重点、路径、政策等应该具体分析[80]。自改革开放以来，中国西部民族地区社会经济发展取得巨大进展和进步，生产总值显著增加，基础设施明显改善，人民生活水平得到提高。但是中国西部民族地区的传统发展路径具有特殊性——发展战略以经济增长优先，严重依赖资源的发展途径，以投资带动为动力、政策扶持为保障等是西部民族地区传统的发展模式[81]，因此西部民族地区存在不少问题，较为突出的是环境污染严重、创新能力不足、发展不协调不统一、城乡差距大等问题。关于西部民族地区资源型产业转型升级的研究主要集中于从不同的研究视角入手，对西部民族地区资源型产业转型升级的路径和方式进行研究。从法律约束视角来看，法律制度的健全和完善为西部民族地区资源型产业转型升级提供制度保障[82]，同时还需要建立健全激励机制。从资源型产业转型升级、传统产业的改造的影响因素来看，针对西部民族地区的发展方式粗放和资源利用效率低下的特点，西部民族地区传统产业转型升级的路径和模式选择需要多方面、全方位考虑。西部民族地区传统产业升级的三种主要模式为：内生性产业转型升级模式、外生性产业转型升级模式、内生性与外生性混合模式[83]。在西部民族地区经济发展的战略选择方面，根据西部民族地区经济发展的理论基础，从经济发展路径演化出发，西部民族地区在新时期的战略选择应该做出调整和变化。新时期，面对国际国内经济发展的形势以及新时代的时代背景，西部民族地区的经济发展需要从内部实现自我转变，实现路径突破与创新[84]。因此，民族地区的资源型产业转型升级的战略选择也需要从自我发展的客观实际出发，制订长远发展计划。从资源型产业转型升级的潜力来看，西部地区资源型产业结构转型升级能力强且潜力大[85]，资源型产业转型升级对资源型地区经济发展质量也具有重要影响[84]，四川民族地区作为资源富集区对区域经济发展质量的提升具有举足轻重的作用，高质量发展背景下的资源型产业转型升级研究势在必行。除了西部民族地区的资源型产业转型升级，其他产业的转型和发展思路也能够为资源型产业的转型和升级提供一定的思路和经验，如西部民族地区的旅游业在新时代的转型升级以人力资本投资为优势实现传统旅游业发展路径的转换便是很好的借鉴[87]。

以四川民族地区的经济发展和产业转型为研究对象，精准地探讨四川民族地区的资源型产业转型升级的研究相对较少，现有的文献大多集中于对四川民族地区经济发展战略的选择和区域经济协调发展研究等方面。对于四川民族地区经济发展战略，在早期就有相关的研究提出加强民族地区经济发展战略研究对于促进四川民族地区经济发展具有重大历史意义。进入"十二五"时期以来，民族地区的经济发展战略研究逐渐受到更多的关注。吴铀生认为，四川民族地区只有立足特色优势资源，全面落实科学发展观，加强资源整合与综合利用，发展资源节约型和环境友好型产业，构建特色优势产业体系，才能最终促进四川民族地区经济与社会的可持续发展[88]。进入经济发展新常态，四川民族地区的经济健康、可持续发展必须寻求新的动力和发展路径[89]，新常态下的四川民族地区的发展路径优化问题值得研究，由此引出四川民族地区的资源型产业转型升级的路径研究。鉴于四川民族地区在经济转型升级方面做出的积极努力，一些学者也试图通过采取相应的研究方法对四川民族地区经济转型工作做出比较科学的评价，如蔡凌曦以四川省阿坝藏族羌族自治州为例，通过建立经济发展、产业转型、创新支撑三个维度的评价模型，为中国多民族地区经济转型升级工作的开展提供了科学的评价体系[90]。除此之外，关于四川民族地区的经济空间结构演进、经济社会可持续发展的路径选择与政策支持、经济不平衡发展原因、经济发展的金融支持等相关问题的研究也为四川民族地区社会经济健康发展和包括资源型产业在内的传统产业转型升级提供了理论借鉴和政策参考[91-94]。然而在经济社会发展过程中，生态资本作为促进经济发展最重要的资本，如何在民族地区发挥优势，如何实现经济增长与民族地区生态保护协调发展是不得不关注的重要问题。尤其是在当前生态环境问题被高度重视的新时代背景下，四川民族地区的资源型产业转型升级必须要考虑到生态脆弱性，四川民族地区在资源型产业转型升级过程中需要注重生态资本投资。关于这一问题，杜明义以四川甘孜藏族自治州为例探讨了生态资本视角下生态脆弱民族地区经济发展模式，认为对于生态资本较少的民族地区而言，经济发展不能让人们陷入生态贫困的恶性循环中，应促进生态系统优化发展，以科技充分利用生态资本，实现生态资本水平与经济发展的协调和有机统一[95]。

通过国内外文献综述，我们可以看出国内外对于资源型产业转型升级的研究呈现出以下特点：

第一，关于资源型产业转型升级的研究往往以宏观区域为研究对象，基于中观视角对特定区域资源型产业的系统化研究相对较少。尤其是对于四川民族地区，由于其特殊的地理位置和社会经济发展条件较差的现状，研究难度相对较大，对四川民族地区资源型产业转型升级的研究就更少，更缺乏对四川民族地区资源型产业转型升级的系统性研究。

第二，针对四川民族地区这类资源丰富的民族地区的资源型产业转型升级的研究较少。国外学者关于资源型产业转型升级路径的研究是基于西方发达国家资源型城市发展的特点而言的，并且西方资源型产业发展实践和研究的热点是基于资源型产业转型时期的社会环境问题。中国学者关于资源型产业转型升级的研究大多集中于发达地区的矿业城市，而较少地关注民族地区的资源型产业转型升级。随着我国经济发展进入新常态，经济发展由高速增长阶段转向高质量发展阶段，中国学者势必也会更加关注木桶短板——我国民族地区的资源型产业转型升级的问题，而四川民族地区作为我国民族地区的重要组成部分，研究该区域资源型产业转型升级相关问题有助于明晰民族地区资源型产业转型升级的难点、痛点，其转型升级的成功经验可为全国其他民族地区提供一定的经验借鉴，因此对该主题的研究，既具有较强的理论和实践意义，又具有极为强烈的时代责任感。

1.3 研究目的、思路与内容

1.3.1 研究目的

本书在对资源型产业发展和转型升级方面的现有研究成果进行解析的基础上，从绿色发展理论、产业生态学理论、循环经济理论、可持续发展理论、生态经济学理论等基础理论出发，在经济高质量发展背景下，系统地分析和总结资源型产业发展到转型升级整个过程中的科学规律，探索四川民族地区资源型产业转型升级的机制和路径的科学问题。

本书期望通过对四川民族地区资源型产业转型升级进行理论分析，结合四川民族地区的具体实际和资源型产业发展的现状特征，科学界定四川民族地区资源型产业的发展和转型升级模式，更切合实际地综合评定四川民族地区资源经济可持续发展和再生能力，探索四川民族地区资源型产业转型升级的机制、发展模式以及路径构建。可以说，这既是对资源型产业转型升级相对系统化的理论总结，又是在借鉴国内外资源型城市产业转型成功经验的基础上为四川民族地区资源型产业转型升级路径构建和政策实施提供思路和借鉴。

1.3.2　研究思路

本书在梳理文献和综述相关概念及理论的基础上，主要有六个方面的研究思路。第一，分析四川民族地区资源型产业发展现状特征，摸清其资源型产业发展和转型升级面临的困境和难题，指出四川民族地区资源型产业转型升级的必要性。第二，既从技术层面分析四川民族地区资源型产业转型升级的路径变迁，又从制度层面分析四川民族地区资源型产业转型升级的路径。通过从技术路径和制度路径两个方面综合分析四川民族地区资源型产业转型升级的路径变迁，构建四川民族地区资源型产业转型升级的水平测度指标体系，并在此基础上对四川民族地区资源型产业转型升级的水平进行测度，比较分析不同类型资源型产业转型升级的演进路径，探索四川民族地区资源型产业转型升级水平演进的基本特征。第三，对不同层次的四川民族地区资源型产业转型升级影响因素进行定性分析，建立四川民族地区资源型产业转型升级影响因素的理论框架，再实证分析四川民族地区资源型产业转型升级的影响因素，对四川民族地区资源型产业转型升级的路径进行论证和思考。第四，在比较分析国内外不同地区、不同类型的资源型产业转型升级路径构建的基础上，针对四川民族地区资源型产业转型升级现状得出有益的启示。第五，分析四川民族地区资源型产业转型升级路径构建的目标、原则、思路和重点，指出四川民族地区资源型产业转型升级的路径。第六，提出四川民族地区资源型产业转型升级路径构建的保障措施，即构建资源型产业转型升级的市场体系，完善资源型产业转型升级的政策法规，建立资源型产业转型升级的科技创新体系和建立资源型产业转型升级的行政管理体系，同时为四川民族地区资源型产业转型升级提供坚实的制度保障。

1.3.3　研究内容

切实研究四川民族地区资源型产业转型升级是相当有难度的，因为资源型城市和资源型地区本身就是一个矛盾和问题错综复杂的系统，影响因素繁多，资源型产业转型升级难度大而且是一个长期的过程，同时民族地区所面临的不确定因素更多。从国内外的发展经验看，有些资源型城市产业转型获得了成功，有些资源型城市不能转型而就地消亡或搬迁别处。鉴于四川民族地区所处地理位置和自然条件的特殊性以及社会经济的发展程度，与我国其他资源型地区相比较而言，四川民族地区资源型产业转型升级无疑面临更多的困难和阻碍。因此，就四川民族地区而言，资源型产业面对现实与未来，如何实现转型升级，便是贯穿本研究的主线。

本书的研究力图回答以下关键问题：

第一，什么叫资源型产业？资源型产业的发展和转型升级的特殊意义在哪里？四川民族地区资源型产业转型的现实意义是什么？

第二，四川民族地区资源型产业转型升级的理论依据是什么？

第三，四川民族地区资源型产业发展的状况如何？有哪些基本特征？

第四，四川民族地区的资源型产业发展的影响因素是什么？有无特殊的成因机制？

第五，国内外资源型城市产业转型升级的成功模式有哪些？能否为四川民族地区的资源型产业转型提供可供借鉴的经验和教训？

第六，怎样构建四川民族地区资源型产业转型升级的具体路径？能否为四川民族地区资源型城市转型提出一些具体的政策性建议？能否为我国资源型城市转型提出一些具体的政策性启示？

鉴此，本书包括以下六个部分的内容：

第一部分为导论，概括说明了本书研究的背景依据、研究意义、文献综述、研究方案与特色创新、研究基础和资料说明等。

第二部分为概念界定和基础理论，主要内容为第 2 章，分析在当前高质量发展背景下四川民族地区资源型产业转型升级的理论基础，界定高质量发展、资源型产业、产业转型升级、产业发展路径等的概念，同时比较详细地阐述绿色发展理论、产业生态学理论、循环经济理论、可持续发展理论、生态经济学理论等资源型产业转型升级所涉及的理论基础。

第三部分为方法论，包括第 3 章、第 4 章和第 5 章。第 3 章重点分析四川民族地区资源型产业的发展现状，包括规模状况、布局状况和结构状况，指出四川民族地区资源型产业结构的优劣势，并分析说明四川民族地区资源型产业转型升级的必要性。第 4 章是四川民族地区资源型产业转型升级水平测度分析，即从历史和演变趋势角度，分析四川民族地区资源型产业转型升级路径变迁，再定量分析四川民族地区资源型产业转型升级水平测度和演进特征。第 5

章是四川民族地区资源型产业转型升级影响因素分析,即在定性分析不同层次的四川民族地区资源型产业转型升级影响因素的基础上,结合实证模型定量分析四川民族地区资源型产业转型升级的影响因素,从而对四川民族地区资源型产业转型升级路径进行反思。

第四部分为案例比较分析,主要内容为第6章。这一部分选择性地分析研究了美、欧、日、加、澳等国家或地区的资源型城市(或地区)产业转型升级的情况,以及国内成功的资源型城市产业转型升级的模式和路径,总结经验和教训。国外资源型产业转型升级路径经验借鉴的案例主要包括美国匹兹堡(钢城)、加拿大萨德伯里(镍矿城)、德国鲁尔(产煤地)、法国洛林(煤钢产地)、欧洲萨尔区和蒂斯区(产煤地)、日本北九州(产煤地)。国内资源型产业转型升级路径经验借鉴的案例主要包括以同种资源为基础发展替代产业的大庆市,以替代资源为基础发展替代产业的抚顺市,以优势产业为主、打造生态城市的淮北市,利用高新技术提升改造传统煤炭产业的枣庄市,退出传统的工矿业而发展现代农业的阜新市、发展碳汇经济的林业资源型城市伊春市等。该部分在分析国内外资源型产业转型升级路径构建的基础上,针对当前四川民族地区资源型产业转型的具体实际,为四川民族地区的资源型产业转型升级提供可借鉴的经验和教训。

第五部分为路径构建,主要包括第7章。该部分通过对四川民族地区资源型产业转型升级的研究分析,指出了四川民族地区资源型产业转型升级的具体路径怎么构建。

第六部分为决策建议、研究结论和展望,包括第8章和第9章。这一部分是在前文的研究基础上对本书研究内容的总结,主要提出四川民族地区资源型产业转型升级路径构建的具体政策建议以及制度保障,并总结本书的研究结论以及未来展望。

1.4 研究方法与可行性分析

1.4.1 研究方法

本书的研究以资源经济学、区域经济学、发展经济学、产业生态学、生态经济学等学科的相关理论为指导,采取理论分析、实证分析与决策分析相结合、典型案例城市归纳总结与国内外区域资源型城市产业转型升级的比较分析相结合，定性分析与定量模拟相结合，野外实地考察与室内分析论证、专家咨询相结合等综合研究方法，运用比较分析等手段，有针对性和深入地探讨四川民族地区资源型产业发展变化规律和转型发展模式，提出适合于四川民族地区资源型产业转型升级的路径构建以及相对应的政策建议。本书的研究方法可以总结为规范分析法、系统分析法、实证分析法和比较分析法四种。

本书采用规范分析法，利用当前主流的资源型产业发展和转型的相关经典理论及前沿理论探究四川民族地区资源型产业应该在怎样的理论指导下通过什么样的方式实现资源型产业转型升级的最优路径。

本书采用系统分析法，在理论探究的基础上，从四川民族地区资源型产业形成、发展和转型的演变过程，深入探讨资源型产业转型升级的理论基础，对四川民族地区资源型产业整个系统进行全面的审视，探索四川民族地区资源型产业转型升级的短板和缺陷，同时构建包括节点层、网络层和外围层三个层次的四川民族地区资源型产业转型升级影响因素的分析框架，探索各个层次影响因素之间的相互作用。

实证分析法主要用于探究当前四川民族地区资源型产业转型升级的路径具体是怎么构建的。重点是建立资源型产业转型升级的定量判别指标，筛选出适合于资源型产业转型升级的基本理论，并进行适当的创新，对四川民族地区资源型产业转型升级的水平进行综合评价和测度，计算四川民族地区资源型产业转型升级的资源效率和环境效率，同时运用计量方法实证分析四川民族地区资源型产业转型升级的影响因素。

本书采用比较分析法，比较和分析不同类型资源型产业转型升级水平演进中的效率、组织模式和技术差异；同时基于国际和国内两个市场，对国内外资源型产业转型升级路径进行比较研究，以吸取不同地域、不同类型资源型城市转型的经验和教训，进而从国家需求和民族地区社会经济全面发展实际出发，提出四川民族地区资源型产业的转型战略和政策性建议。

1.4.2　可行性分析

第一，国外从 20 世纪 20 年代就开始了对资源型城市的相关研究，中国对于资源型城市和资源型产业的研究虽然开始得较晚，但中华人民共和国成立后学者们也逐步开展了这方面的研究，并且国内有关资源型城市的研究已取得了长足的进展，其中有涉及地方政府职能的相关研究，前期丰硕的研究成果与相对成熟的学术观点为本书达到预期的目标奠定了良好的基础。

第二，从中央到地方高度重视资源型城市和地区的资源型产业转型升级，相继出台了一系列政策、规划。四川民族地区的资源型产业转型升级与近年一系列的发展政策是相呼应和相配合的，在我国供给侧结构性改革的主线引领下，包括四川民族地区在内的各地方均把产业转型升级放在重要位置，正在大力推进相关战略，从而有助于作者获得研究所需的资料与数据。

第三，本书作者具有丰富的实地调研经验，并且与四川民族地区的基层干部和群众建立了长期的联系和合作，可以为本书研究的实施提供更加便利的条件。

第四，本书作者长期从事区域经济和城市可持续发展领域的研究工作，拥有丰富的课题研究经验及调研经验，可以与同行及专家学者相互学习和交流，为本书研究的主题提供更多具有实际价值的建议和参考意见。

1.5 本书的创新点

目前涉及资源型产业转型升级的研究基本上都是关于枯竭型资源城市和地区方面的，较少有研究关注四川民族地区这一特殊区域的资源型产业转型升级。根据《全国资源型城市可持续发展规划（2013—2020 年）》，四川民族地区资源型城市在国家公布的资源型城市名单中是成熟型城市或再生型城市，这类城市在转型过程中相较而言具备成本低、风险小等特点，这一类型的资源型城市当前处于转型升级的最佳时机。然而由于四川民族地区地理位置偏远、产业结构单一分散等，研究其资源型产业转型升级的难度大。因此，尽管四川民族地区的资源型产业转型升级受到的关注越来越多，但是针对四川民族地区，精确瞄准资源型产业转型升级发展的研究其实还较为有限。因此，本课题对涵盖了攀枝花市、凉山彝族自治州、甘孜藏族自治州、阿坝藏族羌族自治州的四川民族地区资源型产业转型升级的系统研究在先行性方面具有特殊的意义。

四川民族地区作为包含攀西战略资源创新开发试验区在内的资源富集区，可以作为民族地区资源型产业转型升级和可持续发展的典型案例，对其的研究具有独特性和创新性，同时通过小切口、深剖析，以小见大，以点概面，有利于为其他同类型资源城市和地区的产业转型升级提供借鉴。此外，本书的很多分析数据来源于对统计年鉴资料的搜集和整理以及实地调研，能够比较真实地反映四川民族地区资源型产业的发展现状和特征，因此本书的研究成果具有较强的实际应用价值。

2 概念界定、理论基础及研究范围界定

2.1 概念界定

2.1.1 高质量发展

十九大报告首次提出"高质量发展"一词,指出中国经济已由高速增长阶段转向高质量发展阶段,指明了新时代中国经济发展的基本特征。伴随我国社会主要矛盾转化为人民日益增长的美好生活需要和不平衡不充分的发展之间的矛盾,我国经济发展呈现出一系列新特征:经济增长速度有所放缓,由原来的高速增长向中高速增长转换,经济结构由失调变成逐渐协调,科技创新能力有了新的突破等;同时,经济发展要靠创新驱动,需要较高的技术含量和科技进步贡献率,高质量发展背景下的现代化产业体系应具有高水平的质量保障和强大的品牌经济、区域协调、绿色可持续发展、人民收入水平持续提高、人民共享发展成果等几方面"标签"。

高质量发展是一种发展理念、发展方式、发展战略。就其本质和内涵而言,高质量发展是一种新的发展理念,是以质量和效益为价值取向的发展①,是创新、协调、绿色、开放、共享新发展理念的高度聚合,是创新成为第一动力、协调成为内生特点、绿色成为普遍形态、开放成为必由之路、共享成为根本目的的发展,高质量发展的核心内涵是供给体系质量高、效率高、稳定性

---

① 杨伟民. 贯彻中央经济工作会议精神 推动高质量发展 [J]. 宏观经济管理,2018 (2):13-17.

高。经济发展质量变革、效率变革、动力变革是推动经济高质量发展的根本途径①。高质量发展，作为一种发展方式，不再是简单的生产函数或投入产出问题，核心是发展的质量。高质量发展，是基于我国经济发展阶段和社会主要矛盾变化，对我国经济发展方向、重点和目标做出的战略调整，是适应引领我国经济社会发展新时代、新要求的战略选择。高质量发展是比经济增长质量范围宽（不仅包括经济因素，还包括社会、环境等因素），同时要求更高的质量状态②。

如何实现高质量发展，高质量发展的途径是什么？自高质量发展的论述提出以来，国内诸多学者也对这一问题展开了一系列研究，并且取得了重大成果。要实现高质量发展，就要让创新要素活力竞相迸发。人才是创新发展的第一资源，资本是创新发展的第一加速器，技术成果的进步与应用转化是创新发展的第一推动力，发挥人才、资本、技术这三大关键要素的关联作用，同时围绕这三大关键要素进行制度创新，构建使要素活力充分涌流的制度环境③。实现经济高质量发展的途径是继续适应和把握引领经济发展新常态。在指导思想上，明确和坚持正确的指导思想与发展理念，贯彻落实"创新、协调、绿色、开放、共享"五大发展理念。在产业发展方面，以供给侧结构性改革为主线，提高供给体系质量，激发市场活力。在创新发展方面，持续实施创新驱动发展战略，进一步激发创新活力与动力，建设现代化产业体系，持续深入推进产业转型升级，提高实体经济发展质量。在可持续发展方面，加强生态文明建设，以绿色发展促进经济高质量发展，走可持续发展道路，牢牢树立"绿水青山就是金山银山"的发展观念和意识。在统筹协调方面，注重发展效率的同时还要注重公平，体现社会主义的优越性，促进城乡和区域协调发展，使人民共享发展成果。

高质量发展与资源型产业转型升级又有什么关系呢？为什么要研究高质量发展背景下的资源型产业转型升级呢？中国经济从高速度增长进入高质量发展的新阶段，意味着中国经济进入打破不平衡不充分的发展的新时期。高质量发展对生态环境保护提出更高的要求和新的任务，资源型产业作为中国工业的重

---

① 国家发展改革委经济研究所课题组. 推动经济高质量发展研究 [J]. 宏观经济研究，2019（2）：5-17，91.

② 任保平. 新时代中国经济从高速增长转向高质量发展：理论阐释与实践取向 [J]. 学术月刊，2018，50（3）：66-74，86.

③ 辜胜阻. 高质量发展要让创新要素活力竞相迸发 [J]. 经济研究，2019（10）：7-9.

要产业分支，也是发展过程中生态环境问题最严峻的传统产业。高质量发展是当前中国经济发展的必然要求和趋势，如何实现高质量发展对资源型地区平衡和处理好经济高质量发展和生态环境高水平保护之间的关系提出了更高要求、更严标准和更大挑战。因此在高质量发展背景下，资源型城市和地区要加快建设现代化经济体系，扎实推动经济高质量发展，资源型产业要转变经济发展方式，调整、优化经济结构，转换经济增长动力。

2.1.2 资源型产业

了解资源型产业就要首先认识什么是资源、有哪些类别的资源、资源与经济发展的关系是什么。现有的文献和研究中对资源（resources）的概念有多种理解，没有被人们普遍接受的概念。一般意义上的资源主要是指自然资源和社会资源，即自然界及人类社会中一切能够被利用的形成物质财富的要素的总称。因此，资源既有来自自然界天然形成的要素，也有人类社会创造的要素，或者是二者结合产生的要素。自然界形成的资源可以是土地资源、水资源、森林资源、太阳能资源、矿产资源等，人类社会创造的主要为经济资源、技术资源、人力资源等。

西方古典政治经济学的学者和马克思、恩格斯都对资源的概念有间接或直接的解释。古典经济学通过生产要素概念的衍生和延伸，引入资源的概念。英国古典政治经济学的创始人威廉·配第（William Petty）间接地阐述了资源的概念，他在其经济学著作中解释道："土地为财富之母，而劳动为财富之父和能动的要素。"① 在科学技术不发达、人类开发自然资源的能力较弱的时期，劳动和土地则构成社会生产必不可少的两个条件，因此配第认为财富的创造主要依靠人力和自然的结合。这一观点是较早对资源的概念做出解释的论述。而后，亚当·斯密、马尔萨斯、大卫·李嘉图等古典经济学家对资源的解释也主要是基于土地资源的有限性、稀缺性。而新古典经济学却与古典经济学的研究不同，新古典经济学仅仅关注不同用途资源的最优配置问题，而资源在经济中的作用则逐渐被纳入"生产力"的研究范围。以马歇尔为代表的新古典经济学者在研究资源与经济增长的关系时常常忽视对资源的讨论。马克思《资本论》在论述资本主义剩余价值的产生时则指出："劳动和土地，是财富两个原始的形成要素。"② 恩格斯更进一步指出："其实，劳动和自然界在一起它才是

---

① 配第. 配第经济著作文集 [M]. 北京：商务印书馆，1981：16.
② 马克思，恩格斯. 马克思恩格斯全集：第29卷 [M]. 北京：人民出版社，1972：663.

一切财富的源泉，自然界为劳动提供材料，劳动把材料转变为财富。"① 马克思、恩格斯对资源的解释，既指出了自然资源的客观存在，又把人为因素（包括劳动力和技术）视为财富的另一不可或缺的来源。相对而言，马克思和恩格斯对资源的解释与现代意义上的一般理解更为接近。

而现代经济学对资源的解释又发生了变化，不同的经济学科对资源的内涵和外延都有不同的理解。一般经济学意义上的资源是指有限的、具有实用价值的物质要素。经济学意义上的资源常常被称为经济资源，经济资源又包含自然资源和社会资源。自然资源主要包括土地资源、水资源、气候资源、森林资源、太阳能资源、矿产资源等，而社会资源主要包括技术资源、人力资源、信息资源等。也有经济学学者把资源称为生产资源，认为其主要划分为土地、劳动、资本和管理四大类。

随着社会经济的快速发展，人口、资源、环境问题的产生与凸现，学界对资源的概念和定义也有了新的理解。1972 年，联合国环境规划署将资源解释为："在一定时间、地点的条件下能够产生经济价值，以此来提高人类当前和未来福利的自然环境因素和条件。"② 而彼得·蒙德尔的《经济学解说》将资源定义为"生产过程中所使用的投入"③，并且资源被划分为自然资源、人力资源和加工资源三类。《英国大百科全书》中资源被定义为："人类可以利用的自然生成物以及生成这些成分的环境功能。"④

综合上述对资源的概念解析和定义可以看出，资源的概念是不断发展的，随着社会经济的不断发展和变化，资源的外延和内涵也在不断地扩充。资源的定义内容丰富而且广泛，根据不同视角的分析，针对不同的资源特征可对资源及资源型产业进行分类。一是按资源的存在形态分类，可将资源具体划分为水资源、土地资源、森林资源、矿产资源等。二是根据资源的数量稳定性和可否更新的特征，可将资源分为可再生资源、不可再生资源、恒定性资源、耗竭性资源、可循环资源几类。三是按照资源的控制方式，资源可以分为专有资源和共享资源两大类。在对资源进行分类的基础上，可将资源产业具体地划分为水资源产业、土地资源产业、森林资源产业、矿产资源产业等。针对所有的资源

---

② 曲福田. 资源与环境经济学 [M]. 2 版. 北京：中国农业出版社, 2011：2.

① 马克思, 恩格斯. 马克思恩格斯全集：第 4 卷 [M]. 2 版. 北京：人民出版社, 1995：373.

② 曲福田. 资源与环境经济学 [M]. 2 版. 北京：中国农业出版社, 2011：2.

③ 蒙德尔. 经济学解说 [M]. 胡代光, 等译. 北京：经济科学出版社, 2000：5.

④ 过建春. 自然资源与环境经济学 [M]. 北京：中国林业出版社, 2007：4.

产业又能够进行细分，如矿产资源产业可分为金属矿产资源产业和非金属矿产资源产业，其中金属矿产资源产业又包含了有色金属资源业、稀有金属资源业、黑色金属资源业等。

人们对资源与经济增长的关系的认识是一个逐渐深化的过程，从资源禀赋与经济增长的正向效应到"荷兰病"与"资源诅咒"等，人们对资源与经济增长的关系的认识逐渐明朗。然而，资源始终对经济增长具有重要影响，不得不承认的是资源型产业的发展在近现代人类工业文明发展史上具有举足轻重的地位。

而产业的概念又是什么呢？人们一般意义上对产业的理解是指企业的集合，是国民经济的一个中观概念。以英国经济学家马歇尔（Marshall）为代表提出的西方传统的产业组织理论将产业定义为某一具有代表性和典型性的生产性行业。而现代产业经济学将产业的定义介于微观经济主体（家庭和企业）与宏观经济单位（国家和区域）之间，生产技术和产品特性相同的企业集合，即企业的"集合体"。我国著名的产业经济学家苏东水则把产业定义为具有某种同类属性的、相互作用的经济活动组成的集合或系统。不管是基于哪种定义，产业的本质特征都反映了产业的形成离不开微观经济主体——企业。

根据产业研究和分析的不同目的，产业的分类标准和方法各不相同。主要的标准和方法有：以产品的最终用途不同为标准的马克思两大部类分类法，以物质生产特点不同为标准的农、轻、重分类法，以产业发展层次顺序及其与自然界关系不同为标准的三次产业分类法，以工业生产特点不同为标准的霍夫曼分类法，以生产要素集约程度不同为标准的生产要素集约分类法，以统计标准分类的标准产业分类法和以产业发展所处的不同阶段为依据的产业发展阶段分类法。这几种分类方法各有优势也有局限。而三次产业分类法被世界许多国家和地区广泛采用，是一种相对简单实用的经济分析方法。20 世纪 30 年代，英国经济学家费希尔（Fisher）在其著作《安全与进步的冲突》中提出"第三产业"。英国经济学家克拉克（Clack）对三次产业的提法进行完善。按照三次产业的分类法，产业分为第一产业、第二产业和第三产业。标准产业分类法则是为统一国民经济口径而由权威部门制定的一种产业分类方法。中国也有对产业进行科学分类的国家标准。根据中国《国民经济行业分类：GB/T 4754—2011》对三次产业的划分可以看出，资源型产业主要属于第二产业，是第二产业的重要组成部分。

综合来看，资源型产业是以资源开发、利用为基础和依托的产业，主要指资源获取及之后的一系列生产活动。资源型产业应包含开采、保护、恢复、再生和积累等自然生产和再生产的活动。在资源型产业发展的生产要素构成中，自然资源占据核心地位。随着资源产业技术的深化，社会分工的细化，资源型产业又派生出一些新的产业，如资源服务业、资源再生产业等。根据相关产业对资源的依赖程度，资源型产业可分为资源依赖型产业、资源依附型产业、资源依从型产业。

在资源丰富、市场需求旺盛时期，资源型产业发展迅速稳定。伴随着资源的减少、质量下降或枯竭以及市场的变化，资源型产业发展受到严重影响。从国内外的实际情况来看，这是资源型产业发展不得不面临的问题，也是资源型产业发展中特有的问题。

由于四川民族地区的资源型产业主要以矿产、水电资源的开发和利用为主，矿产与水电资源产业的转型和升级是否成功决定着当前四川民族地区资源型产业转型升级的成功与否。因此，本书所研究的对象主要为由地质作用和地理作用形成的具有利用价值的固态、液态及气态等自然资源，主要包括铁、煤、铅锌、水等。

2.1.3　产业转型升级

产业转型升级，应定义为产业结构高级化，即向更有利于经济、社会发展的方向发展。而产业结构则是指产业间及产业内部的相互联系及其联系的方式和作用。产业结构的转型三大核心是：低附加值产业向高附加值产业转型、产业发展由粗放式向集约式发展、产业布局上由分散型向集聚型转变。

转型主要体现在以下五个方面：①向创新驱动转型，推动由主要依靠物质资源消耗向主要依靠技术进步、高素质人力资源和管理创新的转变；②向绿色低碳转型，推动资源利用方式向集约高效、清洁安全转变；③向智能制造转型，推动制造模式向数字化、智能化、网络化方向转变；④向服务化转型，必须加快发展生产性服务业，促进制造企业向研发设计和市场营销两端延伸；⑤向内需主导、消费驱动转型。

产业升级的主要内容包括如下几个方面：①提升产品和技术结构；②优化产业组织结构；③优化产业空间布局；④优化产业结构。

产业转型升级的关键是技术进步，在引进先进技术的基础上消化吸收，并加以研究、改进和创新，建立属于自己的技术体系。产业转型升级依赖行政法规的指导以及资金、政策支持，需要把产业转型升级与职工培训、再就业结合起来。

顾名思义，资源型产业转型升级就是资源型产业在发展到某一阶段和时期，针对资源型产业发展中面临的一系列问题，从多方面实现资源型产业结构的高级化和区域经济的协调可持续发展。资源型产业转型路径总结起来主要有加工型产业多元化路径、外生型主导产业更新路径、资源型主导产业延伸路径、资源-加工混合型产业发展路径①。

国内外资源型城市的产业转型情况复杂，由于不同国家具体情况不同，不同资源型城市的转型背景、转型前的基础条件及转型原因等方面的不同，转型模式在选择上有所差异。综合国内外资源型城市产业转型的经验看，主要有四种基本转型升级模式。第一，循环经济发展模式。延伸产业链，多元化产业结构优化，构建循环产业体系，由资源密集型传统产业向资本-技术-劳动密集型产业转型。第二，资源替代及产业替代模式。以国际资源代替国内资源、以再生资源替代不可再生资源、以人力资源代替自然资源，用高新技术替代资本和劳动，实现资源多元化和产业多元化。第三，科技创新模式。用高新技术和先进实用技术改造传统产业，以信息化带动工业化，以工业化促进信息化，走科技含量高、经济效益好、资源消耗低、环境污染少、人力资源优势得到充分发挥的新型工业化道路。第四，产业生态化发展模式。产业生态化的概念是20世纪60年代在生态学的研究逐渐转向生态系统生态学的过程中被提出来的。在产业生态学理论指导下，产业生态化发展模式是产业发展的高级形态，是可持续发展在产业层面的具体体现。通过完善基础设施和恢复生态功能，构建城市循环产业体系，实现资源型城市—山水园林城市—生态城市的转型。

根据对国内外资源型产业转型的典型案例分析可以发现，资源型产业转型升级的典型模式主要包括产业延伸型转型模式、产业更替型转型模式和产业更替与产业延伸相结合的复合型转型模式三种模式。

产业延伸型转型模式主要通过对传统的资源型产业进行改造，延伸产业链和产业链升级，从而实现资源型城市的产业转型。这一转型模式即在传统资源型产业发展的基础上，大力发展资源型产业下游的深度加工产业，建立资源加工产业群，增加资源的附加值，同时提高产业技术水平和产业层次，从而实现资源型产业的转型和可持续发展。延伸型转型模式主要适合于那些资源储量及开发成本尚有一定优势，但由于技术条件落后、基础设施不完善、产业附加值低，影响产业可持续发展的单一资源型城市和地区。该类模式主要以美国休斯

---

① 李洪娟. 资源型城市产业转型的障碍分析与路径选择 [J]. 煤炭工程, 2008 (2)：96-98.

敦和中国黑龙江省大庆市为典型代表。

产业更替型转型模式主要是通过扶植原有非主导产业成为替代资源型产业的新的主导产业，或者在原有的资源型产业中通过植入新的主导产业改变传统的资源型产业发展模式，降低对原有的资源型产业对自然资源的依赖程度，从而建立新的现代化产业体系的产业转型模式。这一转型模式主要是基于绝大多数自然资源的不可再生性或者再生周期长导致资源大大减少甚至资源枯竭，资源型产业发展难以为继，并且随之产生的大量的经济社会发展问题使得资源型城市和地区不得不转型。因此，为了应对这一问题，政府应积极培育新的主导产业，开发新的经济增长点，实行资源型产业的更替，从而实现资源型产业的成功转型和升级换代。这一产业转型模式主要以法国的洛林和中国辽宁省的阜新市为代表。

产业更替与产业延伸结合的复合型转型模式则是指各种产业转型方式同时运用的多元复合方式。这种模式不是单一的资源型产业转型，而是以上两种转型模式的复合，就是在对当前的资源型产业进行升级和改造（延伸产业链，提高技术水平，增加科技含量，减少资源开发成本）的同时寻找和培育新的主导产业替代资源型产业；在现有资源型产业优势的基础上，通过提高技术水平和增加技术创新来延长资源型产业的生命周期，以及延伸下游产业链，形成资源型深加工产业群；或者通过寻找和培育具有发展潜力的非主导产业或新型产业，进行产业升级和产业替代，降低对资源的依赖程度。采取这种复合模式的城市和地区资源型产业发展的特点主要表现为随着资源加工产业群的逐渐建立，资源型产业的产业链逐渐延伸，城市功能逐步完善，不依赖本地资源的新兴产业得到一定程度的发展，资源型城市逐步向多产业联合发展的综合性城市演化，但是原先发展动力不足的资源型产业仍然占据主导地位。而采取产业更替与产业延伸相结合的复合型转型模式的典型是德国的鲁尔工业区和中国的山东省枣庄市。

以上资源型产业转型升级的模式对四川民族地区的资源型产业转型升级具有十分重要的借鉴意义，但是四川民族地区资源型产业的发展现状和特征与其相比又具有独特性。因此，对于四川民族地区资源型产业转型升级的研究可以借鉴国内外产业转型升级的经验教训，但绝不能照搬照抄，需要从实际出发，具体情况具体分析，深入了解四川民族地区资源型产业的发展概况。

2.1.4　产业发展路径

"发展"（development）是一个已经深入人心的概念，其本身是一个哲学名词，指事物由小到大、由简单到复杂、由低级到高级、由旧事物到新事物的运动变化过程。由于其对事物的变化具有强大的解释力，这一词被应用的领域也十分广泛，如经济发展、社会发展、历史发展等。

产业发展是指产业的产生、生长和进化的过程，既包括单个产业的进化过程，又包括产业总体，即整个国民经济进化的过程。进化过程的核心是产业结构的变化。以产业结构优化为发展方向，当今世界产业发展的趋势是产业集群化、产业融合化和产业生态化①。而本课题根据研究对象的不同，认为产业发展主要是指产业的健康发展、协调可持续发展、绿色发展和生态化发展。产业发展不是一个完全的"自然"演化过程，产业的生命周期、产业的主导地位次序性、产业的关联性等特点会使得产业的总体发展水平、合理化程度和竞争能力处于不同的状态，这一状态有可能是落后或低效的，也有可能是赶超或引领的。在当前日益激烈的国际竞争中，世界各国都纷纷制定不同的产业政策，通过技术创新、组织结构优化、空间布局合理化等手段促进产业持续健康发展，以提高产业的国际竞争力。

"路径"一词在不同的领域具有不同的含义。在中国的汉语文字释义中，路径是指道路，是到达目的地的路线，可以比喻办事的门路、办法。在学术研究中，许多专家学者引用这一词语，此时的路径则多是指办法和途径。由此可以认为产业发展路径一般是指产业发展的战略安排和发展途径。本课题的产业发展路径是指产业从出现到成长进化的过程中，根据产业本身的特点以及产业发展的特点、水平以及条件，为了达到健康协调可持续的生态化发展的目标和安排而采取的方式方法和战略策略。

产业转型升级过程中的产业发展路径则是指在产业持续健康发展和区域经济协调可持续发展的要求下，产业转型升级的实施途径或方式。它既是推动产业转型升级的技术方法与制度安排，同时又包括产业转型升级的方向、目标、战略安排及相关政策。一般而言，产业转型升级的路径可以从产业体系内部、制度建设、技术创新和金融支持等几个维度来实现。第一，在产业体系内部实现产业发展与环境保护的有机统一，促进资源的高效利用，延伸产业链，使得不同类型的产业协调发展；第二，制度建设方面完善相关法律法规，使产业发展的外部效应内部化，将外部环境成本内化于产业发展成本之中；第三，技术方面采用先进的生产工艺和生产技术，提高效率，减少污染，实现产业的转型

---

① 苏东水. 产业经济学 [M]. 3 版. 北京：高等教育出版社，2010：15.

升级；第四，产业转型升级离不开金融支持，绿色金融的发展对产业生态健康发展具有重要的支持作用。

2.2 理论基础

2.2.1 绿色发展理论

绿色发展理论提出的背景是传统工业化和城市化模式所带来的负面效应日益凸显，生态环境遭到严重破坏。面对日益严重的生态环境污染，人们开始对自身生产方式、生活方式进行反思和质疑。1989年，英国经济学家皮尔斯等人在《绿色经济蓝图》中首次提到"绿色经济"的概念，强调通过对资源环境产品和服务进行适当的估价，实现经济发展和环境保护的统一，从而实现可持续发展。近年，在实现经济复苏和应对气候变化的双重压力下，英、美等西方发达国家纷纷提出了绿色发展战略，实施"绿色新政"，绿色经济迅速发展起来，代表着国际经济发展的新趋势。

进入21世纪，中国的社会经济取得巨大成就，但是经济发展也带来了一系列生态环境问题。面临严峻的经济社会发展和生态环境问题，2002年，中国发布了《中国人类发展报告》，提出绿色发展是我国未来发展的必选之路，强调经济与环境的和谐统一发展。在这之后，党和国家对绿色发展这一理念越来越重视，绿色发展的思路在中国越来越清晰。在中国特色社会主义建设的实践中，党的十八大把生态文明建设纳入中国特色社会主义事业"五位一体"总体布局，再次提出走绿色发展的道路，节约资源、保护环境，转变生产和生活方式，推动绿色产业结构升级，扭转环境恶化趋势，实现经济效益、社会效益、环境效益的共同增长。随后，中共十八届五中全会确立了创新、协调、绿色、开放、共享的五大发展理念。2017年，中共十九大再次阐述加快生态文明体制改革、推进绿色发展、建设美丽中国的战略部署，并且为未来中国推进生态文明建设和绿色发展指明了路线。在这样的背景下，中国对绿色发展的理论研究不断丰富并且取得了丰硕的成果，包括绿色发展的内涵、绿色发展的现状、绿色经济以及实现绿色发展的工具和方法等。

在经济层面，绿色发展是指以合理消费、低消耗、低排放、生态资本不断增加为主要特征，以绿色创新为基本途径，以积累真实财富（扣除自然资产损失之后）和增加人类净福利为根本目的的新型经济社会发展方式，实现社会、经济、自然三大系统的整体协调发展①。绿色发展以循环经济、低碳经济为发展路径，以信息、知识与绿色科技创新为支撑体系，通过发展环保产业、产出无污染、无残毒、无公害、优质环保的生态产品，来满足人们日益增长的绿色消费需求，并形成绿色生活模式，最终实现经济、社会与生态自然的和谐统一发展。绿色发展是在生态环境容量和资源承载能力的制约下，通过保护自然环境实现可持续发展的新型发展模式和生态发展理念：第一，在理念上倡导生态价值观和生态伦理观；第二，在生产过程中实行以生态技术为支撑的绿色生产；第三，在生活方式上推行以低碳为基础的绿色消费。

实现绿色发展和建设绿色中国固然是一个非常好的命题，但时至今日其在发展过程中仍然面临许多问题，如城市规模迅速扩张且呈无序状态、人口迅速增长的巨大空间压力、资源迅速枯竭且环境日益恶化、国家科技创新能力短板突出等。中国的绿色发展道路是具有中国特色的，在遵循联合国环境规划署倡议的绿色经济的提法、内涵大方向的基础上，中国立足于本国的基本国情，实施绿色发展的路径和重点与其他国家，尤其是西方资本主义发达国家必然会有比较大的差异。但不可否认的是，在绿色发展理论指导下，中国在绿色经济转型、绿色产业发展等方面正在不断进步与完善。

绿色发展起源于人类对被工业文化思想观念统辖的社会中日益严重的生态环境问题的反思，体现了人类生态意识的觉醒与发展理念转型的新思路。绿色是永续发展的必要条件和人民对美好生活追求的体现，必须坚持节约资源和保护环境，坚持可持续发展，坚持走生产发展、生活富裕、生态良好的文明发展道路。

绿色发展是顺应人类社会文明的必然要求，是应对生态危机的重要战略措施，是破解我国社会经济发展难题的必由之路。中国需要解决的关键问题包括加快绿色产业发展、加快可再生资源发展、实行空间差别化的环境规制和深化绿色发展的制度创新等。中国经济的绿色发展，要让经济增长与资源环境负荷脱钩，增强资源环境的可持续性。这需要从加法和减法两个方面努力。所谓加法，就是寻求绿色发展导向的经济增长新动力，同时实现经济增长和资源环境可持续性的改善；所谓减法，是指经济增长要遵循自然规律，不增加或少增加资源环境负荷。从加法的视角看，创新驱动将是绿色发展导向的经济增长的新动力，通过推广应用绿色技术，加快发展绿色产业，可以同时实现经济增长和

---

① 胡鞍钢. 中国绿色发展的理论与实践（提纲）［C］//中国林学会. 现代林业发展高层论坛论文集. 北京：中国林学会，2011：1-6.

资源环境可持续性的改善。从减法的视角看，经济增长应遵循自然规律，关键在于资源环境负荷不得超越资源环境承载力，尤其是在资源环境负荷超载地区，必须使资源环境承载力的硬约束成为倒逼产业转型的政策抓手。总结来看，政府层面绿色发展的实现路径主要是要加强对绿色产业发展的引导，努力完善激励约束政策，强化制度建设，加强人才引进和资助培养，促进绿色产业自主创新。

2.2.2 产业生态学理论

产业生态学是 20 世纪 90 年代初在传统的自然科学、社会科学相互交叉和综合的基础上发展起来的一门新学科。追根溯源，产业生态学的学科起源一是工业代谢以及后来内涵更为扩展的社会经济代谢，二是对产业共生现象的观察以及对工业生态系统与自然生态系统的类比。1989 年，美国生态环境学家罗伯特·福布什首次通过模拟生物新陈代谢过程和生态系统的循环再生过程提出"工业代谢"的概念。同年 9 月，罗伯特·福布什与尼古拉斯·伽罗布劳斯在《科学美国人》上发表了一篇名为《制造业发展战略》的文章，该文章认为可以通过生产方式的革新来减少工业对环境的不利影响，以此引出产业生态学的思想。美国国家科学院和贝尔实验室对产业生态学的概念、内容和方法及其应用前景进行了系统的总结。20 世纪 90 年代之后，产业生态学发展迅速，产业生态学的相关研究受到国内外学者的普遍重视，尤其是在可持续发展理念日益受到重视的背景下，环境学界、生态学界和产业界纷纷进行产业生态学的理论与实践探索。

国际电力与电子工程研究所于 1995 年在其《持续发展与产业生态学白皮书》中指出："产业生态学是一门探讨产业系统与经济系统以及它们与自然系统相互关系的跨学科研究，其研究涉及诸多学科领域，包括能源供应与利用、新材料科学、基础科学、经济学、管理科学和法学，等等。"1997 年，由耶鲁大学和麻省理工学院联合出版了全球第一本《产业生态学杂志》，标志着产业生态学作为一门真正意义上的学科被学术界正式接受。该刊主编在发刊词中进一步明确了产业生态学的学科性质、研究对象和内容，认为"产业生态学是一门迅速发展的系统科学分支，它从局部、地区和全球 3 个层次上系统地研究产品、工艺、产业部门和经济部门中的能流和物流，其焦点是研究产业界在降低产品生命周期过程中的环境压力中的作用"。与西方类似，中国产业生态学的研究也是与现代工业体系的建设和发展密切相关的。中国学者也对产业生态学的学科定义提出了自己的看法，他们主要从"社会—经济—自然复合生态系统"的理论出发，指出产业生态学主要是一门研究社会生产活动中自然资源从源、流到泄的全代谢过程，组织管理体制以及生产、消费、调控行为的动力学机制，控制论方法及其与生命支持系统相互关系的系统科学。

产业生态学的研究内容体现在产业系统与自然生态系统的关系、产业生态系统结构分析与功能模拟、产业生态系统的低物质化、产品生态评价与生态设计、工业代谢过程模拟与改进等几个方面。产业生态学以产业系统和物质能量代谢为主要研究内容，围绕产业系统的生态化转型，扩展基本概念、研究方法及政策手段[①]。物质代谢的效率主要是由物质生产力、物质循环利用强度和物质循环利用率三个方面的指标来衡量的。物质生产力将物质投入视为生产力要素之一，采用单位物质消耗的产品或产值来测度生产力水平。物质循环利用强度是通过分析部门物质消耗与其对应的经济产出之间的比例关系，衡量物质利用效率。物质生产力水平越高或者物质利用强度越低，说明产业系统物质利用效率越高，对物质投入的依赖性越低，系统的发展水平就越高。物质循环利用率用来衡量产业系统内部代谢"废物"的再循环利用程度，循环利用率越高，物质耗散损失越小，产业系统对资源、环境的压力越小，系统的稳定性也就越强。

在衡量产业系统物质代谢的基础上，产业生态学主张通过生态重构和物质减量化两种途径全面提升产业系统生态效率，转变社会生产和消费方式，从根本上降低产业活动对资源环境的压力。经济系统的生态重构即生态化转型就是根据生态学原理和自然生态系统的组成和运行方式，通过生产和消费结构的战略性转变来重新组织和安排经济社会物质流动，从而推进经济体系的整体演进。物质减量化是指通过减少单位经济价值或产品产出的生产和服务过程中所消耗的物质材料或产生废弃物的质量，实现利用最小化自然资源提供最大化产品和服务的战略发展目标。同末端污染控制策略的区别在于，物质减量化强调产品的生态化设计、强化物质产品的循环再生，而生态化转型并不局限于直接提高产业部门的物质利用效率和循环利用率，而是更为强调宏观上的结构性调整和功能整合。

产业生态学的核心研究方法是系统分析法，在系统分析法的基础上又逐渐发展出工业代谢分析和生命周期评价的方法。工业代谢分析和生命周期评价是

①　石磊，陈伟强. 中国产业生态学发展的回顾与展望［J］. 生态学报，2016，36（22）：7158-7167.

现阶段产业生态学最普遍使用的方法。工业代谢是把原料、能源及劳动在一种稳态条件下转化为最终产品和废物的所有物理过程的完整集合。其目的是揭示经济活动纯物质的数量与质量规模，展示构成工业活动全部物质与能量的流动、存储及其对环境的影响。工业代谢分析法聚焦于环境，寻找工业中造成环境污染的原因。生命周期评价是一种面向产品系统的环境管理工具，也是实现工业生态化的重要途径和方法之一，它评价产品、工艺或活动从原材料采集，到产品生产、运输、销售、使用、回收利用及最终处置的整个生命周期的所有环境负荷①。

2.2.3 循环经济理论

循环经济理论是美国经济学家波尔丁在 20 世纪 60 年代提出生态经济时谈到的。20 世纪 90 年代以来，在可持续发展理论指导下，循环经济理论和循环经济发展模式受到国内外学者的重视，并且有效指导产业发展的实践活动。循环经济的理论基础应当说是生态经济理论。循环经济要求遵循经济规律的同时还需要遵循生态规律，合理利用自然资源与优化保护环境，在物质不断循环利用的基础上发展经济，生态经济原则应该在循环经济的不同层次、不同环节上体现。根据生态学的基本理论把经济活动组织成为一个"资源—产品—再生资源"的反馈式物质能量流动过程，进而实现经济增长的"低消耗、高利用、低排放"，最大限度地利用进入经济系统的物质和能量，充分利用资源，提升经济运行质量和效益，以实现人类发展和自然和谐的经济发展模式。传统的资源型产业发展主要是依赖自然资源消耗，是线性增长的经济。而循环经济就是要改变传统资源型经济的发展方式，其发展理念为：重节约，不再片面追求地区生产总值增长；速度与效益并重；重外延扩张与内涵提高并举。循环经济不仅是一种新的经济增长方式，同时也能有效防治污染，是一种新的污染治理模式，在促进经济发展的同时也有利于资源节约与环境保护，是集环保与发展于一体的战略。

循环经济是对传统线性经济发展模式的革新，基于不同的研究视角，循环经济的内涵也存在一定的差别，具体体现在以下几个方面：一是从资源经济视角，循环经济主张通过建立充分利用自然资源的循环机制，生产经营活动过程循环利用现有物质和能量，使经济经营活动融入资源的循环过程，提升资源利用效率和经济发展质量；二是从生态经济视角，循环经济是生态学理论指导

---

① GRAEDEL T E, ALLENB B R. Industrial ecology [M]. New York：Prentice Hall Press，1995：108-109.

下，通过物质和能源在经济系统中不断循环利用，将经济活动对生态环境的影响降到最低，促进经济系统和谐地纳入自然生态系统物质能量循环过程之中，实现社会经济与生态环境协调发展的经济发展模式；三是从技术经济视角，循环经济以现代科学技术为基础，通过技术上的创新与组合，使一定区域范围内不同企业、产业、城市之间有机联系起来，形成相互依存的产业网络，实现企业、产业、城市间的资源互补与循环利用，形成闭环形式的经济发展模式；四是从系统学视角，循环经济把企业生产经营、原料供给、市场消费等各个经济单元组成生态链式经济体，建立物质闭路循环的经济系统。

循环经济遵循减量化（reduce）、再利用（reuse）、再循环（recycle）的"3R"原则。减量化原则旨在从经济活动的源头减少原料和能源投入以达到既定生产目的和消费目的，从而在生产发展的基础上减少资源消耗和废物排放，降低经济活动对资源环境的影响；再利用原则强调在经济活动的整个过程中延长产品和服务的时间长度，充分利用一切可利用的余料；再循环原则是对废弃物进行资源化处理，把废弃物再次转变成可利用的资源，从而实现经济发展的废物最大化利用和污染排放最小化的目标。也有学者认为循环经济实施原则还需要加上民众认知，并且民众认知处于统领地位。

循环经济的实现途径在不同层次上具有差异。微观层次上，清洁生产为企业内部的循环经济的有效途径，推动企业建立内部循环经济产业体系。中观层次上，通过建立生态工业园区，构建区域范围的循环经济产业体系，园区内企业间的联系和组合实现区域范围内经济发展的污染"零排放"。宏观层次上，则应从社会整体循环角度大力培育绿色产业和绿色消费市场，促进循环经济发展，构建循环型经济社会。

循环经济在产业发展、经济增长、产业系统、消费和价值取向等方面都具有新的特征。发展循环经济不仅是可持续发展的重要体现和必然要求，也是全面建设小康社会中贯彻落实新时代新理念的具体实践。发展循环经济有利于形成节约资源、保护环境的生产方式和消费模式，有利于提高经济增长的质量和效益，有利于建设资源节约型社会，有利于促进人与自然的和谐发展。在资源型产业转型升级中，资源的重复利用和高效循环利用能更大限度地挖掘资源价值，促进资源综合利用和生态环境保护。所以说循环经济理论在资源型产业转型升级中的实际应用也是关系社会经济可持续发展、实现产业成功转型升级的关键一环。因此，大力发展循环经济，实现产业转型升级，必须摒弃传统的发展思维和发展模式。

2.2.4 可持续发展理论

在 20 世纪 60 年代，可持续发展的思想就开始出现。1962 年，美国海洋生物学家莱切尔·卡逊出版的《寂静的春天》一书提出了人类应该与其他生物和谐共处，共同分享地球的思想。1972 年，一个由学者组成的非正式国际学术组织"罗马俱乐部"发表了题为《增长的极限》的报告，这份报告深刻地阐述了自然环境的重要性以及人口和资源之间的关系，并提出了"增长的极限"的危机；同年出版的《生存的蓝图》一书首先出现了"经济社会可持续发展"一词。由此，越来越多的学者关注可持续发展理念。在 20 世纪 80 年代，可持续发展逐渐成为社会发展的主流思想。可持续发展问题正式进入国际社会议程是在进入 20 世纪 90 年代以后。1980 年，世界自然保护联盟（IUCN）、联合国环境规划署（UNEP）共同起草的《世界保护战略》正式提出"可持续发展"的概念。1984 年，美国学者爱迪·B. 维思在塔尔博特·R. 佩奇（1977）所提出的社会选择和分配公平理论基础上，系统地论述了代际公平理论，该理论成为可持续发展的理论基石。1987 年，世界环境与发展委员会（WCED）在题为《我们共同的未来》的报告中正式提出了可持续发展模式，并且明确阐述了"可持续发展"的定义。1989 年 5 月，第 15 届联合国环境署理事会通过了《关于可持续发展的声明》，再次对"可持续发展"的定义进行完善。1992 年，《二十一世纪议程》《气候变化框架公约》等文件使得可持续发展理念在国际社会广泛传播开来。从此，可持续发展理念开始对世界各地区发展规划、政策、模式产生深远的影响。

因为可持续发展涉及社会经济发展的各个方面，对可持续发展的理解在不同角度有不同的观点。对于可持续发展主要有生态可持续、社会可持续、经济可持续、科技可持续等几种观点。这几种观点的角度和侧重点主要在于实现可持续发展的手段和途径的差异。生态可持续旨在说明自然资源及其开发利用程度间的生态平衡，以满足社会经济发展对生态资源不断增长的需求。社会可持续则着重强调社会公平是可持续发展战略得以实现的机制和路径。经济可持续则强调经济的可持续发展不仅要注重经济增长的数量，更要注重经济增长的质量，实现经济增长与生态环境的协调和统一，而不是以牺牲生态环境为代价。科技可持续则认为实施可持续发展战略，除了政策和管理等因素外，科技进步是支撑可持续发展的重要力量。

根据国际社会普遍接受的可持续发展的概念定义，我们认为可持续发展理论是指既满足当代人的需要又不对后代人满足其需要的能力构成危害的发展。它强调社会、经济、环境、资源和人口几大因素构成的一个有机整体相互联系、相互制约的协调，既实现当代的社会经济快速发展，又避免破坏子孙赖以生存的环境，达到人类安居乐业，实现永续发展。可持续发展的实质是实现经济、社会、自然和生态几方面的全面协调发展，其本质是实施生态经济战略。衡量可持续发展的指标包括经济、社会和环境三大类，三者缺一不可。

可持续发展以公平性、持续性、共同性为基本原则。可持续发展的公平性原则包括两个方面。一方面是代内公平，指本代人的公平，即代内之间的横向公平，也就是说是达到给定时点上实现一国内部或者国家（或地区）之间的公平。由于经济社会发展落后的发展中国家和地区主要依赖于本国原本就不富裕的自然或经济资源，因此代内公平对贫穷的发展中国家或地区更加重要。另一方面是指代际公平，即世代之间的纵向公平。由于资源的有限性，在社会经济发展过程中，可持续发展不仅要实现代内公平，还要注重未来各代人享有资源和拥有良好的发展环境，实现当代人与未来各代人之间的公平。人类生存与发展离不开资源和环境，可持续发展的持续性原则要求人类在开发和利用自然资源的同时，注重保护生态、合理利用自然资源，从而为实现社会经济发展的延续提供可能。这也说明，可持续发展的持续性原则也从侧面反映出可持续发展的公平性原则。地球是一个整体，地球是全人类共同的地球，人类社会的发展具有相互依存性，因此可持续发展关系到全人类共同的利益。共同性原则要求全人类共同维护我们赖以生存的环境，既尊重各方的利益，同时社会经济发展与资源环境的协调、人与自然的协调和人类自身的协调需要人类共同的行动和努力。

对于可持续性又有强可持续和弱可持续两种不同的认识。自然资本和人造资本之间是可以替代的弱可持续性的发展理念。而强可持续性的发展理念认为有些自然资源是不可替代的，经济增长不能超越资源环境承载力。强可持续性和弱可持续性的分歧主要基于不同的伦理观，其核心在于自然资源与人造资源之间是否存在替代性以及替代的程度。弱可持续发展理念强调人类社会的主观能动性，认为虽然资源是有限的，但是技术进步可以克服自然资源减少带来的增长极限。而强可持续性则强调自然资源和生态环境的极限性和硬约束。但是它们之间的分歧是可以调和的，针对中国的实际发展情况而言，实现中国经济的绿色可持续发展，需要综合这两种认识，既要发挥人的主观能动性，重视创新驱动的积极作用，合理利用自然，又要重视资源环境承载力的硬约束和自然资源的极限性，注重保护自然资源。

如何实现可持续发展？实现可持续发展到底有哪些路径可供选择呢？在可持续发展理论不断丰富、发展和完善的过程中，许多研究者对这一问题也给出了回答。总结起来，可持续发展的现实路径主要有以下四种：建立可持续发展的宏观调控体系，改变经济增长模式和转变消费方式，从供给侧结构性改革出发调整产业结构、推行可持续发展的产业政策，以及注重生态环境保护。

2.2.5 生态经济学理论

生态经济学是生态学与经济学的交叉学科。生态经济学以人类经济活动为中心，运用系统工程方法，从最广泛的范围研究生态和经济的结合，从整体上去研究生态系统和生产力系统的相互影响、相互制约和相互作用，揭示自然和社会之间的本质联系和规律，改变生产和消费方式，高效合理地利用一切可用资源。简言之，生态经济就是一种尊重生态原理和经济规律的经济发展理念。

生态经济学的产生既是社会经济发展的需要，也是科学技术发展的需要，同时也是生态学与经济学的共同要求。由于以往的经济发展方式过于注重经济效益以及出于这样或那样的原因，生产主体对生态环境的关注较少，继而导致人们面临的生态经济问题，如人口膨胀、全球气候变化、臭氧层耗竭与破坏、生物多样性锐减、土壤退化加剧、森林面积骤减等问题越来越突出。

生态经济学的发展经历了一个比较漫长的过程。生态学和经济学这两个词都是来源于希腊文。在一定的发展阶段中，生态学和经济学被分为两个完全不同的学科，生态学成为自然科学，经济学则成为社会科学，并且形成各自完整的理论体系。1866 年，德国动物学家恩斯特·海克尔在其著作《普通生物形态学》中首先提出"生态学"的概念。20 世纪 20 年代中期，美国科学家麦肯齐首次把植物生态学和动物生态学运用到对人类群落和社会的研究，主张经济分析不能不考虑生态学，并提出"经济生态学"这一名词。1935 年，英国生态学家坦斯利提出"生态系统"的概念。1962 年，美国海洋生物学家莱切尔·卡森发表著名的科普读物《寂静的春天》，真正结合经济社会问题展开生态学研究。20 世纪 60 年代后期，美国经济学家肯尼迪·鲍尔丁在他发表的重要论文《一门科学——生态经济学》中首次提出"生态经济学"的概念，系统地论述了市场机制在控制人口、调节资源合理利用、优化消费品分配、治理环境污染等方面的作用，建立了生态经济协调理论，这标志着生态经济学作为一门科学产生。随后，生态经济学的相关研究迅速展开，并逐渐成为全球关注的热点问题。1974 年，赫尔曼·戴利提出稳态经济的思想，这一思想中就包含了生态经济的思想。1978 年，经济学家罗伯特·科斯坦塔提出生态经济学是一门在更广范围内讨论生态系统和经济系统之间关系的科学，主要强调社会经济活动与其带来的资源和环境变化之间的相互关系，强调经济学和生态学的相互渗透、相互结合。罗伯特·科斯坦塔认为，人类社会经济系统是整个地球生态系统的一部分，而且人类社会经济系统的发展是以生态系统为基础的，人类的社会经济系统必须与生态系统保持协调。在生态经济学的基础概念和理论形成之后，关于生态经济学的研究和论著也相继涌现，具有代表性的著作有美国科学家莱斯特·R. 布朗所著的《B 模式：拯救地球，延续文明》《生态经济：有利于地球的经济构想》和艾瑞克·戴维森所著的《生态经济大未来》。中国国内的生态经济学研究兴起于 20 世纪 80 年代。1980 年，经济学家许涤新主持召开的首次生态经济学座谈会拉开了中国生态经济学研究的序幕。此后，关于生态经济学的研究在中国大量展开。例如，国内学者程福祜在 20 世纪 80 年代初就将国际生态经济学研究介绍到中国并对其研究历程进行梳理。1985 年，国内学者刘思华又对生态经济学的一些相关问题进行论述，结合生态经济学的发展实际提出建立具有中国特色的社会主义生态经济学。

生态经济学具有极强的实践性和应用性，在发展过程中形成了不同的理论流派，按照各个学派对世界未来的看法，可以分为乐观派、悲观派和中间派三个理论流派。

乐观派这一理论流派以美国未来研究所所长赫尔曼·卡恩和美国的朱利乐·西蒙为代表。赫尔曼·卡恩在其著作《世界经济发展——令人兴奋的 1978—2000 年》和《即将到来的繁荣》中，认为美国和世界面临无限繁荣的机会。朱利乐·西蒙在其著作《最后的资源》中抨击了罗马俱乐部研究问题的方法。乐观派认为，人类正处在从贫困过渡到富裕而有潜力的未来社会 400 年进程的中期，人口、资源、污染等问题是可以解决的，经济增长不会停滞。这是因为社会转变有其内在动力，保持经济的持续增长是最好的方式。

悲观派与乐观派的观点则恰恰相反，悲观派的代表主要是罗马俱乐部的悲观生态经济学家们，他们通过对人类社会的过去、现在及未来进行系统的研究和预测，描绘了未来地球的悲惨状况。以美国麻省理工学院教授丹尼斯·L.麦道斯为首编著的著作《增长的极限》以及以英国著名生态学家爱德华·哥尔德史密斯为首的科学家编著的著作《生存的蓝图》都代表了悲观派的理论。悲观派这一理论学派的主要观点是：工业化、人口剧增、粮食短缺、资源枯竭和生态环境恶化的趋势将会越来越快，而地球的资源是有限的，所以到最后这些趋势将会不可避免地导致生态危机。悲观派的生态经济学家认为，这些趋势中，工业化经济和人口增长是生态危机爆发的主要原因，因此他们主张在通过科学技术延缓危机爆发的同时，控制人口增长，减缓经济增长速度。

中间派是乐观派和悲观派相互争论的折中结果。相比而言，中间派的观点比较务实。这一学术流派承认社会经济增长面临严重的生态环境问题，人类的社会经济发展面临未知风险，但也认为生态与经济是可以和谐发展的，人类应该充分发挥潜力，正确地应对经济增长过程中的生态环境问题。这一理论流派的代表著作有美国科学家莱斯特·R. 布朗的《建设一个持续发展的社会》及约翰·莱比斯托的《大趋势》等。

生态经济学从一开始就是跨学科研究的结果，是综合生态学、生物学、物理学、经济学、系统论和伦理学等科学思想的科学。在研究方法方面，生态经济学主张将规范理论研究、实证分析与战略规划结合在一起，在规范理论研究的基础上，将生态学、经济学与技术科学融为一体，实证研究则将物理学、能量学、生物学和统计学等学科融入生态经济问题研究之中。生态经济学在研究对象的表达上强调研究人类经济活动和自然生态之间的关系、生态经济系统的经济方面、生态变化的社会经济因素。研究内容概括起来主要有以下几个方面：生态经济系统结构和功能的研究、生态经济循环和再生产理论的研究、生态经济价值和效益理论的研究、生态经济规律和平衡理论的研究和生态经济社会持续发展理论的研究。其研究方法主要包括价值方法、系统方法、情景分析和社会评价方法等。

生态经济学的核心是循环经济，但是生态经济与循环经济仍然具有区别。经济与生态的协调是生态经济强调的核心。经济系统与生态系统是不能割裂的，应该注重这两者的有机结合。循环经济侧重于整个社会物质循环应用，强调的是资源节约和物质循环，从而实现生态效率的提高。此处资源被多次重复利用和物质循环应该体现在生产、流通、消费全过程。生态经济与循环经济是有机统一的，具有相同的本质，其目的都是要使经济活动生态化，都是要坚持可持续发展。物质循环的实质是人类在社会生产过程中与自然界进行物质交换，这不仅是自然作用过程，而且是经济社会过程，也就是自然过程和经济过程相互作用的生态经济发展过程。

传统经济学与生态经济学相比较也有巨大的差异。传统经济学与生态经济学的差异主要体现为发展目标的不同。传统经济学的目标是企业或者个人利益的最大化，而较少地关注社会效益，也不考虑生态环境和自然资源等在企业和个人追求利益最大化过程中的好坏变化及数量增减，忽视人类经济社会的可持续发展。生态经济学的目标则是实现经济效益、社会效益和生态效益的统一。

2.3　研究范围界定

如前文所述，本课题的研究区域聚焦于四川民族地区，主要包括攀枝花市、凉山彝族自治州、阿坝藏族羌族自治州和甘孜藏族自治州的少数民族聚居地区，主要以凉山彝族自治州和攀枝花市等四川少数民族聚居区域为典型样本。四川民族地区的工业经济主要以钢铁、钒钛、能源、化工、采掘、矿石加工等为主。结合四川民族地区资源型产业发展的特点，本书以开发及利用钢铁、钒钛、铅锌等矿产资源的经济部门作为研究对象。这些资源型产业行业具体包括两个方面：第一是采掘业中的有色金属矿石开采及洗矿和选矿等行业；第二是以矿产资源为基础的制造业，主要为黑矿石加工冶炼行业，化学原料及化学制品制造业，石油加工业，炼焦和核燃料加工业，电力、热力生产和供应业等高耗能行业。

3 四川民族地区资源型产业发展状况

3.1 四川民族地区资源型产业基本概况

《全国资源型城市可持续发展规划（2013—2020 年）》中的在四川的地级行政区包括攀枝花市、凉山彝族自治州、阿坝藏族羌族自治州等，其中属于民族地区的有凉山彝族自治州、阿坝藏族羌族自治州。攀枝花市与凉山彝族自治州在地理位置上紧邻，且根据国家对资源型城市的发展规划，2013 年 2 月 7 日，国家发展改革委批准设立攀西战略资源创新开发区，开发区总面积 3.1 万平方千米，地理范围包括攀枝花市区、盐边县、米易县，西昌市、会理县、冕宁县、德昌县、宁南县，以及雅安的石棉县和汉源县。从长期经济发展战略规划来看，攀枝花与凉山州将统筹为一个整体共同发展。攀西经济区的主要自然资源包括钒钛磁铁矿、石墨、煤炭、铜、铅锌、锡、钼、稀土等矿石资源，其中攀枝花市已探明铁矿（主要是钒钛磁铁矿）71.8 亿吨，占四川省探明铁矿资源储量的 72.3%，是中国四大铁矿区之一；探明伴生钛资源储量居世界第一，伴生钒资源储量居世界第三，石墨资源储量居全国第三。凉山州为全国稀土战略资源区，稀土资源储量 270 万吨，居全国第二。除矿石资源外，攀西经济区的林业、水能、风能资源丰富。

依托攀西地区丰富的自然资源，攀枝花市形成了年产值超 500 亿元的攀钢集团有限公司，其具备年产铁 930 万吨、钢 1 070 万吨、钢材 945 万吨、钒制品 2.8 万吨、钛精矿 48 万吨、钛白粉 13.3 万吨、高钛渣 18 万吨、钛材 3 000 吨的综合生产能力。同时，攀枝花市也有年产值超 100 亿的攀枝花钢城集团，其具有完整的钢铁产业链：钢铁产业具备年产螺纹钢 60 万吨、普钢优钢 30 万吨的能力；冶金原辅料产业具备年产球团 380 万吨、冶金辅料 40 万吨、规格矿 100 万吨和铁精矿 50 万吨的能力;钒钛产业具备年产五氧化二钒 8 000 吨,年产海绵钛 5 000 吨的能力;建材产业具备年产水泥 500 万吨,商品混凝土 100 万立方米的能力;化工产业具备年产烧碱 3.3 万吨、盐酸 1 万吨、液氯 2.3 万吨的能力。除上述产能外,攀枝花钢城集团还实现了攀钢冶金废渣全部综合利用,有着冶金二次资源深度开发加工能力。除上述两个超大型企业外,攀枝花市还拥有众多以开发水电、风电、光电,采掘,洗选矿石,冶炼钢、铁、钒、钛以及生产金属材料为主的年产值过亿的企业。攀西经济区的凉山州的煤炭、有色金属矿业比较发达。凭借得天独厚的水能、风能优势,凉山州的水电、风电清洁能源产业发展生机勃勃,凉山州未来将建成四川最大的水电、风电能源基地。

阿坝州地处川西北高原,是中国主要的牧区之一,在全国资源型城市可持续发展规划中被划为了资源再生型地区,在经济发展过程中已经逐步摆脱对资源的依赖,并致力于发展成为资源型城市转型的先行区。阿坝州草地、水资源丰富,但矿石类资源种类及存储量不及攀西地区,相比攀西经济区的资源型产业,阿坝州的资源型产业链条短,产品种类单一,大型企业较少,年产值第一的资源型企业为阿坝铝厂,年产值 30 亿元左右。阿坝州由于定位于川西北生态示范区,更多强调生态保护与生态经济,全境开发生态旅游业。

表 3-1 统计的是攀枝花市、凉山州和阿坝州重点资源型企业。从表 3-1 中可以看出各地区的资源型产业结构状况:攀枝花市以钢铁、钒钛制造及其材料生产为主,涉及企业较多、规模较大、专业化程度高,同时也有煤炭、电力、化工等企业;凉山州以电力、林业、矿业为主,水电开发是凉山州最主要的资源产业;阿坝州资源型产业主营业务比较散乱,专业化程度、规模远不及攀枝花市和凉山州。综合表 3-1 来看,四川民族地区资源型产业主要集中在攀西地区,特别是攀枝花市,集中了技术先进、生产规模大、产业链较长的资源型企业,是资源开发的高地。

表 3-1 四川民族资源型地区重点资源型企业

地区	企业
攀枝花市	攀钢集团钒业有限公司、攀枝花卓越钒业科技股份有限公司、四川攀西钒业科技有限公司、攀钢集团钛业有限责任公司、攀钢集团矿业有限公司、四川攀枝花煤业有限公司、国网攀枝花供电公司、雅砻江二滩水力发电厂、华电四川发电有限公司攀枝花分公司、攀枝花大互通钛业有限公司、攀枝花钢企欣宇化工有限公司、攀枝花钢城集团有限公司、攀枝花大江钒钛新材料有限公司、四川红宇白云新材料有限公司

表3-1（续）

地区	企业
凉山州	国网凉山供电公司、四川西昌电力股份公司、四川省凉山州大桥水电开发总公司、四川省雷波林业局、四川省凉北林业局、四川省木里林业局、四川省川林业五处、四川盐业总公司凉山分公司、四川省凉山州益门煤矿、凉山矿业股份有限公司、四川锦宁矿业有限责任公司
阿坝州	成都-阿坝工业园区、四川阿坝工业园区、四川浩普瑞新能源材料有限公司、四川川西磁材有限责任公司、汶川县神州锆业科技有限公司、四川晶蓝宝石科技发展有限公司、阿坝铝厂、四川协鑫硅业科技有限公司、四川岷江电化有限公司、四川岷江雪盐化有限公司、四川长化宏光盐化工有限公司、立敦电子科技（阿坝州）有限公司、四川鑫通新材料有限责任公司

3.2 攀枝花市、凉山州、阿坝州能耗基本概况

截至 2018 年年底，攀枝花市辖区面积 7 401 平方千米，常住人口 123.6 万人，地区生产总值 1 173.52 亿元；凉山州面积 60 294 平方千米，常住人口 490.8 万人，地区生产总值 1 533.19 亿元；阿坝州面积 83 016 平方千米，常住人口 94.4 万人，地区生产总值 306.67 亿元。从人口数据可以看出，凉山州的人口要远远多于攀枝花市与阿坝州人口总和。攀枝花市紧靠凉山州，但攀枝花市的人口大多是"三线建设"时期由于国家战略安排以及工业发展需要从凉山州与外地迁移进来的。阿坝州地广人稀，主要少数民族包括羌族与藏族。凉山州的经济总量领先于攀枝花市与阿坝州，阿坝州的经济总量与其他两者相距甚远。2013—2018 年，攀枝花市与凉山州的地区生产总值增长明显，其中攀枝花市 6 年间增加了 370 多亿元，凉山州增长了近 318.79 亿元，阿坝州增长幅度较小，仅为 72.68 亿元，6 年的增长量未超过 100 亿元。虽然凉山州的经济总量在三个地区中排名第一，但其人口数量较多，使得人均地区生产总值排名反而不具有优势，从表 3-2 可以看出，2015 年阿坝州的人均地区生产总值就超过了凉山州，而攀枝花市的人均地区生产总值一直处于高水平并且有明显的上升趋势。

根据表 3-2，从地区生产总值构成来看，虽然三个地区都有广袤的农业地区，但第一产业产值占地区生产总值的比例较小，各年都比较稳定。在乡村振兴战略深入推进的大背景下，现代农业、生态农业、有机农业无疑将是攀枝花市、凉山州、阿坝州等民族地区的优势产业，发展潜力巨大。尽管当前该区域的特色

农产品非常丰富，但开发程度仍比较低，因此未来农业可作为资源型企业转型升级的一个主要发力点。第二产业是三个地区生产总值构成的主要产业。其中，攀枝花市 2013—2015 年的第二产业对地区生产总值的贡献率约为 70%。攀枝花市是较为典型的工业城市，但其 2016—2018 年第二产业贡献率有较快的下降趋势，从 2016 年的 69.26% 下降到 2018 年的 62.30%，3 年内下降了 6.96%。2013—2015年，凉山州与阿坝州的第二产业的贡献率超过了 50%，2016 年后第二产业贡献率小于 50%，此后几年逐年下降。从第二产业占比变化趋势来看，攀枝花市、凉山州、阿坝州的产业结构都有朝着第一、第三产业发展的趋势，第二产业贡献率都有下降的趋势。三个地区第三产业的增加值都呈现逐年上升的态势，这与产业本身的生命周期特征及结构优化调整的大体背景是相契合的，按照产业结构调整与转型升级的规律，资源型产业地区的产业会朝着上下游延伸发展升级，同时也会跨产业转型发展，摆脱高耗能、低效应及资源不足的瓶颈制约。

表 3-2　2013—2018 年攀枝花市、凉山州、阿坝州地区生产总值构成

地区	项目	2013 年	2014 年	2015 年	2016 年	2017 年	2018 年
攀枝花市	第一产业地区生产总值/亿元	27.88	29.02	31.31	34.25	37.16	39.74
	第二产业地区生产总值/亿元（第二产业贡献率）	598.62（74.75%）	637.41（73.19%）	661.03（71.45%）	702.72（69.26%）	745.02（65.11%）	731.13（62.30%）
	第三产业地区生产总值/亿元	175.81	204.42	232.84	277.71	362.07	402.65
	地区总产值/亿元	800.88	870.85	925.18	1014.68	1144.25	1173.52
	人均地区生产总值/元	65001	70646	75078	82221	92584	94938
凉山州	第一产业地区生产总值/亿元	233.89	249.39	263.58	280.71	296.52	307.61
	第二产业地区生产总值/亿元（第二产业贡献率）	642.21（52.88%）	693.34（52.75%）	648.65（49.33%）	684.15（46.17%）	621.88（41.99%）	613.13（39.99%）
	第三产业地区生产总值/亿元	338.30	371.57	402.61	439.06	562.51	612.45
	地区总产值/亿元	1214.40	1314.30	1314.84	1403.92	1480.91	1533.19
	人均地区生产总值/元	26556	28556	28276	29549	30669	31472
阿坝州	第一产业地区生产总值/亿元	35.04	37.25	40.84	44.05	46.44	49.55
	第二产业地区生产总值/亿元（第二产业贡献率）	120.84（51.64%）	125.31（50.57%）	130.02（49.06%）	132.90（47.24%）	141.34（47.89%）	139.53（45.50%）
	第三产业地区生产总值/亿元	78.11	85.23	94.18	104.37	107.38	117.59
	地区总产值/亿元	233.99	247.79	265.04	281.32	295.16	306.67
	人均地区生产总值/元	25728	27043	28647	30171	31487	32552

数据来源：《四川统计年鉴》。

表 3-3 是 2013—2018 年攀枝花市、凉山州、阿坝州的每万元地区生产总值所需的以每吨标准煤表示的能耗。单位生产总值能耗直接反映经济发展对能源的依赖程度，也能直接反映一个国家或地区经济发展与能源消费之间的强度关系。单位生产总值能耗越大，表明经济发展更多地依赖能源。单位生产总值能间接反映出地区的产业结构状况、能源消费构成、设备技术装备水平和能源利用效率等各方面内容；同时也能反映各种节能政策和措施的效果，并可作为测试节能减排的有效标准。单位生产总值能耗降低率可以间接反映今年各种节能政策措施的效果，对检验节能减排的有效性起到作用。

表 3-3　2013—2018 年攀枝花市、凉山州、阿坝州单位生产总值能耗（等价值）

单位：吨标准煤/万元

地区	2013 年	2014 年	2015 年	2016 年	2017 年	2018 年
攀枝花市	1.916	1.755	1.576	1.376	1.235	1.144
凉山州	0.755	0.704	0.674	0.658	0.623	0.624
阿坝州	1.721	1.841	1.752	1.476	1.423	1.335

数据来源：《四川统计年鉴》。

单位生产总值能源消耗主要受到以下几个方面的影响：

一是能源消费构成。每种能源自然赋能是不同的，所以同等标准量的不同能源热值的利用程度也是不相同的。假如使用的能源种类不同，但产出同样单位的产值，那么消耗的能源量也会不同。例如，发电时使用的能源物质分别是原煤和天然气，产出了同样标准电量，因为原煤热效率比天然气低，发电过程中损失的能耗要超过天然气，所以用原煤发电消耗的能源量要比天然气高。因此，生产过程中使用的特定能源占能源消费的比重可以视作影响单位生产总值能耗大小的因素。攀枝花市主要产业为钢铁等矿石加工资源型产业，需要用到大量的原煤作为能源物质与冶炼原料；阿坝州资源型企业也多是矿石加工业，原煤也是其资源型企业生产需求量较大的能源物质；凉山州是我国西南重要的能源地区，主要的资源型产业为原矿石开采与水能、风能发电，涉及资源型加工企业较少，对原煤的需求量并不大，更多的是利用自然能源。从表 3-3 看三个地区的单位生产总值能耗，凉山州的单位生产总值能耗相较于攀枝花市与阿坝州更低。从表 3-4 来看，攀枝花市和阿坝州的单位总产值增加值能耗要远远超过凉山州，表明攀枝花市、阿坝州的生产总值的增长非常依赖能源的消耗，其产业发展还需要消耗较多的能源才能提高生产总值。对比表 3-3 各年的生产能耗可以发现，总体上单位生产总值能耗有降低的趋势，这表明几个地区能源消费开始优化，生产工艺正在进步，产能得到了提升，单位生产总值所需的能源物质减少。攀枝花市和阿坝州的单位生产总值能耗下降较为明显，攀枝花市单位生产总值能耗从 1.916 吨标准煤/万元下降为 1.144 吨标准煤/万元，下降了 0.772 吨标准煤/万元，在三者中下降的幅度最大。阿坝州从 1.721 吨标准煤/万元下降为 1.335 吨标准煤/万元，下降了 0.386 吨标准煤/万元，下降幅度在攀枝花市之后。凉山州从 0.755 吨标准煤/万元下降为 0.624 吨标准煤/万元，下降了 0.131 吨标准煤/万元，下降幅度不明显。从表 3-4 纵向比较三个地区单位生产总值增加值能耗：攀枝花市从 2.920 吨标准煤/万元下降为 1.531 吨标准煤/万元，下降了 1.389 吨标准煤/万元，下降幅度最大。阿坝州从 2013 年到 2018 年，年均单位生产总值增加值能耗稳定在 2.4 吨标准煤/万元左右，小幅度稳定波动。凉山州从 2013 年到 2018 年，年均单位生产总值增加值能耗稳定在 1.2 吨标准煤/万元左右。从表 3-4 的单位生产总值增加值可以看出 2013—2018 年攀枝花市增加一单位的生产总值所消耗的能源明显下降，这表示攀枝花市在产能升级方面有重大进步，降能耗工作较为成功，而阿坝州、凉山州单位生产总值增加值的能耗变化并不明显。这主要是由于三者不同的转型定位，攀枝花市转型的重点是继续在以钢铁加工业为基础的工业产业格局下，大力发展钒钛产业，根本还是以矿石加工业为主，面临的转型升级任务最重，但科技攻关与新技术的运用处于领先地位，对产能的促进也应当是三者之中最明显的。阿坝州定位于发展成为生态保护区，同时也已发展到再生型资源地区的阶段，逐渐摆脱了对资源的依赖，所以单位生产总值增加值能耗的变化不明显。而凉山州定位于发展成为能源基地，水电、风电为凉山州地区主要的资源型产业，矿石加工企业越来越少，主要能源消耗来源于自然的可再生能源，所以单位生产总值增加值变化也不是非常明显。

表 3-4 2013—2018 年攀枝花市、凉山州、阿坝州单位生产总值增加值能耗（等价值）

单位：吨标准煤/万元

地区	2013 年	2014 年	2015 年	2016 年	2017 年	2018 年
攀枝花市	2.920	2.542	2.131	1.882	1.662	1.531
凉山州	1.373	1.198	1.180	1.229	1.157	1.241
阿坝州	2.376	2.585	2.451	2.456	2.372	2.210

数据来源：《四川统计年鉴》。

二是经济增长模式。如果主要依靠增加生产要素投入来扩大生产规模，从而实现经济增长，则是粗放型经济增长模式；如果主要依靠科技进步和提高劳动者的职业素养等方式来增加产品的数量和提高产品的质量，从而推动经济增长，则为集约型经济增长模式。与集约型经济增长模式相比，粗放型经济增长模式实现的经济增长具有能耗较多的特点，即单位生产总值能耗较大。攀枝花市、凉山州和阿坝州过去基本都是以资源密集型增长模式为主，依靠当地丰富和具有特色的各类资源，特别是以矿石、水资源开发和利用为主的第二产业作为主要产业，该经济增长模式属于较为粗放的经济增长模式，主要依靠大量投入资源来驱动地区生产总值的提升。特别是在追求以经济增长速度为评价标准的背景下，攀枝花市、凉山州和阿坝州出现了非常多的高要素投入、高耗能、低产能、低效益的企业，这过度消耗了当地的自然资源，对生态环境造成了严重的破坏，对当地的经济增长也没有起到明显的促进作用与龙头引领作用，并普遍存在某些非法单位为了追求利润违规利用自然资源的现象。所以资源型地区转型升级工作的一个重要方面就是清除此类产能落后的企业，更高效地利用资源，使地区资源能够获得最大的经济收益。

三是由自然资源禀赋、区域产业分工等原因形成的产业结构或行业结构。一般来说，在国民经济各产业分工中，第二产业是高耗能产业，相较于第一产业、第三产业的单位生产总值所需要的能耗要大得多。在第二产业中重工业能源消耗又较轻工业大得多。因此，某一地区的产业结构中第三产业产值占地区生产总值比重越高的，单位生产总值能耗也较小，如果地区以第二产业为主而又主要以重工业特别是化学原料及化学制品制造业、非金属矿物制品业、黑色金属冶炼及压延加工业、有色金属冶炼及压延加工业、石油加工炼焦及核燃料加工业、电力热力的生产和供应业六大高耗能行业拉动经济增长的，单位生产总值能耗也必然较大。目前攀枝花市、凉山州、阿坝州第二产业对地区生产总值的贡献率依然较大，特别是攀枝花市，其矿石加工业基础雄厚并且未来依然是攀枝花市的主要产业。第二产业对攀枝花市地区生产总值的贡献率依然会非常高，因此攀枝花市对能源有着硬性的需求。凉山州工业虽然是其主要的产业，但随着能源基地的建设和向农牧、旅游业转型，其对能源的消耗已经在逐步减少。阿坝州在不断打造以旅游为主要产业的服务业，地区生产总值对能源的依赖在未来将会逐渐降低。

四是能源利用的技术水平、设备技术装备水平和能源生产、消费的管理水平。能源利用的技术水平、设备技术装备水平和能源生产、消费的管理水平越高，所消耗的能源量则越少，单位生产总值能耗也必然越小。在攀枝花市、凉山州和阿坝州中，攀枝花市要面临的技术难题与生产工艺优化问题更迫切，因为攀枝花市的第二产业基础在三者中最为雄厚，产业依赖度也最高。在转型升级的发展战略下，攀枝花市各类企业积极开展科学研究，努力攻克技术难题，积极投入新的生产设备和工艺以此来提升资源的利用效率，降低生产能耗。从表 3-3 和表 3-4 的数据可以看出攀枝花市的单位生产总值能耗与单位生产总值增加值能耗都有比较明显的降低，表明攀枝花市的产业技术升级获得了明显的成效。

五是自然条件。自然条件，如自然资源分布、气候、地理环境等对产业结构及能源消费结构等会产生固有影响，也通过产业结构间接地影响了单位生产总值能耗的大小。例如，金属矿资源聚集的地区，相应进行矿石的开采、冶炼、轧制，以金属冶炼及轧制加工业这个高耗能行业来推动经济增长，由此导致能源消耗较大，产出的生产总值相对较小，从而单位生产总值能耗较大。

从上述影响单位产值能耗的因素来看，由于经济发展的阶段、能源消费结构以及地区自然资源条件的不同，各地区的单位产值能源消耗存在较大差异。攀枝花市、凉山州、阿坝州都是资源型地区，其自然资源特色决定了三者的单位生产总值能耗都比较高，攀枝花市有着较为完善的资源加工生产链条，所以地区资源特色与工业结构决定了攀枝花市的单位生产总值能耗需求较高。但随着生产技术不断升级，产业结构不断优化，三地区单位生产总值能耗都有所降低。

3.3 攀枝花市资源型产业基本概况[①]

3.3.1 攀钢集团有限公司

攀钢集团有限公司（以下简称"攀钢"）是攀西最大的资源型工业企业，是中国西部最大的钢铁生产基地，也是中国最大的钒产品、钛原料、铁路钢铁生产基地。经过多年开发，攀钢形成了以钢铁、钒钛为主，其他资源型产品为辅的产品结构。

[①] 由于攀枝花市的主要资源型企业的数据可在一定程度上反映攀枝花市资源型产业的基本概况，因此本节一并介绍部分资源型企业及其生产数据。

3.3.1.1 生产状况

近年，由于受国内外钢铁市场波动和国内宏观经济调控双重影响，攀钢生产经历了一个较为困难的时期，攀钢根据市场的价格和产品的供需，并结合政府的宏观调控政策，积极制订年度生产目标，在保证企业适应市场和宏观经济目标的生产量下，努力将产量维持在效益最大化的水平。2013—2018 年攀钢主要产品种类及产量具体数据见表 3-5。

表 3-5　2013—2018 年攀钢主要产品生产状况

项目	2013 年	2014 年	2015 年	2016 年	2017 年	2018 年
铁精矿/万吨	1206.84	1309.19	1080.03	1103.11	1136.87	1127.94
铁/万吨	1128.41	1075.00	945.47	981.51	980.67	996.88
钢/万吨	1067.65	1136.25	896.82	926.72	924.22	952.25
钢材/万吨（其中：重轨/万吨）	979.38（123.11）	971.66（131.97）	821.03（126.39）	838.77（128.16）	833.32（135.02）	876.86
热轧板卷/万吨	—	420.81	598.08	640.72	—	—
冷轧板卷/万吨	—	192.31	187.16	239.21	—	—
无缝钢管/万吨	—	89.64	72.16	—	—	—
钒制品/万吨	3.65	3.94	3.51	3.55	—	—
钛精矿/万吨	55.58	68.18	63.55	61.37	88.69	100.39
钛白粉/万吨	7.66	8.43	9.98	12.07	19.99	22.84
高钛渣/万吨	4.90	11.83	10.78	13.33	16.04	19.15
海绵钛/万吨	0.35	0.85	0.84	1.43	1.59	1.75
钛材/吨	3236	2900	2573	2600	3000	3700
工业总产值/亿元	542.82	502.27	430.24	429.16	550.68	633.09
营业收入/亿元	625.00	629.30	467.00	498.77	670.07	799.79

数据来源：《攀枝花年鉴》。

注："—"表示数据缺失，后同。

铁精矿：2013—2018 年铁精矿产量都保持在 1 000 万吨以上，年产量最低的为 2015 年，仅有 1 080.03 万吨，最高年为 2014 年，达到了 1 309.19 万吨，两年相差 229.16 万吨；2016—2018 年铁精矿的产量逐渐回升，保持在 1 100

万吨以上，但都未超过 2014 年的水平。

铁：2013 年铁产量为 1 128.41 万吨，为统计年份中的最大值；2014 年为 1 075 万吨，较 2013 年减少 53.41 万吨；2015 年遭遇生产困难时期，较 2014 年减少了 129.53 万吨，为 945.47 万吨，在各统计年中是产量最小年份；2016—2018 年产量在 2015 年的基础上有所回升，2018 年生产了 996.88 万吨，仍然保持在 1 000 万吨以内。

钢：2014 年钢产量为统计年份中的最大值，为 1 136.25 万吨，比 2013 年增长 68.6 万吨；但随后的 2015 年钢产量锐减至 896.82 万吨，减少了 239.43 万吨，为统计年份中的最小值；2016 年钢产量有所回升，达 926.72 万吨；2018 年生产得到进一步恢复达到 952.25 万吨，但没有超过 1 000 万吨的水平。

钢材：钢材的产量受铁与钢产量的影响较大，所以 2013—2018 年变化趋势与铁和钢的变化趋势大体相同；2015 年产量最低，只有 821.03 万吨，比 2013 年减少 158.35 万吨，比 2014 年少 150.62 万吨；2016—2018 年钢材生产水平在波动中恢复，2018 年产量为 876.86 万吨，比 2015 年增加了 55.83 万吨；钢材中的主要产品重轨产量各年总体保持平稳，受到钢材产量波动的影响较轻，2017 年重轨产量为统计年份中最大值，为 135.02 万吨。

钒制品：2013—2018 年攀钢钒制品产量保持在 3.5 万吨以上，2014 年产量 3.94 万吨为统计最大值；2015 年受攀钢生产的影响，钒制品产量为 3.51 万吨，比 2014 年减少了 0.43 万吨。

钛精矿：2013—2018 年钛精矿产量总体呈现上升趋势，2017 年增加值最大，比上年增长 27.32 万吨；2018 年产量继续扩大，达到了 100.39 万吨，达到了统计年中的最好水平。

钛白粉：2013—2018 年钛白粉产量呈现逐年增长的趋势，2013 年为 7.66 万吨，2018 年为 22.84 万吨；2018 年的产量接近 2013 年产量的 3 倍，比 2013 年多 15.18 万吨。

高钛渣：2013 年高钛渣产量为 4.90 万吨，2014 年高钛渣产量得到大幅度提升，增幅达 6.93 万吨；2015 年高钛渣产量有所下降，为 10.78 万吨；2016 年高钛渣产量恢复并超过 2014 年的生产水平；2017 年、2018 年产量继续稳步提升，分别为 16.04 万吨、19.15 万吨。

海绵钛：2013—2018 年海绵钛产量总体呈现增长的态势，仅在 2015 年有微量回落；2013—2014 年为产量上升幅度较大时期，产量增长 0.5 万吨；2015—2016 年为产量上升幅度较大的第二个时期，产量增长了 0.59 万吨；

2018 年产量继续增长，达到 1.75 万吨。

钛材：2013 年钛材产量为 3 236 吨，而后的 2014 年、2015 年产量持续下降，分别比 2013 年下降 336 吨、663 吨；2016 年产量开始恢复，并在 2017 年恢复至 3 000 吨的产量水平；2018 年钛材产量超过 2013 年的产量水平，达到了 3 700 吨，为统计年中最高产量。

3.3.1.2 经营状况

近年，在国内钢铁产能严重过剩，钢材和进口矿价格"断崖式"下跌的严峻形势下，攀钢经营面临巨大困难，因此攀钢将经营理念聚焦"保命经营、资金安全"，突出抓好市场开拓，确立了以川渝滇为核心销售区的市场战略，以寸土必争的决心抢占成都、重庆、昆明区域市场，积极开展系统量化降本专项行动，力争将亏损降到最小。

2013 年，攀钢适当压缩了当期负边际贡献产品产量，突出抓好市场开拓，进一步巩固区域市场优势，钢材综合产销率为 99.38%。降本增效措施累计增利 51.18 亿元。2013 年攀钢控亏、扭亏增效取得明显效果，全年实现工业总产值 542.82 亿元，营业收入首次突破 600 亿元，达到 625 亿元。

2014 年，攀钢钢材综合产销率为 97.74%，各主要产品产销率均在 97% 以上。攀钢全年实现工业总产值 502.27 亿元，实现营业收入 629.3 亿元，并克服产品价格低于 2013 年减利 34.73 亿元的影响。

2015 年，攀钢实现工业总产值 430.24 亿元，营业收入 467 亿元，控亏 40 亿元，累计增利 67.2 亿元，其中由于全方位推进招标采购，供应环节增利 30.7 亿元。该年钢材综合产销率达到 99.82%。

2016 年，攀钢钢材综合产销率为 99.05%，各主要产品产销率均在 99% 以上。攀钢全年实现工业总产值 429.16 亿元，实现营业收入 498.77 亿元。在巨大的经营压力下，攀钢继续实行控亏政策，但全年依然亏损 36.4 亿元。

2017 年，攀钢钢材综合产销率为 98.34%。全年实现工业总产值 550.68 亿元，营业收入 670.07 亿元，盈利 5.68 亿元，实现扭亏为盈，为下年的经营打开了新局面。

2018 年，攀钢实现工业产值 633.09 亿元，实现营业收入 799.79 亿元，均是近年的最好水平。在上年成功扭亏为盈的基础上继续扩大利润，盈利达 21.18 亿元，同比增长约 2.7 倍。

3.3.1.3 出口状况

攀钢主要出口产品为重轨、钒钛、钢材等。2014 年，攀钢钢材出口 35.16

万吨，其中重轨出口 25.36 万吨，钒钛产品出口 3.25 万吨。2015 年，攀钢重轨出口 25.03 万吨，与上年基本持平。2016 年，攀钢钢材出口 22.98 万吨，钒钛产品出口 3.91 万吨。2017 年，攀钢钢材出口 5.71 万吨，同比大幅度减少，钒钛产品出口 4.9 万吨。2014—2018 年攀钢出口销售收入分别为 5.29 亿美元、4.57 亿美元、2.61 亿美元、2.55 亿美元、5.48 亿美元。从出口销售数据来看，2014—2017 年攀钢销售收入呈逐年下降趋势，这主要受国际钢产业市场价格下跌的影响，2018 年国际市场迎来转机，当年攀钢出口大幅度增长，相比 2017 年增长近 1.15 倍。

3.3.2 攀钢集团矿业有限公司

3.3.2.1 生产状况

攀钢集团矿业有限公司始建于 1973 年 5 月，最初为攀枝花冶金矿山公司，1993 年 6 月并入攀钢集团有限责任公司，1994 年更名为攀钢集团矿业公司，2008 年 4 月改制为攀钢集团矿业有限公司（以下简称"攀钢矿业公司"），2014 年 10 月与鞍钢矿业、卡拉拉铁矿整合，组建鞍钢矿业集团。公司现拥有钒钛磁铁矿、白云石矿、石灰石矿、硫铁矿等矿山，其中拥有钒钛磁铁矿资源储量约 14.52 亿吨，其中可采资源量 6 亿吨，占攀西地区已探明资源储量的 15%。公司主要生产钒钛磁铁精矿、钛精矿、石灰石、生石灰粉、高镁石灰等矿产品，2018 年已形成年产钒钛磁铁矿石 3 425 万吨、钒钛磁铁矿精矿 1 130 万吨（品位 54%~57%）、钛精矿 100 万吨（品位≥47%）、石灰石成品矿 75 万吨的生产能力。公司 2013—2018 年的生产概况见表 3-6。

2013—2018 年铁矿采剥量总体维持在 1 亿吨左右，2014 年为统计年份中产量最大的年份，为 11 194 万吨，2015 年下降到 1 亿吨以内，随后年份逐渐恢复至 1 亿吨。2013—2018 年铁矿石年均产量为 3 500 万吨左右，占铁矿采剥量的 35% 左右。

从各年数据来看，2013—2014 年为攀钢矿业公司生产的上升期，采剥总量增加 1 168 万吨，铁矿石增加约 149 万吨，铁精矿增加约 95 万吨，钛精矿增加约 12 万吨。2014 年的各类产品的产量为几年中最高，2015 年处于生产断崖时期，采剥总量陡降 2 082 万吨，铁精矿下降约 229 万吨，钛精矿下降约 4 万吨。2016 年公司生产处于恢复期，在 2015 年的基础上，采剥总量上升约 500 万吨，铁精矿上升约 23 万吨，但钛精矿有微量的下降。2015—2018 年为生产恢复时期，主要产品总体呈上升趋势。

表 3-6　2013—2018 年攀钢集团矿业有限公司生产状况

项目	2013 年	2014 年	2015 年	2016 年	2017 年	2018 年
铁矿采剥量/万吨	10 026	11 194	9 112	9 661.70	10 895	10 061.87
铁矿石/万吨	3 625.04	3 774	3 207	3 365.56	3 516	3 421.77
铁精矿/万吨	1 214	1 309	1 080	1 103.11	1 136.9	1 127.94
钛精矿/万吨	56	68.18	64	61.37	88.7	100.38
石灰石粉/万吨	46	108	34	33.22	33.6	28.70
生石灰粉/万吨	53		49	42.45	42.9	41.20
高镁灰/万吨	8.7		6	5.27	4.9	4.94
营业收入/亿元	55.24	—	36.44	33.25	45.14	46.26

数据来源:《攀枝花年鉴》。

3.3.2.2　经营状况

攀钢矿业公司 2013 年实现营业收入 55.24 亿元,但报表利润仅有 9 082 万元。各项成本较高,企业盈利能力不足是利润较低的原因。2014 年公司扩大生产,实施一系列的降本增效措施后,收益效果明显,实现营业收入 57.19 亿元,利润 4.33 亿元。2015 年,随着产量的下降,公司销售收入也急剧下降,全年营业额 36.44 亿元,同比减少 20.75 亿元,报表利润-7.4 亿元。2016 年经营则更为艰难,全年实现营业收入 33.25 亿元,亏损额较大,但由于积极落实各项控亏措施,控亏 3.27 亿元。2017 年,公司实现营业收入 45.14 亿元,报表利润 5.32 亿元,实现扭亏为盈。2018 年,公司实现营业收入 46.26 亿元,比上年有所上升。

3.3.3　攀枝花煤业集团有限责任公司

攀枝花煤业集团有限责任公司(以下简称"攀煤")是四川煤炭集团规模最大的子公司,成立于 1964 年,是 20 世纪 60 年代我国在"大三线"建设中为攀枝花市钢铁基地配套建设的国有大型煤炭企业。经过半个多世纪的艰苦创业和改革发展,攀煤已建设成为以煤为主,电力、火工、建筑建材、机械制造等多产业发展的综合性企业。

3.3.3.1　生产状况

在宏观经济增速放缓、煤炭市场持续寒冬的环境下,攀煤生产经历了极其艰难的时期。从表 3-7 可以看出，2013—2018 年攀煤原煤的产量整体呈现下降态势，2013 年产量为 420.18 万吨，2018 年比 2013 年减少了 75.88 万吨，仅有 344.3 万吨；但精煤的产销量保持在一个较好水平，年均 178 万吨左右，年波动量维持在较低范围。攀煤的矸石砖生产同样面临着较大困难，逐年下降且幅度非常大，2013—2018 年各年矸石产量分别为 14 185 万块、12 637 万块、9 861 万块、5 432 万块、4 645 万块，2014—2017 年各年同比减少量为 1 548 万块、2 776 万块、4 429 万块、787 万块。攀煤的矸石发电量受矸石生产影响，也同步减少：2013 年矸石发电 11.78 亿千瓦时；2014 年矸石发电 8.76 亿千瓦时，同比减少 3.02 亿千瓦时；2015 年矸石发电 4.02 亿千瓦时，同比减少 4.74 亿千瓦时；2016 年矸石发电 3.99 亿千瓦时，同比减少 0.03 亿千瓦时；2017 年矸石发电 2.9 亿千瓦时，同比减少 1.09 亿千瓦时。

表 3-7　2013—2018 攀枝花煤业集团有限责任公司生产经营状况

项目	2013 年	2014 年	2015 年	2016 年	2017 年	2018 年
原煤/万吨	420.18	401.69	370.99	343	375.7	344.3
精煤/万吨	177.54	188	172.23	170.43	179.5	179.2
矸石砖/万块	14 185	12 637	9 861	5 432	4 645	—
矸石发电量/亿千瓦时	11.78	8.76	4.02	3.99	2.9	—
营业收入/亿元	28	23	14.97	14.82	22.65	24.36
利润/亿元	-1.8	-3.1	-4.01	-4.5	2.1	2.3

数据来源：《攀枝花年鉴》。

3.3.3.2　经营状况

在宏观经济调控下，攀煤面临着煤炭产品量断崖下行，资金链断裂的挑战与威胁。近年，企业的经营非常困难，营业收入持续下跌，亏损额逐年大幅度上涨。如表 3-7 所示，2013 年攀煤营业收入为 28 亿元，该年利润为 -1.8 亿元；2014 年营业收入为 23 亿元，利润为 -3.1 亿元；2015 年营业收入为 14.97 亿元，利润亏损已经达到 4.01 亿元；2016 年是经营最为困难的一年，利润亏损继续增加，达到了 4.5 亿元；2017 年，攀煤经营实现扭亏，利润达到了 2.1 亿元；2018 年利润较上年增长 0.2 亿元，利润继续增加。

3.3.4　攀枝花市化工产业

攀枝花市化工产业是攀枝花市工业体系的重要组成部分，是工业生产体系中非常重要的一环。化工企业不仅为其他工业企业提供生产原料、工业催化剂、工业萃取剂、溶解剂等，还承担着其他工业企业废物回收利用等功能。同时化工企业也是其他行业的重要物质生产提供者，比如农业生产中使用的农药、化肥、薄膜，航天业使用的耐高温涂料、动力燃料等。

2013年攀枝花市纳入化工行业统计的42户企业，主要产品产量为：钛白粉495 611吨、黄磷66 230吨、硫酸196万吨、盐酸18 986吨、烧碱22 569吨、炭黑32 983吨、油漆9 345吨。2013年完成工业总产值209.84亿元，完成工业增加值68.41亿元，实现销售收入182.80亿元。

2014年攀枝花市纳入化工行业统计的企业42户，与上年持平，主要产品产量为：钛白粉492 694吨、硫酸1 869 682吨、盐酸18 133吨、烧碱23 855吨、纯苯375 977吨、涂料9 895.8吨、化学试剂49 895吨。2014年完成工业总产值200.67亿元，完成工业增加值62.97亿元，实现销售收入173.49亿元。

2015年攀枝花市纳入化工行业统计的企业40户，主要产品有钛白粉、脱硝催化剂载体二氧化钛、黄磷、硫酸、烧碱、炭黑、油漆、磷酸、盐酸、炸药、磁粉、润滑油、石油压裂支撑剂、液化气等。2015年完成工业总产值210.71亿元，完成工业增加值66.66亿元，实现销售收入185.96亿元。

2016年攀枝花市纳入行业统计的化工企业增加了16户，达到56户，完成工业总产值333.35亿元，实现销售收入282.69亿元，实现利润6.71亿元。

2017年攀枝花市纳入行业统计的化工企业55户，硫酸产量1 983 800吨，盐酸产量49 500吨，烧碱48 500吨，涂料14 300吨，化学试剂产量143 900吨。

2018年攀枝花市纳入统计的化工企业较2017年增加1户，为56户，硫酸产量825 400吨，比上年大幅度下降。此外，盐酸产量52 200吨，烧碱产量48 000吨，涂料18 100吨，化学试剂产量155 700吨。2018年实现主营业务收入348.78亿元。

3.3.5 攀枝花市钒钛产业

3.3.5.1 攀枝花钒钛高新技术产业开发区

攀枝花钒钛高新技术产业开发区于2001年就已经建设完成。2015年9月，经过近15年的不断发展与探索，攀枝花钒钛高新技术产业开发区（简称"钒钛高新区"）经国务院批准成功升级为"国家级高新技术产业开发区"，是我国首个以金属材料产业开发为主的国家级高新区。经过多年的开发建设，钒钛高新区已拥有工业企业90多家，包括65家规模以上工业企业，16家国家级高新技术工业企业，拥有1个国家级钒钛科技孵化器，已经形成了"工业+生态产业+现代服务业"经济板块。园区现已经由单一的工业园区向全方位、综合性的高新技术开发区转型。目前园区拥有国内最完善的全流程钒钛产业链，产能规模居全国之首。钒产品在国际市场上的占有率为20%，国内市场占有率为60%。园区钛精矿、钛材、钛白粉、海绵钛产能均居全国第一，是国内最具发展潜力的钒钛加工基地。

3.3.5.2 生产状况

攀枝花市钒钛产业作为一定时期内资源产业开发的重点产业，生产能力和实际产量均国内领先。2013—2018年攀枝花市钒钛产业生产状况如表3-8所示。

表3-8 2013—2018年攀枝花市钒钛产业生产状况

项目	2013年	2014年	2015年	2016年	2017年	2018年
钒渣/万吨	25.46	48.36	40.47	40.65	44	44.01
五氧化二钒/吨	15 846	28 000	33 300	25 588	9 544	48 912
钛精矿/万吨	283.25	254.86	228.70	239.07	272.70	322.44
钛白粉/万吨	49.56	30.80	29.55	35.53	44.99	50.32
钛渣/万吨	16.03	18.09	14.08	15.13	22.19	25.81
海绵钛/吨	2 545	8 500	8 444	14 200	15 700	17 500
钒产值/亿元	—	61.78	31.37	66.45	84.09	239.32
钛产值/亿元	98.52	73.26	52.15	77.34	128.64	135.97
钒钛总产值/亿元	—	135.04	83.52	143.79	212.73	375.29

数据来源：《攀枝花年鉴》。

钒渣：2013年生产钒渣25.46万吨，2014年产量有较大提升，达到了48.36万吨。2015年、2016年产量大体相当，均为40多万吨，相比2014年有明显下降。2017年产量比上年增加，为44万吨。2018年产量水平与2017年大致相当。

五氧化二钒：2013年生产五氧化二钒15 846吨，2014年、2015年产量持续增长，分别为28 000吨、33 300吨，2016年呈现负增长，为25 588吨，比2015年减少7 700多吨。2017年产量出现"断崖式"下跌，比2016年下降16 044吨，仅有9 544吨，但随后2018年产量又出现"阶梯式"上升，比上年增长了 39 368 吨，达 48 912 吨，增长幅度超过其他统计年份的最高产量水平。

钛精矿：2013 年钛精矿产量为 283.25 万吨，2014 年、2015 年产量下降幅度较大。2014 年产量为 254.86 万吨，比 2013 年减少 28.39 万吨；2015 年产量为 228.70 万吨，比 2013 年减少 54.55 万吨。2016 年比 2015 年产量有所增长，全年产量 239.07 万吨，但相比 2013 年，减少了 44.18 万吨。2017 年钛精矿产量开始恢复，当年产量为 272.70 万吨。2018 年产量继续增加，超过 300 万吨，达 322.44 万吨，为统计中最高水平，超 2013 年 39.19 万吨。

钛白粉：2013—2018 年钛白粉产量整体呈 U 形变化，各年产量为 49.56 万吨、30.80 万吨、29.55 万吨、35.53 万吨、44.99 万吨、50.32 万吨。

钛渣：2013 年钛渣产量为 16.03 万吨。2014 年钛渣产量比 2013 年增加 2.06 万吨。2015 年钛渣产量出现大幅度下跌，比 2014 年减少了 4.01 万吨。2016—2018 年产量逐年上升。

海绵钛：2013—2018 年，海绵钛生产呈逐渐上升趋势。2013 年海绵钛全年产量仅为 2 545 吨。2014 年有较大提升，全年产量 8 500 吨。2015 年在保持 2014 年的相同水平下，比 2014 年减少 56 吨。2016 年产量又得到大幅度的提升，突破了 1 万吨。2017 年、2018 年产量持续稳定上升，分别同比增长 1 500 吨、1 800 吨。

3.3.5.3 产值状况

表 3-8 中统计了攀枝花市钒钛产业经营状况。2014 年钒钛实现工业总产值 135.04 亿元，其中钒产业 61.78 亿元，钛产业 73.26 亿元。2014 年钛产业产值比 2013 年减少 25.26 亿元。2015 年钒钛产业实现工业总产值 83.52 亿元，比 2014 年减少 51.52 亿元，其中钒产业 31.37 亿元，钛产业 52.15 亿元。2016 年全市钒钛产业实现工业总产值约 143.79 亿元，产值较上年提升 60.27 亿元，并超过 2014 年的总产值，其中钒产业产值 66.45 亿元，钛产业产值 77.34 亿元。2017 年全市钒和钛产业产值之和首次突破 200 亿元，达 212.73 亿元，其中钒产业产值 84.09 亿元，钛产业产值 128.64 亿元。2018 年全市钒钛产业产值相比去年增加 162.56 亿元，突破 300 亿元，接近 400 亿，其中钒产值增加近 2 倍，钛产值增加 7.33 亿元。

3.3.5.4 出口状况

2014 年，钛白粉出口 4.29 万吨，创汇 0.91 亿美元；钒制品出口 0.66 万吨，创汇 1.22 亿美元。2015 年，钛白粉出口 3.20 万吨，同比减少 1.09 万吨，创汇 0.56 亿美元；钒制品出口 0.49 万吨，创汇 0.7 亿美元。2016 年，钛白粉出口 5.56 万吨，创汇 1.04 亿美元；钒制品出口 0.4 万吨，创汇 0.53 亿美元。2017 年，钒钛产品总出口 5.29 万吨，创汇 2.04 亿美元。

3.3.6 攀枝花市地方工业

攀枝花市地方工业总体实力偏弱，从表 3-9 中可以看出 2013—2018 年攀枝花市地方规模以上工业企业主营业务收入超 100 亿元的仅有 1 户；20~50 亿元也不足 10 户；10~20 亿元在 10 户左右；5~10 亿元在 20 户出头。2013—2018 年，主营业务收入超亿元的企业数量在 10~20 亿元的企业呈现下降趋势。从规模企业总体数量来看，2013—2018 年企业数量下降较为厉害，从 2013 年的 355 户减少到 2018 年的 325 户，这主要是受全球经济不景气及国内产业改革的影响。

虽然国际国内市场非常不景气，生产经营面临的困难较大，但攀枝花市地方工业的总体趋势向好。表 3-9 显示，攀枝花市工业总产值连续 5 年增长（2018 年数据缺失），2013—2017 年攀枝花市地方规模以上工业总产值分别为 1 099.81 亿元、1 225.74 亿元、1 272.5 亿元、1 288.59 亿元、1 294.5 亿元，2014—2017 年分别增加 125.93 亿元、46.76 亿元、16.09 亿元、5.91 亿元，增幅逐年降低。

表 3-9 2013—2018 年攀枝花市地方规模以上工业企业状况

项目	2013 年	2014 年	2015 年	2016 年	2017 年	2018 年
规模以上总数/户	355	351	340	332	325	325
主营业务收入 100 亿元以上/户	1	1	1	1	1	1
主营业务收入 20~50 亿元/户	5	6	6	6	5	7
主营业务收入 10~20 亿元/户	12	11	11	10	12	9
主营业务收入 5~10 亿元/户	23	22	22	25	33	30
主营业务收入 1~5 亿元/户	134	156	147	141	151	147
主营业务收入 1 亿元以下/户	180	155	153	149	123	131
工业总产值/亿元	1 099.81	1 225.74	1 272.5	1 288.59	1 294.5	—

数据来源：《攀枝花年鉴》。

3.4 凉山州资源型产业基本概况[①]

3.4.1 国网四川凉山供电公司

3.4.1.1 基本状况

国网四川凉山供电公司成立于1974年，是国网四川省电力公司直属的超大型供电企业，拥有13个职能部门和2个直接供应和直接管理公司，以及7个业务支持和实施机构。2005—2015年，公司先后控股了喜德、会理、德昌、越西、雷波、宁南、甘洛、会东、木里和布拖10个县级供电公司。表3-10呈现了2013—2016年国网四川凉山供电公司基本状况。

固定资产：2013—2016年年底，公司拥有固定资产分别为40.74亿元、49.29亿元、75.3亿元、78.69亿元。各年度都比上年有所增长，2014年同比增长量最大，为8.55亿元。

220千伏站：2013年公司拥有220千伏变电站11座，线路26条，线路长度1 480.98千米。2014年增加了3座变电站，达14座，线路数增加3条，达29条，线路全长增加144.23千米，达1 625.21千米。2015年拥有220千伏变电站数量与2014年相同，线路全长1 759.52千米。2016年公司拥有220千伏变电站数量与上两年相同，但线路长1 685千米，比上年减少74.52千米。

110千伏站：2013年110千伏变电站14座，线路57条，线路长度973.99千米。2014变电站增加了15座，达到29座，线路增加了23条，达到80条，线路长度增加742.06千米，达到1 716.05千米。2015年变电站继续增加至34座，线路全长1 684.76千米，较上年有所减少。2016年变电站比上年减少一座，但线路长度增加了164.24千米。

35千伏站：2013年35千伏变电站12座，线路17条，线路长度196.6千米。2014年35千伏变电站78座，线路116条，线路全长1491.7千米。2015年35千伏变电站99座，线路全长2 144.65千米。2016年35千伏变电站增加10座，达到109座，线路全长1 880千米，比2015年减少264.65千米。

变电总容量：2013年变电总容量为361.74万千伏安，2014年变电站、电

[①] 由于凉山州的主要资源型企业（单位）的数据可在一定程度上反映凉山州资源型产业的基本概况，因此本节介绍部分资源型企业（单位）及其生产数据。

网数目增加后，变电总容量提升至 628.26 万千伏安，比 2013 年增加了 266.52 万千伏安。2015 年变电总容量继续增至 673.45 万千伏安。2016 年变电总容量 677 万千伏安，与 2015 年基本相同。

表 3-10   2013—2016 年国网四川凉山供电公司基本状况

年份	固定资产/亿元	220 千伏			110 千伏			35 千伏			变电总容量/万千伏安
		变电站数量/座	线路数量/条	线路长/千米	变电站数量/座	线路数量/条	线路长/千米	变电站数量/座	线路数量/条	线路长/千米	
2013	40.74	11	26	1 480.98	14	57	973.99	12	17	196.6	361.74
2014	49.29	14	29	1 625.21	29	80	1716.05	78	116	1 491.7	628.26
2015	75.30	14	—	1 759.52	34	—	1 684.76	99	—	2144.65	673.45
2016	78.69	14	—	1 685	33	—	1 849	109	—	1 880	677

数据来源：《凉山年鉴》。

注：2015 年、2016 年相关年鉴未统计线路条数。

3.4.1.2   电网建设

2013 年，公司新开工 110 千伏及以上线路 98.4 千米，变电容量 64 万千伏安；投产 110 千伏及以上线路 268.4 千米，变电容量 60 万千伏安。2014 年公司新开工 110 千伏及以上输变电工程 3 个，变电容量 14 万千伏安，线路 137.6 千米；建成 11 个 110 千伏及以上输变电工程，变电容量 83 万千伏安，线路长度 280.56 千米。新增 110 千伏及以上变电站共 7 座。2015 年，公司新开工 35 千伏及以上项目 7 个，线路 93.45 千米，变电容量 9 万千伏安；续建 6 项、建成 4 项变电站项目，新增变电容量 56 万千伏安，线路长度 201.5 千米。

3.4.1.3   经营状况

表 3-11 统计的是国网四川凉山供电公司的经营状况。2013 年公司售电量完成 70.68 亿千瓦时，销售收入完成 35.03 亿元，线损率完成 5.31%，在统计年份中经营状况最优，线损率也控制得较好。2014 年受企业自备电厂自发自用电量统计口径变化影响和部分大工业客户因节能减排政策关停和停产整顿的影响，公司全口径售电量完成 59.36 亿千瓦时，销售收入完成 26.1 亿元，线损率完成 8.12%，线损率较上年有所上升。2015 年公司全口径售电量完成 61.35 亿千瓦时，销售收入完成 27.06 亿元，线损率完成 7.48%。2016 年完成售电量 64.44 亿千瓦时，比上年增加 3.09 亿千瓦时。

表 3-11　2013—2016 年国网凉山供电公司经营状况

年份	售电量/亿千瓦时	销售收入/亿元	线损率/%
2013	70.68	35.03	5.31
2014	50.36	26.1	8.12
2015	61.35	27.06	7.48
2016	64.44	—	—

数据来源：《凉山年鉴》。

注：线损率＝（线损电量/供电量）×100%。

3.4.2　四川西昌电力股份有限公司

四川西昌电力股份有限公司是 20 世纪 90 年代由四川省经济体制改革委员会批准的以发电供电为主的地方电力企业。表 3-12 统计了 2013—2016 年西昌电力股份有限公司的经营状况。

2013—2016 年，公司自发电量、售电量、营业收入都呈上升趋势。2013 年，公司累计完成自发电量 6.27 亿千瓦时，完成售电量 14.55 亿千瓦时，全年实现营业收入 6.53 亿元。2014 年自发电量 6.73 亿千瓦时，售电量 18.56 亿千瓦时，营业收入 7.55 亿元。2015 年自发电量 7.10 亿千瓦时，售电量完成 20.01 亿千瓦时，实现营业收入 8.36 亿元。2014—2016 年自发电量分别同比增长 0.46 亿千瓦时、0.37 亿千瓦时、0.2 亿千瓦时，售电量分别同比增长 4.01 亿千瓦时、1.45 亿千瓦时、0.79 亿千瓦时，营业收入分别同比增长 1.02 亿元、0.81 亿元、0.69 亿元。

表 3-12　2013—2016 年四川西昌电力股份有限公司的经营状况

年份	自发电量/亿千瓦时	售电量/亿千瓦时	营业收入/亿元
2013	6.27	14.55	6.53
2014	6.73	18.56	7.55
2015	7.10	20.01	8.36
2016	7.30	20.80	9.05

数据来源：《凉山年鉴》。

3.4.3　四川省凉山州大桥水电开发有限责任公司

四川省凉山州大桥水电开发有限责任公司生产经营主体分为大桥电厂和灌

区一期工程漫水湾供水中心电厂。

大桥电厂 2013 年、2014 年、2015 年实现上网电量分别为 3.51 亿千瓦时、3.75 亿千瓦时、3.48 亿千瓦时，分别实现售电收入 1.38 亿元、1.47 亿元、1.21 亿元。这三年两项指标总体保持平稳。

2013 年，漫水湾供水中心电厂完成上网电量 1.19 亿千瓦时，实现售电收入 3 400 万元，供水水费征收 630 万元。2014 年，漫水湾供水中心电厂实现售电收入 3 308 万元，供水水费征收 848 万元。2015 年，漫水湾供水中心电厂销售电量 1.13 亿千瓦时，发电收入 2 951 万元，收到供水水费 767 万元。

3.4.4 四川省雷波林业局

3.4.4.1 基本概况

雷波林业局主要承担着森林管护、造林、封山育林、植被恢复等任务。2013—2016 年，雷波林业局各项任务完成情况如下：

（1）人工造林：人工造林主要有年常规任务、造林补贴试点项目、植被恢复造林项目、中央财政造林补贴项目。

2013 年，雷波林业局完成常规人工造林 133.33 公顷，造林地点为盐源县双河乡；造林补贴试点项目完成人工造林核桃 1 000 公顷，造林地点在盐源县树河镇石门坎村、德石乡摸鱼村和雷波县千万贯乡；森林植被恢复项目营造核桃林 180 公顷，建设地点在会理县龙泉乡。

2014 年，雷波林业局完成常规人工造林 133.33 公顷，造林地点为盐源县双河乡黄沙沟村；造林补贴试点项目人工造林核桃 1 000 公顷，造林地点在盐源县德石乡摸鱼村、田湾乡吉隆村、雷波县箐口乡、金阳县丝窝乡尼波洛村和西昌市养地乡。

2015 年，雷波林业局完成常规人工造林 333.33 公顷，造林地点为盐源县桃子乡；完成中央财政造林补贴项目营造木本粮油经济林 333.33 公顷；完成造林补贴项目人工造林核桃 333.33 公顷，造林地点雷波施业区、西昌市养地乡施业区。2016 年，雷波林业局完成中央财政造林补贴项目 800 公顷，比 2015 年增加 466.67 公顷。

（2）封山育林：封山育林对象主要为疏林地。雷波林业局 2013 年完成封山育林 400 公顷，封育地点在雷波林业局 214 林场；2014 年完成封山育林 333.33 公顷，比上年减少 66.67 公顷，封育地点在雷波林业局 211 林场 1 作业区；2016 年完成封山育林面积 533.33 公顷。

（3）森林抚育：根据 2013 年中央财政森林抚育计划，雷波林业局抚育国有中幼林 1 333.33 公顷。2014 年、2015 年完成规模与 2013 年相同。2016 年，雷波林业局完成森林抚育 3 200 公顷。

3.4.4.2　产业发展

雷波林业局凭借林业资源大力发展相关产业，积极开发竹笋资源。雷波施业区属天然原始常绿阔叶林区，林下资源十分丰富，2015 年拥有竹笋总面积近 50 万亩（1 亩≈666.67 平方米），分春、秋两季产笋，产量平均 4 000 吨/年。为实现林区竹笋资源可持续利用，打造富有地方特色的绿色环保品牌，2015 年初，雷波林业局与凉山州瑞昌农业开发有限责任公司发起成立凉山州国林大自然笋业有限责任公司，注册资本金为 500 万元，共同有偿综合开发施业区内竹笋资源。凉山州国林大自然笋业有限责任公司利用闲置的 120 亩（约 8 万平方米）厂房，建设年产 3 000 吨的竹笋综合加工厂，主要生产盐渍笋、清水笋、调味笋、速冻笋、干笋及笋罐头等竹笋制品。2016 年凉山州国林大自然笋业有限责任公司成功进行"乌蒙香竹"商标注册，并已经开始生产各类竹笋食品。

3.4.5　四川省凉北林业局

3.4.5.1　基本概况

四川省凉北林业局主要承担森林管护、造林、封山育林等任务，常年森林管护面积为 51 246.27 公顷，并积极发展多种经营。各年完成情况如下：

（1）人工造林：2014 年，凉北林业局完成公益林人工造林 200 公顷，中央财政造林补贴项目 666.37 公顷；2015 年，凉北林业局天保工程公益林完成人工造林 200 公顷，中央财政造林补贴项目完成 333.33 公顷；2016 年，凉北林业局完成中央财政造林补贴项目 533.33 公顷。

（2）封山育林：2014 年，凉北林业局公益林封山育林完成 333.33 公顷，续封 1 066.67 公顷；2015 年，天保工程公益林封山育林完成 666.67 公顷，完成情况为上年的 2 倍左右，续封 978.33 公顷，封育面积较上年有所减少；2016 年，凉北林业局封山育林面积比上年有所减少，为 533.33 公顷。

（3）森林抚育：2014 年，凉北林业局完成中央财政森林抚育补贴项目 1 666.37 公顷；2015 年该项目完成 1 333.33 公顷，比 2014 年减少了 333.04 公顷。

（4）低产低效林改造：2015 年，凉北林业局低产低效林改造项目实际完成 666.67 公顷; 2016 年改造 1 333.33 公顷, 比上年增加 666.66 公顷。

3.4.5.2 产业发展

2014 年, 凉北林业局的小灶酒生产出优质白酒 12 483 千克, 实现产值 30 万余元。同年林业局养殖高山羊 90 只、高山猪 9 头, 实现产值 9 万余元。凉北林业局在 2013 年成功试种玛卡的基础上, 扩大种植面积, 在林区种植玛卡 13 余公顷, 产量 1 万多千克, 产值 200 多万元。种植的玛卡被州林业局选送参加农产品展销会, 得到专家、消费者的一致好评。同时, 凉北林业局作为油用牡丹试验和示范单位, 分别在越西普雄、西昌马道等地开展油用牡丹示范基地种植试验, 为油用牡丹在凉山大面积推广积攒经验。

2015 年, 凉北林业局多种经营工作主要在林区种植、养殖、小灶酒生产及资产租赁的经营上取得了一些进展。小灶酒的生产仍然以控制产量、强化销售、消化库存为主。林业局在越西普雄、西昌马道、盐源持续开展油用牡丹的试种工作, 为油用牡丹在凉山的引进、推广种植继续进行前期探索和试验。2015 年, 林业局通过部分固定资产出租、发展种植养殖业、酿制粮食酒等多种渠道增加其他业务收入, 全年共取得收入 141.33 万元, 包括资产租赁收入 76.16 万元、设计查验收入 11.74 万元、种植养殖业等收入 53.43 万元。

2016 年, 在多种经营方面, 凉北林业局开始探索林下羊肚菌种植技术, 并开展 20 亩林下羊肚菌种植的试验, 继续探索更多绿色林业产业发展的路径。

总体看来, 四川省凉北林业局主要依托林区资源, 大力发展林下种植养殖业以及小灶酒和林区资产租赁等业务, 积极探索生态经济背景下林区经济多元化模式, 为林业产业多元化经营积累了宝贵经验。

3.4.6 四川省凉山州益门煤矿

四川省凉山州益门煤矿始建于 1958 年, 位于四川省会理县益门镇, 系州属地方国有独资中型企业。2016 年年底, 矿井核定生产能力 60 万吨/年, 全矿保有储量 800 万吨。

2014 年, 益门煤矿生产原煤 55.5 万吨, 销售原煤 46.1 万吨, 公司总收入 2.09 亿元, 实现利润 25.85 万元。

2015 年, 益门煤矿生产原煤 48.16 万吨。然而由于经济下行压力加大, 煤炭、钢铁、水泥等行业产能严重过剩, 该煤炭企业亏损面超过 80%, 且亏损面、亏损额呈扩大趋势, 1—6 月亏损 86 万元, 进入 7 月以后, 煤炭销售量出现 "断崖式" 下滑, 价格大幅下降, 全年亏损巨大。

2016年，益门煤矿生产原煤 53.06 万吨，全年销售原煤 26.2 万吨，实现利润 49.09 万元。

3.4.7 凉山矿业股份有限公司

3.4.7.1 生产状况

2014年，凉山矿业股份有限公司以确保长周期稳定生产为重点，以抓现场管理、保设备运转率为突破口，优化生产组织，实现生产协调高效运转。

2014年，公司共完成采剥总量 728.5 万吨，处理矿量 56.81 万吨；全年组织铜原料 8.26 万吨，实现阳极铜合格率 99.38%（设计指标 98%），铜金属总回收率 97.96%；生产铜精矿 2.4 万吨、铁精矿 52.2 万吨、硫酸 28.9 万吨。

2015年，公司全年生产铜精矿 2.59 万吨、钼精矿折合量 1 180.92 吨、铁精矿 53.89 万吨。其综合出矿品位 0.808%，选矿回收率 90.829%，阳极铜冶炼总回收率 98.011%，阳极铜冶炼综合能耗 439.24 千克标准煤/吨，并生产硫酸 29.95 万吨。

3.4.7.2 经营状况

面对有色金属价格持续走低的严峻形势所带来的巨大市场压力，公司注重生产质量，寻求低成本高效率经营模式。在实施一系列的有效措施后，2014年，公司主产品铜精矿单位制造成本 22.05 元/千克，比 2013 年下降 1.45 元/千克；阳极铜单位制造成本 3.63 元/千克，比 2013 年下降 1.55 元/千克；实现阳极铜产销率 97.66%，硫酸产销率 99.89%；完成营业收入 32.13 亿元，利润总额 1.51 亿元。

2015年，公司铜精矿单位制造成本 18 349.41 元/吨，铁精矿单位制造成本 171.57 元/吨，阳极铜单位加工成本 34 388.85 元/吨。

3.4.7.3 资源战略

凉山矿业股份有限公司以抓资源增量为重点，资源勘探与老矿山找矿齐头并进；同时不断提高自主创新能力，不断构建和延伸以采矿、选矿、冶炼为主的矿产资源产业链条，及时调整优化产业结构。

凉山矿业股份有限公司在抓资源勘探方面，2014 年累计完成钻探 34 821 米，完成年度计划的 105%；完成坑探 5 319 米，完成年度计划的 113%；地质勘查投资 5 938 万元，完成年度计划的 91%；新增铜金属资源 30 多万吨，钼金属资源 4 万多吨。

2015年，凉山矿业股份有限公司全年累计完成钻探进尺 51 006 米，坑探工程量 1 160 米，完成勘查投资 7 185 万元。全年实现新增铜金属资源 107 228 吨，品位 0.88%，钼金属量 44 292 吨。在产业链延伸方面，凉山矿业股份有限公司对自产铜精矿进行深加工，延伸产业链，提升产品附加值，推进产业结构优化升级，实现经济发展方式的转变。因而，凉山矿业股份有限公司既切实增加企业经济效益，也增强企业积极应对市场风险的能力，培育竞争优势，实现企业持续健康发展。

3.5 阿坝州资源型产业基本概况

3.5.1 阿坝州资源存储量

阿坝州位于四川省西北部，青藏高原东南缘。阿坝州有得天独厚的地理条件和优良的自然环境，特色优势资源种类繁多，储量丰富。阿坝州的主要优势资源包括旅游资源、矿产资源、水能资源、生物资源以及丰富的药材资源。

由于其优良的生态环境、明显的立体气候、独特的地理环境，阿坝州拥有的优良旅游资源具有高密度和高品质的特征。在此基础上，阿坝州有九寨沟、卧龙、四姑娘山、南莫且和若尔盖湿地等国家级自然保护区，还有黄龙、白羊、勿角、白河、铁布、宝顶、米亚罗、草坡、曼则塘、三打古等省级自然保护区。大自然的鬼斧神工造就了阿坝州壮美灵动、钟灵毓秀的山水美景和自然风光。同时，阿坝州还有独特的、璀璨夺目的少数民族文化及体现长征精神的文化积淀。正是这些丰富的生态资源和深厚的文化历史沉淀，使得阿坝州旅游资源十分丰富，能够以此发展生态旅游业。

除了丰富的旅游资源，阿坝州的矿产资源也极其丰富，矿产资源种类较多。截至 2018 年年底，阿坝州已发现 54 种矿物，以及 12 个大型矿床、10 个中型矿床和 36 个小矿床。主要的矿物类型为金、锂、花岗岩、大理石、水泥用石灰石、泥煤、石榴石、褐煤等。

岷江、嘉陵江、涪江等均发源于阿坝州，水量充沛。再加上阿坝州境内独特的地形和地貌特征，水势垂直变化明显，天然落差大。这些优越的自然条件使得阿坝州拥有丰富的水能资源。阿坝州还有分异显著的立体气候和复杂多变的局部生态，物种繁多，生物多样性丰富，加上良好的生态环境，使其拥有优良的生物资源，同时也孕育了丰富的药材资源。除此之外，阿坝州还有丰富的草地资源、森林资源等。

3.5.2 阿坝州工业状况

工业对地区经济发展具有支撑作用。改革开放特别是西部大开发以来，国家对民族地区财政直接扶持力度加大，阿坝州的工业发展水平不断提高。然而，阿坝州的工业发展虽然有得天独厚的资源优势，但也面临着相对不足的社会经济条件等困境。改革开放初期，阿坝州的工业呈现十分明显的产业结构单一、产业布局不合理、过分依赖资源优势等特征。

"十一五"时期，阿坝州实施"工业强州"战略，重点打造工业产品加工业、农畜产品加工业和旅游产品加工业。"十二五"期间，阿坝州全州坚持走以绿色发展为导向的新型工业化道路，发展生态工业，工业经济结构更加优化，主要表现为加快产业结构调整、加大技术改造和创新力度、积极发展园区经济三个方面。至此，阿坝州初步形成了以清洁能源、绿色载能加工、生态产品为主打的三大工业板块。主要工业产品有：铁矿石原石、电石、硅、水泥、铁合金、原铝、铝合金、黄金、乳制品、中药材等。

2017年，阿坝州进一步立足西北生态示范区定位，大力发展生态工业，实现全部工业增加值114.05亿元，工业化率为38.6%；2017年年末规模以上工业企业115户，实现工业总产值216.42亿元；全年规模以上工业企业实现主营业务收入180.57亿元，盈亏相抵后实现利税总额17.68亿元。

3.5.3 阿坝州工业园区建设状况

3.5.3.1 成都-阿坝工业园区和德阳-阿坝工业园区

成都-阿坝工业园区和德阳-阿坝工业园区是阿坝州具有特色的"飞地"工业园区。成都-阿坝工业园区又称为成都-阿坝工业集中发展区，是成都市与阿坝州合作打造的全国唯一的地震灾后异地重建产业园区。该园区位于成都金堂县淮口、白果、高坂镇交界处，规划面积10平方千米，2009年6月启动建设，2010年7月经省政府批准设立为省级开发区，2013年纳入四川省重点产业园区规划，重点发展节能环保主导产业，着力培育节能环保装备制造和节能环保产品生产、资源再生利用、新能源汽车、电子产业集群等优势产业。德阳-阿坝工业园是在德阳对口援藏向产业合作纵深发展的背景下提出的，园区选址在绵竹。德阳与阿坝两市州于2013年11月确定合作建设工业园，2015年5月，德阳-阿坝工业园正式设立。

到2017年，包括成都-阿坝工业园区和德阳-阿坝工业园区的"飞地"园区实现工业总产值 80 多亿元。其中成都-阿坝工业园区累计 76 户规模以上工业企业，实现工业总产值 79.53 亿元；德阳-阿坝工业园区累计入驻企业 8 家，实现工业总产值 1.1 亿元。经过长期的努力，阿坝州"飞地"园区发展迅速，为企业转型发展提供了强大的支撑。

3.5.3.2　阿坝工业园区

四川阿坝工业园区包括汶川水磨工业集中区、汶川桃关工业集中区、汶川漩口工业集中区、茂县亚坪工业集中区和红原邛溪工业集中区共 5 个工业集中区。园区总体规划面积 17.95 平方千米，建成面积 4.7 平方千米，涵盖铝、硅、锂、电子磁材、盐化工、人工晶体、高原农牧产品及旅游产品深加工等产业。相关资源型企业有以电解铝及锂为主的汶川漩口新型工业园区，以盐化、电石、低微碳铬铁、石墨电极、工业硅为主的茂县土门循环经济园区和汶川桃关工业集中区。

近十余年，阿坝工业园区发展较快。截至 2017 年年底，阿坝工业园区入园企业达到 56 户，其中规模以上企业 41 户，园区完成工业总产值 118.62 亿元，完成工业增加值 18.76 亿元，实现销售收入 86.97 亿元。阿坝工业园区重点企业数 15 户左右，其多为资源型规模以上工业企业，工业总产值最高的企业为阿坝铝厂，年产值 30 亿元以上，工业总产值最低的企业为生产氧化锆石的四川利平宝石有限公司，年产值在 7 000 万元左右。

3.5.4　阿坝州能源状况

阿坝州水能资源具有落差大、距负荷中心近、投资省、造价低、效益好等特点，水电的发展优势巨大。此外，阿坝州光照充足，总辐射量大，平均风速大，风电场可选场址多，其能源建设可以依靠太阳能发电和风电，进一步优化能源产业发展布局和能源建设格局。阿坝州可依托水、光、风等资源优势，进一步促进能源系统优化升级。

2014 年，中共阿坝州委阿坝州人民政府印发《阿坝州建设川西北生态经济示范区纲要》，做出建设川西北生态经济示范区、努力打造四川生态经济增长极的重大部署。因此，在优化能源供给结构、促进区域经济发展的要求下，阿坝州开发利用风能、太阳能，优化水电，既是大势所趋，又是顺应时代发展的要求。

阿坝州能源建设的加速推进以水电为主的清洁能源快速发展为代表。阿坝州水电开发与生态保护性恢复同步推进，生态流量、生物通道建设成为水电开发建设的前置条件。2014 年，阿坝全州水电装机容量 520 多万千瓦时，主要电站发电量174.7亿千瓦时，新增留存计划电量8亿千瓦时，达34.6亿千瓦时。电力建设方面，木坡、老君沟、老鸦寨、龙头滩、呷博等13个电站建成投产，全年新增水能发电装机容量28万千瓦时，电网建设力度也不断加强。

2017年，阿坝州实现新增水电发电装机4.9万千瓦时，双江口、红卫桥等电站建设有序推进，建成玉瓦水电站。在水电快速发展的同时，阿坝州太阳能和风能的开发和利用也取得了长足的进展。2017年，阿坝州全州光伏发电装机达20万千瓦时，风电考察和试验方面的工作也在逐渐展开。阿坝州在实现风、光、水多能互补，积极推进清洁能源的进一步开发和利用方面取得了巨大的进步，实现了新能源开发利用程度进一步提高。

3.5.5 阿坝州林业状况

3.5.5.1 基本概况

阿坝州由于地理位置独特，森林和湿地资源丰富，林业发展具有十分明显的区位优势。中华人民共和国成立以来，为了支援经济建设，依托优势的林业资源，阿坝州大力发展林业，形成了以木材采伐为主，木材加工、林业机械、林产化工配套完备的森林工业体系。林业产业的快速发展为民族地区社会进步、经济发展做出了巨大贡献。

然而，生态环境问题也逐渐受到党和国家的高度重视。1998年，天然林资源保护工程试点开始之后，阿坝州也由此实施天然林禁伐，停止天然林商品性采伐和运输，大力开展生态公益林建设。在国家提倡生态文明建设的背景下，阿坝州贯彻落实"生态立州"和生态文明建设的理念，在完成天然林资源保护工程方面也取得了显著的成效，并同步推进退耕还林工程和自然保护区与野生动植物保护工程建设。

在落实天然林资源保护工程方面，阿坝州采取人工造林、封山育林、森林抚育、低效林改造等方式实现森林资源的保护。截至2017年年底，阿坝州全州372万公顷森林得到有效管护，阿坝州完成年度营造林总面积3.62万公顷。

3.5.5.2 退耕还林工程

阿坝州于1999年启动退耕还林工程。2014年年末，阿坝州累计完成退耕还林还草达4.62万公顷，其中还林4.39万公顷，还草2 388公顷，并完成了年度退耕还林626.67公顷的计划，完成退耕还林配套工程封山育林4.85万公顷。2014年，阿坝州新增林地面积4.39万公顷，完成了2013年度配套荒山封山育林1 333.33公顷的项目，5个新增巩固退耕还林成果专项建设项目完工，低效林改造 453.33 公顷。2015 年，阿坝州全面进入退耕还林工程 4.62 万公顷成果巩固阶段，并完成了新一轮退耕还林 73.33 公顷的任务。2016 年，阿坝州继续巩固退耕还林成果 4.62 万公顷。2017 年，阿坝州完成新一轮退耕还林栽植 453.33 公顷。

3.5.5.3 林业产业建设

阿坝州的林业产业在很长一段时期内主要是以木材采伐为主的传统林业产业，资源利用单一，对生态环境破坏严重。随着国家对生态环境问题的日益重视，生态环境进入恢复期，阿坝州以木材采伐为主的传统林业产业的发展陷入困境，阿坝州的林业产业在生态发展的背景下如何建设是亟待解决的一大难题。为了促进生态建设，阿坝州贯彻和落实天然林资源保护工程、退耕还林工程和自然保护区与野生动植物保护工程建设。同时也正是由于天然林保护工程等的实施，阿坝州转入从"木头经济"到生态产业的积极探索，努力实现林区人在转型中求发展，林业产业结构得到优化和多元化升级。生态旅游业逐渐呈现朝阳式的发展，正是阿坝州传统的林业产业过渡到生态产业这一变化的最好印证。

在保护生态环境的同时，阿坝州注重挖掘生态旅游资源开发潜力，依托自然保护区、森林公园和湿地公园，大力发展以大熊猫、森林、湿地、乡村等为特色的生态旅游，大力开发森林观光、避暑、度假、野生动植物观赏、生态考察、科学研究和环境保护为主要内容的森林生态旅游。阿坝州的生态环境如图 3-1、图 3-2 所示。

在大力发展生态旅游产业的同时，阿坝州还大力发展林下产业，发展种植养殖规模基地，集经济、观赏为一体，促进观光休闲旅游，实现林旅产业融合发展。例如，林业企业转型发展林麝、七彩山鸡等野生动物驯养繁殖，羌活、秦艽等中药材种植，以及林下生态鸡鸭、生态牛羊等产业，并结合旅游业进一步实现经济效益。在全域旅游发展背景下，阿坝州通过新建林业产业基地、发展特色种植养殖业、引进新品种和新技术等方式实现林业企业多元化经营。

阿坝州林业企业积极融入全域旅游发展体系，是资源型企业转型第三产业的典型成功案例。阿坝州通过改造传统林业产业，走绿色发展道路，在生态保护的同时，也促进生产发展、实现农牧民致富。阿坝州林业发展和建设找到了新的转型发展路径，其林业发展展现了新的前景。

图 3-1　阿坝州的生态环境（一）

图 3-2　阿坝州的生态环境（二）

3.6　四川民族地区资源型产业科技与转型升级成果

我国经济增长速度从 2012 开始结束了近 20 年 10% 的高速增长，随后经济逐渐进入新常态发展阶段。国家对经济提出了创新驱动发展的要求，旨在淘汰落后产能、鼓励企业科技攻关、促进企业转型升级。因此，工业企业在面对新的经济形势时，要积极调整企业的战略方向，探索转型发展的路径，不断提升产能。四川民族地区资源型产业的某些重点企业在科技成果与转型升级成果方面取得了重大进步，不仅满足了国家对经济发展的新要求，而且也使企业竞争力得到提升。

3.6.1　攀钢集团有限公司科技成果

2013 年，攀钢集团有限公司以提高钒钛磁铁矿资源综合利用率为目标，积极推进钒钛资源综合利用重大技术的研究与开发。钒钛精矿质量提升、炉渣高温碳化、低温氯化、制钒电解液等重大科研项目均取得了初步成果。攀钢重点关注科技、创新能力建设，进一步完善科技创新体系和机制，加强科技人才队伍建设，积极推进研发平台建设，加强流程管理和升级，深化技术交流与合作。攀钢开展与中国科学院、东北大学等科研机构的战略合作，同时也与国内消费品制造商长虹、美的等企业建立联合实验室。攀钢重点制订钒、钛、钢新产品开发计划，完善钢的独特主导产品，铁路用钢、热轧汽车用钢、家用电器用钢、机械制造、管道钢、高强度、耐腐蚀合金轮钢油套管的优势品种开发进展顺利，年产新产品 358 万吨，特色主导产品 301.8 万吨。2013 年，攀钢获得科技成果 132 项，获省级奖励 16 项，取得 390 项专利权（其中包括 10 项国际专利权），并组织 1 项国际标准的制定。

为了满足中国高速重载铁路发展的需要，经过十多年的科学研究，2013 年，攀钢成功研发了 100 米长的铁路生产工艺和设备集成技术。该技术是攀钢依靠自身资源和实力打破国外技术垄断，自主成功研发的专有技术，已获得 8 项国家授权的发明专利。这项技术的成功研发不仅填补了中国高速重载铁轨的空白，而且该技术被出口到许多国家，增强了中国自主工业产品的竞争力，并获得了较好的经济效益和社会效益。

2014 年，攀钢坚持开展科学研究，积极参与攀枝花战略资源创新开发试验区科技攻关项目的组织和规划。公司率先开展了 8 个研究项目，实施了 11 个全球招标子项目，加强产、销、研、用之间的协调，积极开展"走出去"活动。钒钛领域的关键技术、实验室钒铬渣分离技术研究取得突破，炉渣提取钛的产业化技术研究稳步推进。汽车板材发展顺利，已申请国家 6 项攻关项目，得到各级政府财政补助 4 668 万元。攀枝花钒钢有限公司成为四川省首批技术标准研发基地。

2014 年，攀钢获得省级、市级、集团的科技成果较多，包括科技鉴定成果和科技奖项。其中四川省科技成果鉴定 61 项，攀枝花市科技成果鉴定 62 项，公司级科技成果鉴定 59 项。

2015 年，攀钢大力实施科技兴企战略，稳步推进重大技术发展和成果转化，全年承担国家和攀枝花试验区科研项目 20 项，在科技领域 23 项科研项目获得省部级奖励，获得 424 项国家发明专利权和 11 项国际专利权，被评为国家知识产权示范企业。公司在抓紧重轨、汽车板、高炉渣提钛方面的产业化等三项重大研究项目取得了阶段性成果。其中采取大规模的生产组织和工厂管理模式促进高炉渣提取钛的产业化，高温碳化的技术经济指标全面突破设计水平，低温氯化环节实现了连续稳定的生产，热处理贝氏体钢轨通过了第三方型式检验并具备上道试铺的资格。四川高速重轨开发工程实验室和钛钢联合实验室的建设有序推进，过共析钢轨和深硬化钢轨的工作进展顺利。西昌钢钒冷轧项目取得了骄人的成绩，创造了当年投产、当年形成高等级汽车板材批量供应的行业奇迹。氧化钒清洗技术生产线和海绵钛装置的生产效率都得到了提升，钛合金油管具有批量生产能力。

2016 年，攀钢积极组织企业开展技术创新和新产品的开发、研发工作。公司全年申报各级各类科技计划项目 16 项，资金总额达 929 万元。加快传统产业转型升级，高新化技术成果产值占工业总产值比重达 25%，企业科技研发投入占销售收入比重达 3.4%。为激励创新，推进知识产权工作，攀钢组织企业参加"专利挖掘与保护"等知识产权培训，不断增强企业知识产权保护意识，2016 年组织申报专利 130 件，其中发明专利 64 件。

2018 年，攀钢申请专利 840 项，其中发明专利 637，占全部专利的 75.8%，国际专利 22 项。专利授权 488 项，其中发明 291 项，国际专利 6 项，专利保有量居四川省前列。本年度攀钢申报冶金科学技术奖 7 项，获奖 4 项。申报四川科技进步奖 35 项，获奖 15 项。申报鞍钢集团科学技术奖 25 项，获奖 10 项。产品开发推广实现新突破，过共析重载钢轨首次挺进国际市场，X80

管线钢应用于中俄东线天然气管道工程，航空及舰船用高温合金、超高强1 180兆帕汽车用钢等产品形成批量供货能力。

3.6.2 攀钢近年的转型升级成果

2014年，攀钢调整钢铁产业结构，钢铁产业不断优化升级，促使10家非钢铁单位的经营性业务扭亏为盈。成都达海科技产业园建成投产，该项目完成并在当年获利。鸿舰重机铁路物流、汽运公司综合物流发展初见成效。生活食品加工、超市行业规模和品牌效应不断显现。

2015年，攀钢确立了"科技兴企、钒钛为主、做精钢铁、做活非钢"的战略思路，绘制了建设综合利用世界一流企业的发展蓝图。固定资产投资总额11.27亿元，建成的重点项目包括煤矸石综合利用自备电厂项目、"950"生产线技术改造项目。攀钢加快了钢铁产业结构调整，淘汰粗钢产能170万吨。重庆高强汽车用钢项目的投产，填补了西南地区高端汽车用钢的研发和生产空白。钒钛工业的发展取得新进展，钒氮合金扩建工程进展顺利。重庆钛业环保搬迁建设和硫酸钛钛白粉项目进入预投产阶段，氯化法制钛白粉项目开始启动。为了转型向生态化方向迈进，公司投入3.03亿元，实施22个节能减排项目；深入开展节能降耗工作，积极实施合同能源管理，顺利实现一吨钢的综合能耗为650千克标准煤的任务，比上年减少19.4千克，每吨钢的能源成本降低至1 027元，扣除价格下降后总计为1.8亿元。

在加强钢铁生产结构调整的同时，攀钢实施振兴非钢工业的战略部署，促进多元化经营的政策。公司全年实现非钢工业利润1.68亿元，同比增加1.24亿元，并依托攀枝花市钢铁物流的规模、成都的区位优势和现代物流技术，在成都投资全面推进传统业务与互联网的融合，积极拓展现代钢铁物流产业。其中，达海产业园已发展成为西南地区板卷材仓储规模最大、仓储流通能力最强、加工线最多、智能装备最先进、信息化最专业的综合性实体物流园，并提供仓储、加工、物流配送、金融等"一站式"服务，实现了钢铁产品从生产到终端用户的供应链解决方案。2015年7月1日，积微物联电子商务平台正式投入运营，钢材网上挂牌量114.9万吨，交易量超过40万吨，钛产品交易量达到5.17万吨，网上交易额达到9.75亿元。

2016年，攀钢坚持创新驱动发展，深化科研体制和机制改革，以研发机构的公司制为主体，以项目运营承包制为核心，成果共享制为重点，以成果转化基金为杠杆，初步形成创新资源密集型管理，一体化协作和市场化运作的新格局。攀钢实现全流程持续稳定运行高炉渣提钛工业化项目，并进入产业化标准示范线的设计阶段。汽车用钢已成功进入东风日产、长安汽车等乘用车市场，以05板代表的面板已批量销售。PG5过共析钢轨经过测试，已上道试铺。攀钢坚持多元化协调发展，整合优化内部资源，搭建非钢铁行业运营平台，先后组建了西部物联、汇裕供应、众齐健康、天府惠融等专业化公司，以培育新的利润增长点。攀钢建立专业的期货交易机构，开展套期保值业务试点；坚持绿色低碳发展，大力推进节能降耗，回收利用和清洁生产，投资1.93亿元在12个环保项目中，使每吨钢的整体能耗减少了19.28千克标准煤，每吨钢的新用水量减少了0.16吨。

2017年，攀钢科技转型发展取得创造性成果。在新产品开发方面，全年完成新产品330万吨，国内第二家成功开发出DP1180汽车高强度钢，航空航天高温合金成功应用于直升机发动机。在校企合作方面，积极开展与国内知名高校合作创新。攀钢与清华大学共建四川工业大数据创新中心，与电子科技大学联合成立西南首家区块链研究所，与浙大网新携手建设西南云计算智慧产业基地。同时，其物流贸易公司利用渠道优势，充分挖掘供应链市场的产品及服务。积微物联网公司自成立以来，交易量由40万吨增至1 477万吨，交易额由11亿元增加至709亿元。非钢产业全年实现利润8 456万元。攀钢继续坚持绿色生态发展的理念，加快传统产业调整的步伐。

2018年攀钢新兴产业保持高速发展，积微物联网公司成为国家制造业与互联网融合发展试点示范企业，云南达海物流园也投入运营，攀钢与阿里云合作项目"钢铁大脑"同时全面启动。在非钢产业发展方面，攀钢的非钢产业保持特色发展，11家自主经营单位共计实现利润1.26亿元。

3.6.3 阿坝州转型升级成果

2014年，阿坝州淘汰落后产能企业8户，实现节能9.64万吨标煤；淘汰落后产能项目资金4个共480万元；完成强制性清洁生产审核评估企业10户，获得省工业节能节水专项资金项目3个共362万元。

2015年，阿坝州相关部门指导和帮助企业根据自身实际制订节能工作计划，落实节能措施。全年组织申报2015年省级工业节能节水项目8个，其中4个小水电扩容增效项目、3个节能工程建设项目，这7个项目资金共946万元。省级工业节能节水项目补助资金支持的2013年阿坝铝厂"电解槽技术改造项目"、2014年四川岷江电化有限公司的"立式干燥二期技术改造项目"完工并投入生产。2015 年阿坝州马尔康汇源硅业有限公司被纳入省淘汰落后产能计划任务企业，淘汰 1 台产能 0.2 万吨的 6 300 千伏安矿热炉及附属设备，产能 0.2 万吨，实现节能 0.108 1 万吨标准煤。

2016 年，阿坝州对"十二五"期间的千户企业节能目标完成情况进行现场考核，考核企业 10 户，累计实现节约标准煤 8.85 万吨，完成"十二五"节能总量目标 5.08 万吨的 174.21%，超额完成省上下达的目标任务。全年申报 2 户企业纳入省淘汰落后产能计划。其中，汶川县湘汶事业有限责任公司，整体淘汰 0.3 万吨氯酸钠，实现节能 0.16 万吨标准煤/年；茂县鑫磊页岩砖厂，整体淘汰 8 000 万匹页岩砖，实现节能 0.07 万吨标准煤/年。

3.7 四川民族地区资源型产业存在的缺陷

四川民族地区资源型产业重点集中在攀西地区，阿坝州已成为转型升级的先发区，所以四川民族地区资源型产业发展缺陷也集中体现在攀西地区。攀西地区作为西南地区的工业"重点区域"，依赖其矿产资源禀赋，形成以钢铁产业、采矿业为核心，煤炭、冶金、化工、燃料等初级加工为主的单一产业发展模式。在相当长的一段历史时期内，攀西地区为支持我国的"三线"建设、西部大开发等国家战略做出了不可磨灭的贡献。然而，经过多年高强度的开发，其资源储备逐年减少，可采优质资源消耗殆尽，开采成本大幅上升，加工成本也越来越高。自供给侧结构性改革以来，伴随着国内外钢铁、煤炭市场持续低迷，攀西地区核心产业受到严重的冲击，长期积累的结构性矛盾与产能过剩、要素制约、生态问题集中爆发出来，核心钢铁产业连年亏损，部分企业处于保命经营状态。

3.7.1 工业占比过大，三次产业发展不均衡

虽然国家在宏观调控方面多次强调产业结构升级，但攀西地区产业结构调整并非一朝一夕就可以完成，时至今日，其仍然未从根本上改变粗放式的发展模式，第二产业规模和占比都非常大，第三产业发展严重滞后的局面尚未发生根本性的改变，第二产业中重工业产业的地位目前来说难以撼动，民营经济比重远低于国有经济比重。

从工业角度来看，攀西地区作为我国西部重要的工业区域，以钢铁、煤

炭、化工、电力等丰富的自然资源为产业基础的资源型城市，凭借其丰富的资源禀赋，城市的工业经济得到了快速的发展，但长期以来经济结构未有效升级，原料工业、高能耗、环境敏感性工业比重过大，钢铁、钒钛、能源化工的比重占到了90%以上。高新技术产业园区也都围绕着资源型产业建设，整个城市的经济重心依然完全是资源型工业，产业链延伸不够，高新技术产业，环保产业等新兴产业发展严重落后，技术和产品质量的提高过分依赖进口。攀西地区产业结构单一，工业内部产业单一化趋势也较为明显，其结果必然是抵抗市场、政策风险的能力较低，脆弱性风险较为突出。

3.7.2　工业对矿产资源的依赖过大

矿石开采、洗选、冶炼加工等高资源消耗、高耗能行业在攀西地区工业结构中居主体地位，以黑矿石产品为核心，各种化工化学为基础的工业模式，是攀枝花市长期的工业模式。目前，新材料、新能源等战略性新兴产业正处于起步阶段，由于过去过分依赖"旧工业模式"且过于注重工业产值，未实行有效的技术革新和发展转型，导致了工业发展路径依赖效应过强。在国家宏观层面供给侧结构性战略引领下，攀枝花市工业"病危求医"，开始真正注重工业升级与转型发展的重要性与迫切性。目前，虽然攀枝花市在钒钛产业处于世界领先地位，但其始终存在生产成本高、效益低等问题。

3.7.3　资源枯竭严重，优质资源少，利用率低

经过几十年的开采，攀西地区的开采工作已由露天开采场逐渐转为矿井开采，矿井开采难度大、成本高、安全问题严峻等诸多问题使得企业的生产不便利。新的矿石资源勘探、开采是一项耗时长、成本高、风险大的工程。资源枯竭将会对整个产业链造成巨大影响——"源头"被截断，采矿、选矿、冶炼等相关产业都将面临生存威胁。

攀枝花市的铁矿石品位通常只有26%~28%，相较于澳大利亚（铁矿石品位68%）、巴西（铁矿石品位62%），攀枝花市的原矿品位太低，这对生产成本、冶炼工艺都提出了较高的要求。而国内的冶金技术相对落后，以目前的技术只实现了三种元素的规模化回收，包括68%的铁、42.6%的钒、4.9%的钛，部分实现了铜、钴、镍的回收，综合回收率仅在8%左右，剩余部分都以尾矿的形式储备在尾矿池，待技术革新后再开发利用。

3.7.4 产能落后，难以达到环保要求

攀西地区以矿石资源为原料生产的企业众多，区域内 300 多家工业企业，仅有攀钢年产值达到 500 亿以上，形成了攀钢一家独大，其他企业"低、小、散、弱"的工业层次格局。长期以来该类企业生产技术、生产工艺落后，生产投入高、消耗高、排放量大、效益低，由于以市场为导向的生产经营模式与自身研发实力不足等原因，这些企业在面对转型升级时常常表现得束手无策，延伸产业链、引进新技术等方式转型升级都存在巨大的现实困难。面临这样的挑战，这些企业通常都是通过裁员、缩小生产规模等方式在短期内减少资源的开采，延长企业的寿命。

3.8 四川民族地区资源型产业结构优势

资源型产业转型升级，工业企业是主体。主体明确，转型升级才有其现实意义。攀枝花市是典型的资源型工业城市，其第二产业基础较好、实力雄厚，是推动攀枝花市经济增长的主要动力，目前已形成了钢铁、钒、钛、煤炭、电力、热力等比较全面的工业体系。良好的工业体系，不仅为汽车、通用设备、医疗设备、交通、航空航天等机械装备制造等高层次工业提供了基础，也为物流、信息、金融、保险、法律工商服务、经纪等具有知识密集型特征和为客户提供专门性服务的工业性服务业行业提供了巨大的市场。凉山州风能、水能资源充足，风电、水电基地建设也在稳步推进中，加之凉山州广阔的农村地区与特色的农牧业，为资源型企业转型升级提供了广阔的舞台。阿坝州生态资源、旅游资源丰富，这也为阿坝州的资源型企业转型发展提供了非常多的机遇。所以综合来看，四川民族地区资源型产业转型升级具备一定的条件，各地区产业结构固有的优势有助于转型升级的落实，转型升级的可行性较高。

3.9 四川民族地区资源型产业转型升级的必要性

3.9.1 攀西经济区区位特殊

攀西经济区位于川滇黔接合部，远离昆明、成都、贵阳、重庆等中心省会

城市，以攀西经济区中部的西昌为起点，约离成都 440 千米、重庆 721 千米、昆明 480.7 千米、贵阳 970.3 千米，其中仅有到成都的成都至昆明铁路，以及雅安至西昌的高速公路，到达邻省省会只能通过省道及以下道路。且由于山区地形，每逢灾害季节，成昆铁路就会因为泥石流、山体滑坡等自然灾害而停运。水运方面，攀枝花至宜宾的金沙江航道尚未打通，航线开通少，运力不足。随着周边省会城市经济的快速发展，以及川南经济区中快速发展的宜宾、泸州、自贡对攀西地区产生辐射扩散效应以及虹吸效应，攀西地区如果不进一步加快转型发展步伐，调整自己的经济结构，壮大自己的经济实力，就将在新一轮的区域经济竞争中不断被边缘化。

3.9.2 资源型产业产能过剩

2015 年，我国粗钢产量为 9.06 亿吨，而钢材需求量在 6.68 亿吨左右，供给超过需求近 1.5 亿吨。钢铁煤炭行业是国家"供给侧结构性改革"工作的重点对象。攀西地区作为钢铁、煤炭产业占比 50% 以上的重工业地区，面临的"去产能、去库存、降成本、补短板"的任务非常艰巨。国家压缩钢铁、煤炭两大传统工业，对涉及这两类工业产品生产的企业提出了转型发展的必然要求。

3.9.3 资源型产品行业市场不景气

过去十年，随着中国经济的快速发展，国家基础设施建设力度加大，城镇化的快速发展，以及我国资源型产业对外呈现出开放、多渠道、多层次的流动格局，导致市场对资源型产品的需求迅速扩大，资源密集型企业快速发展，其中部分资源型企业生产工艺落后，设备、设施达不到生产高质量资源型产品的要求，环保要求不达标，且存在投机经营倾向，通过操控市场供应导致不良性的产业竞争。同时，国外资源型产业发展迅速，国际市场上资源型产品供过于求。国内外的双重原因导致资源型产品市场价格极度不稳定，部分产品存在价格连续下跌的现象，企业亏损十分严重。不仅如此，攀西地区多数资源型企业迫于宏观经济的要求与经营生存双重压力，转变经营思路，将控亏、保命经营放在首位，往往选择裁员与关闭部分生产线以保障企业的正常运行，这势必会导致地区失业率上升，引发其他社会问题。

3.9.4 产业结构不合理

四川民族资源型地区为支持我国西部建设，几十年以来依赖地区丰富的自然资源形成了以采矿业、钢铁产业、电力业为主体，包含煤炭产业、化工产业、燃料加工产业等在内的工业结构，其工业深加工水平低且产品品类较少，品质不高。产业体系依然体现出第二产业一支独大，第一产业、第三产业比重低、增速慢的现实状况。从前面的统计数据可以看出，攀西地区的超大型企业依然以钢铁等传统产业为主，尽管钒钛等新兴产业增长快，经营效益高，但体量仍然较小，只占攀钢营业收入的 20% 左右。此外，节能环保、高端装备制造、新能源、新材料等战略新兴产业仍处于需求初级阶段。部分工业企业长期以来以效益为主的经营理念，导致不注重研发投入，自然资源使用率极低，而且产品整体质量也比较低下，逐渐成为"低、小、散、弱"的落后产能。

3.9.5 环保压力加大，经济增长瓶颈效应凸显

我国现阶段高度重视生态环保发展，特别对污染企业的环保标准要求非常严格，而传统的资源型企业对生态环境破坏较大。环保压力大体现在如下几个方面：一是采矿对生态破坏较为严重，连续多年大规模的深度开发，造成大面积的采空区，导致植被自然恢复十分困难，引发水土流失、山体滑坡断裂、地面沉陷等问题，同时还造成地下水位下降、地表水枯竭、土壤肥力下降等生态问题。二是环境污染问题，大多数资源型产品生产时不仅需要辅料，同时需要消耗大量能源。煤炭作为必要的生产辅料与能源物质，其燃烧排放的废物对大气环境会造成严重的影响——不仅会直接对人体产生影响，还会形成酸雨、酸雾对植被造成影响。其他的生产废物，如废水、废渣含有毒物质、重金属较多。有的废渣因为含有目前技术不能利用的资源，等待技术创新或升级后再重新利用，所以暂时选择场址简单堆积起来，这就会对土壤和地下水造成污染，进一步给农业生产带来不利影响。此外，有的企业为了减少环保处理环节的成本，存在偷排的行为。2016 年年底，央视《经济半小时》节目对攀枝花市钒钛高新技术产业开发区污水直接排放至金沙江问题进行了报道。从此报道可以看出，即便是生产技术、工艺流程、设备设施先进的企业在面对生产与环保要求时都可能存在不当行为。

3.9.6 资源结构性匮乏

尽管四川民族地区的自然资源储量依然丰富，但结构性资源枯竭现象非常严重，其外在表现为可开采的自然资源逐年减少，矿石品位变低。新的矿场勘探工作还未完成，勘探出的能够开采的新矿场的基础设施建设还不足，无法在

短时间内投入生产，还需要政府部门联合企业共同建设。

3.9.7　资源利用率低

攀西的主要资源型产品钒钛磁铁矿伴生的其他贵重金属有 20 多种，目前只实现了 70% 的铁、47% 的钒、19% 的钛的利用率，镍、镓、铬、钪等综合资源利用率仅 8%，远远落后于发达国家的利用率，大量有价值的贵重金属仍存留在工业废渣中，资源全面利用的关键技术亟待提高。

3.9.8　可持续发展压力较大，需要通过转型升级增强发展动力

在经济新常态和供给侧结构性改革的大环境下，攀西地区实现可持续发展面临着更加复杂的矛盾，压力和挑战非常巨大。一是钢铁、煤炭产业去产能任务重、时间紧、压力大。攀西地区的新兴产业发展不足，特别是攀枝花市，钢铁为其最主要的工业产业，缺乏其他产业的有力支撑，产业转型升级和替代产业培育不充分，产业呈现"青黄不接"的现象，经济发展动力出现断层。二是转型升级和替代产业培育的难度较大、成长缓慢，生产技术的突破，新产品产业链的构建，转型发展旅游业、现代服务业都对资金需求较大，且短时间内无法获得良好收益。三是经济下行，政府财税收入下滑，地方财政支持资源型产业转型升级的财力十分匮乏。为了摆脱经济下行危机，实现产业转型升级发展，政府不得不通过增加债务负担获得发展资金，而政府举债又会不可避免地增加地方政府的债务风险，产业转型升级与地方发展陷入了死循环。四是民营企业发展面临的环境更加艰难，企业融资难、融资贵、融资慢等问题突出。面对当前的经济形势，民营企业融资需求上升，但金融机构出于自身利益以及对资源型产业前景的悲观判断，对这些企业通常采取贷款紧缩政策，对陷入困境的企业停贷、抽贷、压贷，导致企业信贷风险增加，资金运转困难，甚至资金链断裂，根本无资金启动企业的转型升级发展。五是新兴产业发展市场风险增大。由于产业结构调整和转型升级的压力，有实力的企业为了抢占产业发展的制高点，都争相开发效益高的资源型产品，产品同质化情况严重，且相比国外的技术，我国的钒钛技术开发还有欠缺，相关企业在与国外成熟企业竞争时常处于不利地位。此外，在国内外资源型产品市场不明朗的情况下，企业盲目开发新产品，面临的经营性风险也较大。六是生态环境保护压力较大，工业产业本身就是污染较重的产业，新产品的开发并不代表着污染的减少，新生产技术的诞生也只能是减少污染。工业污染一直都是工业生产的难题，且处理工业污

染成本巨大。存在污染行为的企业按照环保要求必须停业整顿，达到环保要求后才能正常生产，但企业生产是地区经济发展的主体，政府时常不得不面对经济发展和环境保护之间的价值和利益博弈。七是长期以来攀西地区"先生产、后生活""先工矿、后城市"的发展模式，虽然有力支持了整个西南地区的发展，但自我发展能力严重不足，各方面生活环境都不及周围地区。随着经济下行压力加大，企业破产频率会更高，多数外地来此地工作的人会"用脚投票"，纷纷离开，导致外迁情况严重，人力资源流失对整座城市和企业的再发展将会造成毁灭性的损失。

破解发展困境，解决上述问题的关键就在于促进地区资源型企业转型升级，利用新的增长动能驱动地区和区域经济发展。

4 凉山州资源型产业转型升级的水平测度分析

四川民族地区包含甘孜藏族自治州、阿坝藏族羌族自治州和凉山彝族自治州，再加北川、峨边和马边 3 个自治县，不论是从经济体量还是从产业特征考量，以资源型产业为主要特征的凉山彝族自治州都是具有代表性的四川民族地区。早在 2003 年，国务院就将凉山州划分为资源型城市中的成熟型城市。近年，随着国家高质量发展命题的提出，凉山州地区资源型产业的转型升级逐渐成为地区迫切需要研究和解决的问题，也成为四川民族地区产业转型升级的缩影。当地具有代表性的产业特征以及翔实的文献资料也为研究本地区的资源型产业转型升级问题提供了有力的支持。因此，本章选取凉山彝族自治州作为测度和分析四川民族地区资源型产业的代表地区，重点从产业转型升级的方向和速度两个方面进行测度分析。

4.1 凉山州资源型产业升级的路径变迁

4.1.1 凉山州资源型产业升级的技术路径变迁

技术路径是指实施某一具体目标而采取的技术方法和手段。凉山州黑色金属、有色金属资源丰富，资源型产业转型升级的技术路径主要围绕稀土、钒钛、铜铅锌等金属矿产资源展开，从资源的采掘、加工、深加工和综合利用几个方面进行了一系列的技术升级和手段创新。

"十五"期间，凉山州电力、矿冶、绿色三大特色优势产业技术创新取得一定的进展。凉山州电力工业加强了发供电环节的技术更新，运用现代通信技术和电子技术，实现了企业管理信息化升级；冶金工业产品链延伸速度加快，选矿、冶金回收率分别提高 5%、2.5%，综合能耗下降到 5%。"十五"期间，凉山州技术改造投资额大幅增长，全州实施技术改造项目 262 个，完成技术改造投资 38.62 亿元，比"九五"期间增长 460.3%。凉山州民营科技企业现已成为新产品开发、科技成果推广的新兴力量，涉及农业、生物、食品、医药、化工、电子、计算机、环保等高新技术开发领域。

"十一五"期间，凉山州加大了在高新技术领域的重点布局。凉山州在与资源型产业相关的高新技术产业方面开展了光电新材料、稀土金属、稀土微肥、稀土抛光粉、新型稀土磁性材料、钒钛合金材料、生物医用材料、特种合金材料的研究开发；加强了稀贵金属材料、环保新材料、节能新材料技术的研究开发，推进了新材料产业化进程。能源新技术方面，凉山州加强了水电环境生态保护技术、先进可靠的电力输变配电系统技术；进行了矿冶节能降耗关键技术及太阳能、农村再生能源技术的研究开发。具体而言，凉山州重点发展了四项技术专项。

一是钒合金开发技术。凉山州开发的氮化钒、钒氮合金和钒铁等新产品达到了国际先进水平，加速了凉山州钒钛资源的开发力度和产业链的延伸。

二是含钛高炉渣提取钛技术。凉山州企业通过与高校、院所的合作，对含钛高炉渣进行处理改进，金属钛富集程度提高，品粒变大、粗长，更易从选矿中分离，使得金属钛产品在冶金、化工、陶瓷、航空等领域得到广泛的应用。

三是氯化法钛白粉生产技术。钛白粉广泛用于涂料、造纸、塑料、化纤、搪瓷等领域，通过氯化法生产的高档金红石型钛白粉市场需求巨大，凉山州借助自身金属钛生产方面的优势，通过建设氯化法钛白粉生产线，实现了对资源的进一步加工和利用。

四是稀土以及稀土新材料的开发和研究。凉山州以企业为龙头，整合稀土资源，通过采选冶炼联合开发，重点开发了氯化稀土、碳酸稀土、氧化稀土、混合稀土金属以及钕、镧、镨、铈在有色和黑色合金中的应用。凉山州通过实施"攀西稀土矿铈、钍、稀土萃取分离"国家产业化示范项目，建成了年处理稀土精矿 600 吨的分离线。该生产工艺采用溶剂萃取法，从铈矿硫酸浸取液中萃取铈，实现铈与钍、三价稀土的萃取分离。同时，该工艺具有易分离、回收，不产生放射性废渣、废水的特点，解决了长期以来稀土分离中存在的环保问题，同传统工艺相比，可使稀土回收率提高 15% 以上。

综合来看，在"十一五"期间，凉山州共组织实施各级各类科技计划项目 1 243 项，共投入项目资金 5 000 余万元，攻克了一批重大关键共性技术难题，共取得科技成果 432 项，其中具有国际水平的成果 21 项，国内领先水平成果 119 项。累计申请专利 364 件，获授权专利 214 件，优势特色产业得到培育和壮大，有力地支撑了该州产业的结构调整。

"十二五"期间，凉山州在大型水电开发、钒钛稀土新材料、生物医药、节能环保等重点产业实现了核心技术和关键技术的突破；借助高新技术对传统产业进行了改造提升，与节能减排、清洁生产相适应的先进技术和装备得到了广泛应用，形成一批具有凉山特色的高新技术产业集群。同时，凉山州建成一批重大科技创新基地和公共服务平台，为建设富饶、美丽、文明、和谐的新凉山奠定了坚实的基础。

首先，凉山州区域科技进一步协调发展：安宁河谷地区依托西昌钒钛产业园区、冕宁稀土工业园区和成都凉山工业园区，以工业和现代服务业为主导，大力发展钒钛钢铁、稀土、有色采选冶、特色农产品加工、现代物流等高新技术和新产业，促进了产业结构的优化升级；东部地区积极培育壮大磷化工、特色农畜产品加工等优势产业；西部地区大力发展大中型水电、矿冶、机械铸造、果蔬加工和旅游业，推广切实改善农村生产生活条件的新技术、新产品，针对优势资源发展了加工产业。

其次，凉山州进一步加快了高新技术产业发展进程。

在清洁能源产业方面，凉山州配合"三江"流域国家大型水电项目建设，推进大中型水电的开发，水电装机规模达到 3 000 万千瓦时，水电开发和利用效率显著提升，逐渐成为国家"西电东送"的重要能源基地。同时，凉山州通过发展光热、光伏及风能发电项目，进一步实现了资源利用率的提升。

在钒钛稀土产业方面，凉山州加强了对钒钛和稀土资源开发和综合利用的研究，重点突破了采选、分离、加工和综合回收利用等关键技术，开发了高档次钛白、海绵钛、钛材、特殊钒钛合金钢和永磁材料、贮氢电池等稀土新材料产品，逐步构建出了国家重要的战略资源开发基地。

在有色金属产业方面，凉山州积极发展铜镍矿采选冶炼业，实现了铜、镍相关制造业的有效产业链延伸，推进了铅锌矿产资源的整合优化以及生产布局的构建，通过构建采、选、冶一条龙产业链，建成了西部地区重要的有色金属原材料供应及深加工基地。

在建材化工产业方面，凉山州以节约能源资源和提高产品科技含量为重点，加快淘汰水泥等落后产业，大力发展和推广了应用节能环保的新型建筑材料，促进建材工业结构调整和产业升级。进一步通过配套钒钛、稀土产业发展了氯碱化工产业和磷化工产业，延长了地区的产业链。

"十三五"期间，凉山州继续创新发展以钒钛、稀土、装备制造、新材料、新能源汽车为主导的战略新兴产业，目标是建成世界级钒钛产业基地和全国重要稀土研发制造中心。

在矿产采掘方面，凉山州重点建设采掘设备制造产业集群，依托矿产资源开发，大力发展矿山采掘设备整机及零部件制造业。

在钒钛产业方面，凉山州围绕钒钛资源的综合利用，研发创新体系建设和产业技术攻关，推进了钒钛战略性新材料技术中心、工程实验室等研发平台的建设，着力于钒钛磁铁矿非高炉冶炼、高钛型炉渣提钛及综合利用、电解钛、钒电池产业化、钒钛磁铁矿伴生金属提取利用等关键技术的攻克；着力研发高强高韧、耐磨耐蚀的钒钛制品和新型钒钛产品，形成了钒钛研发、采选冶炼加工、材料应用产业体系。同时，凉山州重点进行了钒钛高强度材料产业集群的建设：依托重钢西昌矿业1 000万吨采选扩能、鞍钢集团（西昌）年产110万吨钒钛冷轧板材深加工与钒制品生产、重钢西昌矿业公司气基竖炉还原——电炉熔分钒钛资源综合利用、德昌县宏发钒业科技有限公司4 000吨五氧化二钒生产线等项目，重点开发了高速铁轨、高强度汽车板、高档发电设备、高强度钢筋等含钒产品，以及高档专用钛白、钛合金、钛材等钛制品，进一步加快了非钢用钒铝合金、钒功能材料、钒钛低微合金钢等新型钒钛产品的开发。

在稀土产业方面，凉山州通过整合稀土矿业权，将全州稀土矿权重组为单一矿权，直接获取国家稀土生产配额，提高了稀土的议价能力；通过建设国家级稀土产业研发平台，加强了储氢材料与镍氢电池、稀土催化剂、稀土永磁材料、高纯稀土与无机功能材料等技术的研究，大力进行了高技术含量、高附加值的稀土产品的开发，最终建成了集采选、冶炼分离、精深加工、新材料研发及应用于一体的稀土产业体系，并且重点了建设稀土材料产业集群：依托江铜稀土牦牛坪稀土矿采选工程、万凯丰五亿安时高能储氢动力电池生产线、江铜稀土永磁体、锦联源石油催化剂、盛和（德昌）稀土锶钡资源综合利用等项目，重点发展了石油催化、储氢电池、超导材料、磁性材料等稀土材料产业。

在装备制造业方面，凉山州坚持以资源换技术，以市场换产业，依托能源和矿产资源开发形成的设备需求，加快对新能源发电设备、输变电设备、采矿设备等装备制造业的技术改造，使其形成结构优化、配套完备的装备制造产业体系。同时，凉山州重点建设了电力装备制造产业集群：依托电源开发，积极推进风电、太阳能发电装备及关键零部件生产，加快了东方电气风电凉山有限公司风电装备制造示范基地、凉山中水恒岳新能源装备有限公司塔筒、斯特林发动机太阳能发电装备制造、太阳能电池组件等项目的建设；依托电力输送工程建设，大力发展了输电、变电、配电设备制造业以及钢构铁塔、电线电缆等配套产业。

在新材料产业方面，凉山州为顺应新一轮工业革命对新材料的需求，瞄准工业4.0和《中国制造2025》，加大了对石墨等资源的勘探开发力度，积极引进技术实力雄厚的龙头企业，培育发展石墨烯、蓝宝石等新材料产业。同时，凉山州重点建设了新材料产业集群：积极引进行业龙头企业，加大石墨烯制备、储能、晶体材料等技术研发力度，拓宽蓝宝石在照明、消费电子等领域的应用，培育发展了新材料产业。

在新能源汽车产业方面，凉山州围绕国家新能源汽车发展战略，以纯电驱动整车为龙头，大力发展了动力电池、储氢电池、锌电池、铅酸蓄电池等电池组件制造业；通过积极培育汽车面板、汽车电机、汽车电子等配套产业，为地区进一步形成较为完备的新能源汽车产业体系打下了基础。

4.1.2 凉山州资源型产业升级的制度路径变迁

制度路径是指为实现某一具体目标而采取的制度安排。凉山州依托自身的自然资源优势，走出了一条资源依赖型发展道路，资源型产业作为地区的支柱性产业，在随时间的发展和演进中与制度紧密相连。凉山州资源型产业转型升级的制度路径逐渐由资源整合和改革相关的政策向提升资源的利用率和附加值演进。

（1）"十五"期间产业转型升级的政策制度。该时期凉山州的主要发展目标是抓住国家西部大开发战略的重大战略机遇，坚持以快速发展为主题，以经济结构战略性调整为主线，以改革开放和科技进步为动力，以提高人民生活水平为根本出发点，促进国民经济的跨越式发展和社会的全面进步。凉山州先后发布和制定了多项有利于资源型产业转型升级的文件和政策措施，代表性的有《关于加快全州工业企业改革和发展的实施意见》《凉山州"十五"重点优势企业发展规划》《凉山州"十五"国有企业退出规划》《关于有色金属工业管理体制改革有关问题的通知》等。主要内容包括资源型企业的改制、合并、重组和退出；矿业秩序整治；矿业职工安置以及新兴整合企业上市，实现了地区自然资源的有效整合。同时，凉山州完善了地区资源市场的法律体系，根据矿产资源法、环境保护法、安全生产法和民族区域自治法等法律框架体系，加大了对资源型产业的执法力度和整治力度。在此背景下，由云南铜业集团公司、云铜股份公司、楚雄矿冶公司、康西铜业公司和拉拉铜矿共同出资组建的凉山矿业股份有限公司正式挂牌成立，会理锌矿改制设立四川会理锌矿有限责任公司，甘洛矿业秩序治理整顿成效显著，西昌电力股份有限公司成为凉山州的第一家上市公司。在实现资源型产业的改革之后，凉山州按照国家、省的相关政策，确立"工业兴州"战略，开始对资源型企业进行新一轮的规划，主要内容包括安宁流域工业走廊和四个工业园区规划，即西昌经久重工业区、泸沽—漫水湾稀土工业园区、德昌大坪工业园区、喜得冕山工业园区的规划和建设。

（2）"十一五"期间产业转型升级的政策制度。这一时期，凉山州资源型产业的转型升级相关政策制度的变迁主要表现在资源利用率的提升以及资源型企业的投资驱动上。凉山州通过制定完成"十一五"资源综合利用规划、工业节水规划和节能降耗规划，实现了对工业企业资源利用效率的有效监管。同时期，凉山州国有资产监督管理委员会于期初组建和挂牌，为企业的产权改革奠定了基础。凉山州借助公司法对资源型企业进行了现代企业改革，有效推进了企业效率的提升。2009 年，凉山州将中央出台的"保增长、扩内需、调结构"的政策措施作为经济发展的强大推动力，充分利用国家支持政策的联动效应，将 2009 年定为"规划项目投资拉动年"。在此背景下，凉山州的水电、钒钛、钢铁、铜镍、铅锌、稀土、水泥、磷化工、烟草等九大优势产业得到了快速的发展；西昌钒钛产业园、西昌烟草食品产业园、会理有色金属产业园、德昌绿色食品和烟草产业园、冕宁稀土产业园、盐源下海循环经济产业园等工业园区相继建成；阳极铜、金属镍、优质钢材、特种水泥等产品相继投产。

（3）"十二五"期间产业转型升级的政策制度。"十二五"期间，凉山州的资源型产业的转型升级政策主要体现在资源的开发和保护以及注重环境效益的政策法规上。2011 年，凉山州开始重视优势资源的开发与保护，在依托优势资源大力发展特色优势产业的同时，以建设全国重要的清洁能源产业基地、钒钛稀土资源综合利用基地为目标，培育了一批集中度大、关联性强、集约化水平高的产业集群。在此背景下，凉山州一大批带动性强、支撑力大的工业项目相继落成投产，工业园区形成了上下游企业产业衔接，分工协作，关联产品企业抱团式、规模化发展的特色产业聚集区。2012 年，四川省委确立推进新阶段四川发展的"三大发展"方针，凉山州以国家和省专项支持规划为支撑，提出"工业强州、生态利州、开放兴州"的新理念，围绕四川省重点发展的七大优势产业，通过"7+3"产业培育方案，以攀西战略资源创新开发试验区建设为契机，加快推进了优势资源科学开发和重大产业的项目建设，并且进一步制定落实了《关于实施多点多级极支撑发展战略推进全域凉山建设的意见》，形成了地区"资源型经济""生态经济"以及"开放型经济"的市场经济特征。此外，《中共四川省委关于全面创新改革驱动转型发展的决定》进一步促进了凉山州钒钛、稀土等战略资源整合重组以及电冶、电矿结合的矿冶经济的转型升级。改革决定也推动了地区创业孵化园、技术研究院以及相关研发中心的建设。

（4）"十三五"期间产业转型升级的政策制度。"十三五"期间，凉山州资源型产业转型升级政策制度集中体现在供给侧改革和产业联动的政策方针上。凉山州全面落实"四个全面"战略布局，要坚持全州"一盘棋"，以提高经济发展质量和效益为中心，以转方式、调结构为主题，以结构性改革、差异化发展为突破，不断提高自身的综合竞争力和可持续发展能力。具体而言，凉山州通过主动融入成德绵全面创新改革试验区，深化了成凉、绵凉的战略合作，区域协同创新能力显著提高。同时，凉山州探索绿色低碳多产联动循环经济发展模式，实现了地区资源的循环利用。此外，《凉山州国民经济和社会发展"十三五"规划》指出，着力构建创新型现代产业体系，坚持优化存量与培育增量并举、质量提升与品牌建设并重，调整优化产业结构，推进三次产业整合互动发展；坚持绿色发展，全面推进美丽凉山建设，加快形成和谐共生、永续发展的生态格局；坚持开放发展，着眼激发经济增长活力，加快形成开放包容、合作共赢的开放格局。在此背景下，凉山州开始进行世界级钒钛产业基地、清洁能源基地和全国重要的稀土研发制造中心、战略性新兴产业高地的建设；以钒钛钢铁、稀土、装备制造、节能环保为主导的战略性新兴产业开始形成；钒钛合金、汽车装备、超导材料、磁性材料、储氢电池等制造业逐步兴起。同时，资源型产业逐步向着节能环保、清洁生产、资源节约和循环高效利用的方向演进，地区用能权、用水权、排污权、碳排放权分配制度逐步完善，有偿使用、预算管理、投融资等机制和碳排放权交易市场开始形成。最后，通过围绕产业链、创新链、价值链实施的精准招商政策，引进了一批以资源深加工、战略性新兴产业、现代服务业为特色的新项目，实现了地区产业链的延伸和产业高端化的演进。

4.2 凉山州资源型产业升级方向的测度

借助统计性指标对凉山州的资源型产业转型升级水平进行量化分析有助于发现当地发展中存在的问题，与其他地域的量化对比可以准确地判断当地自身发展的优势以及不足。

4.2.1 模型选择

随着社会经济的不断进步和发展，一个地区产业的转型升级总会朝着一个特定的方向衍生和变化，综合来看，产业结构的发展总会由低水平、低附加值向高水平、高附加值方向变化。因此，有学者提出可以借助产业结构超前系数来判明和分析产业转型升级的方向，产业结构超前系数被广泛运用于此类研究，是比较优良的测度工具。具体来讲，产业结构超前系数是用来测算相对于整个经济系统的增长趋势，某一产业的增长进步速度，计算公式为

$$E_i = \alpha_i + (\alpha_i - 1) / R_t \tag{4-1}$$

其中：i 表示不同类型的产业；E_i 表示不同产业的结构超前系数；α_i 表示每个产业在报告期内所占份额与基期所占份额的比重之比，实质为基期 i 产业产值比重与报告期 i 产业产值比重之比；R_t 表示同期产业所在经济体的平均增长率，计算公式为

$$R_t = [\ln(\text{地区生产总值报告期}) - \ln(\text{地区生产总值基期})] / n \tag{4-2}$$

其中：n 为年份间隔数，地区生产总值使用现价。

式（4-1）中，若 E_i 大于1，表示 i 产业自身在经济发展中所占的份额呈现上升趋势，即为超前发展；若 E_i 小于1，表示 i 产业自身在经济发展中所占的份额呈现下降趋势，即为滞后发展，综合各个产业的情况，就可以判断出产业转型升级的方向。

为进一步分析凉山州资源型产业的升级方向，本研究进一步对计算公式进行了修改，修改后的公式为

$$E_j = \alpha_j + (\alpha_j - 1) / R_r \tag{4-3}$$

$$R_r = [\ln(\text{工业总产值报告期}) - \ln(\text{工业总产值基期})] / n \tag{4-4}$$

其中：j 表示不同类型的资源型产业；E_j 表示不同资源型产业的结构超前系数；α_j 表示每个产业在报告期内所占份额与基期所占份额的比重之比，实质为基期

j 产业产值比重与报告期 j 产业产值比重之比。R_t 表示同期包含资源型产业的工业平均增长率。

4.2.2 数据来源及处理

本章以凉山州为研究对象,在前文的相关理论分析、概念界定以及现状分析的基础上,对该地区的资源型产业结构以及一、二、三产业的结构变动规律进行分析。因此,结合数据的可获得性,以 2002—2016 年凉山州以及州下辖市县的相关产业份额为基本依据,结合地区的经济发展情况,分别测算各地区各产业的结构超前系数。

为进一步表示地区产业的演变方向,本书在测算出各个年份产业结构超前系数的基础上,进一步选取 2002 年、2007 年和 2012 年作为三阶段基期来跨期测算超前系数。数据均来自《凉山年鉴》以及各地区的国民经济与社会发展公报。由于所需数据均为比值形式或进行了对数处理,因此排除了价格因素的影响。

4.2.3 结构超前系数测度结果

根据式(4-3)和式(4-4),本节首先测算出了凉山州整体的资源型产业的结构超前系数,结合前文的相关概念和数据的可获得性,选取的资源型行业主要包括:煤炭开采和洗选业、黑色金属矿采选业、有色金属矿采选业、非金属矿采选业、化学原料和化学制品制造业、非金属矿物制品业、黑色金属冶炼和压延加工业、有色金属冶炼和压延加工业以及电力、热力生产和供应业,测算出的产业结构超前系数如表 4-1、表 4-2 所示,其中表 4-1 中的数据以 2002 年为基期。同时,为了进一步对比和研究产业结构的跨期动态变化,本节进一步将研究时期划分为 T_1(2002—2006 年)、T_2(2007—2011 年)和 T_3(2012—2016 年)三个时期,计算结果如表 4-2 所示。

表 4-1　凉山州 2002—2016 年三次产业超前结构系数

年份	E_1: 第一产业 超前结构系数	E_2: 第二产业 超前结构系数	E_3: 第三产业 超前结构系数
2002	1.00	1.00	1.00
2003	0.43	1.58	1.05
2004	0.62	1.84	0.60

表4-1(续)

年份	E_1： 第一产业 超前结构系数	E_2： 第二产业 超前结构系数	E_3： 第三产业 超前结构系数
2005	0.13	1.94	1.03
2006	−0.30	2.75	0.71
2007	−0.14	2.96	0.34
2008	−0.26	3.40	0.04
2009	−0.88	2.90	1.18
2010	−1.41	4.17	0.54
2011	−1.78	5.07	0.07
2012	−1.87	5.21	0.03
2013	−2.05	5.52	−0.07
2014	−2.23	5.67	−0.03
2015	−2.23	5.19	0.43
2016	−2.36	5.20	0.56

表4-2 2002—2016年凉山州下辖市县三次产业、工业以及建筑业超前结构系数

地区	时间区间	E_1：第一产业超前结构系数	E_2：第二产业超前结构系数	$E_{2.1}$：工业超前结构系数	$E_{2.2}$：建筑业超前结构系数	E_3：第三产业超前结构系数
西昌市	T_1：2002—2006	0.171 1	2.318 0	2.723 3	1.022 6	0.300 5
	T_2：2007—2011	−1.123 0	1.759 4	1.390 3	4.014 4	1.010 4
	T_3：2012—2016	−0.200 9	0.688 9	0.430 2	1.716 1	1.720 1
木里县	T_1：2002—2006	−0.470 7	8.407 4	1.005 4	9.936 3	0.853 2
	T_2：2007—2011	−1.056 2	3.447 1	10.373 4	1.651 9	0.549 9
	T_3：2012—2016	0.046 2	1.449 6	8.102 5	−2.642 7	0.878 8
盐源县	T_1：2002—2006	−0.234 4	3.151 1	3.539 8	2.388 8	0.988 5
	T_2：2007—2011	−1.214 0	3.412 3	4.564 1	0.772 6	−0.112 1
	T_3：2012—2016	73.869 2	−35.380 6	−69.142 5	102.273 4	53.184 4
德昌县	T_1：2002—2006	0.676 3	0.991 2	3.471 4	−1.308 3	1.382 6
	T_2：2007—2011	−0.825 7	3.230 3	3.503 5	2.622 7	0.608 7
	T_3：2012—2016	0.895 1	0.380 5	−3.391 8	9.052 8	2.115 5
会理县	T_1：2002—2006	0.707 0	2.115 6	2.581 8	−0.372 7	−0.015 2
	T_2：2007—2011	−1.018 1	2.491 2	2.450 7	2.862 2	0.447 9
	T_3：2012—2016	3.896 0	−0.728 9	−3.668 2	22.995 3	3.582 8

表4-2（续）

地区	时间区间	E_1：第一产业超前结构系数	E_2：第二产业超前结构系数	$E_{2.1}$：工业超前结构系数	$E_{2.2}$：建筑业超前结构系数	E_3：第三产业超前结构系数
会东县	T_1：2002—2006	0.009 0	2.729 3	3.589 7	−1.106 6	0.611 2
	T_2：2007—2011	−0.204 5	2.375 0	1.959 7	8.790 9	0.120 8
	T_3：2012—2016	3.608 6	−2.806 8	−6.886 0	22.471 6	7.333 8
宁南县	T_1：2002—2006	0.775 8	−1.719 6	−2.308 0	0.319 3	3.553 1
	T_2：2007—2011	−0.889 0	8.730 4	9.202 9	7.630 6	−0.560 7
	T_3：2012—2016	1.332 4	−0.132 4	−2.084 3	4.639 8	2.388 2
普格县	T_1：2002—2006	0.182 0	1.104 8	0.829 6	2.012 8	2.121 8
	T_2：2007—2011	−0.034 7	1.531 2	−0.020 4	6.291 9	1.761 1
	T_3：2012—2016	1.208 9	−0.688 3	−4.860 5	5.553 7	2.501 5
布拖县	T_1：2002—2006	0.114 5	6.994 7	10.437 6	4.067 4	−0.239 8
	T_2：2007—2011	−1.182 1	3.739 5	6.635 8	−0.557 3	0.635 9
	T_3：2012—2016	8.065 1	−5.797 5	−10.454 2	11.936 5	9.845 7
金阳县	T_1：2002—2006	0.468 3	5.163 0	13.476 5	1.630 6	0.418 3
	T_2：2007—2011	−1.290 9	4.142 3	5.960 4	0.369 4	0.797 0
	T_3：2012—2016	0.748 3	−0.206 9	−0.285 1	0.122 1	4.318 5
昭觉县	T_1：2002—2006	1.296 5	−0.994 2	1.779 3	−2.598 0	1.405 4
	T_2：2007—2011	−0.893 7	6.909 6	11.035 6	4.204 3	1.526 0
	T_3：2012—2016	0.029 7	2.815 7	1.211 1	4.650 1	0.839 3
喜德县	T_1：2002—2006	0.986 3	0.697 8	1.715 0	−3.884 8	1.321 4
	T_2：2007—2011	−0.376 2	2.798 0	2.865 6	2.461 9	0.590 9
	T_3：2012—2016	9.053 0	−11.265 5	−22.390 5	51.096 4	9.265 0
冕宁县	T_1：2002—2006	0.268 0	1.387 8	0.870 0	2.838 2	1.109 8
	T_2：2007—2011	−0.658 3	2.887 5	2.575 8	3.414 5	−0.069 5
	T_3：2012—2016	0.283 2	1.079 0	−1.952 9	5.556 2	1.418 2
越西县	T_1：2002—2006	0.522 4	1.184 8	2.384 3	−1.419 1	1.347 1
	T_2：2007—2011	−0.597 1	3.098 6	2.421 4	4.569 7	0.679 9
	T_3：2012—2016	5.774 7	−8.047 9	−14.291 6	9.729 1	10.188 4
甘洛县	T_1：2002—2006	−0.523 4	1.260 6	1.336 2	0.792 2	2.094 5
	T_2：2007—2011	−0.655 6	0.951 3	0.921 0	1.128 8	2.774 0
	T_3：2012—2016	−64.395 5	70.956 5	90.224 2	0.524 2	−99.068 8
美姑县	T_1：2002—2006	0.617 0	0.296 7	1.959 8	−0.246 9	2.449 1
	T_2：2007—2011	−1.238 2	5.610 2	9.862 5	2.580 6	2.673 3
	T_3：2012—2016	3.105 7	−3.431 1	−9.165 6	−9.116 4	2.839 4

表4-2（续）

地区	时间区间	E_1：第一产业超前结构系数	E_2：第二产业超前结构系数	$E_{2.1}$：工业超前结构系数	$E_{2.2}$：建筑业超前结构系数	E_3：第三产业超前结构系数
	T_1：2002—2006	−0.480 8	6.766 9	0.994 6	8.934 0	0.351 6
雷波县	T_2：2007—2011	−1.312 2	3.258 9	7.755 7	−4.021 9	0.533 8
	T_3：2012—2016	0.075 3	1.168 9	6.022 6	−3.139 1	1.416 2

4.2.3.1 按三次产业划分的测度结果

从表4-1可以看出，从宏观层面来看，凉山州在2002—2016年之间第一和第三产业超前结构系数长期小于1且存在继续下降的趋势。第一产业超前结构系数在2005年之后由正数转变为负数，第三产业超前结构系数也通常小于1且在0附近波动，在2014年才出现明显的上升趋势。第二产业超前结构系数与第一、第三产业趋势相反，数值长期大于1且呈现出上升的趋势。结合图4-1，我们可以很清晰地看出凉山州三次产业发展的变化趋向，总体产业的发展和布局仍旧以第二产业为主。为了详细体现出这种变化趋势，本书将进一步对比凉山州下辖市县的三次产业的发展趋势以及第二产业中工业和建筑业的变化趋势。

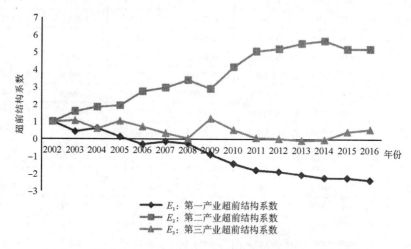

图4-1 凉山州2002—2016年三次产业超前结构系数变化趋势图

1. 第一产业

从表4-2和图4-2的数据可以看出，凉山州17个县中大部分县的第一产业超前结构系数在三个时期均小于1，甚至为负数。T_1到T_2时期，凉山州各个市县的第一产业发展相对滞后，且在T_2时期这种滞后表现得更为明显。但

是在 T_3 时期，第一产业体现出了好转的过程，其中越西县、会理县、会东县和美姑县的第一产业发展最为迅速。总体来看，凉山州的第一产业结构经历了从下滑到逐渐上升的过程，但是相对于其他产业还是相对滞后的。

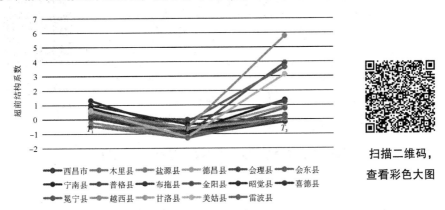

扫描二维码，
查看彩色大图

图4-2 凉山州下辖市县第一产业超前结构系数分阶段变化趋势图

2. 第二产业

从表4-2和图4-3的数据可以看出，不同市县的第二产业超前结构系数呈现出不同的变化趋势。在 T_1 和 T_2 时期，大部分市县的系数均大于1，体现出强劲的发展态势。在 T_1 时期，木里县、雷波县、布拖县、金阳县在期初就保持着优势的发展态势。在进入 T_2 时期后，第二产业发展速度逐渐下滑，但是仍旧快于第一产业和第三产业。昭觉县、宁南县和美姑县第二产业发展势头最为迅猛，在 T_2 时期第二产业超前结构系数明显高于其他市县，但是同时为后期留下了隐患。进入 T_3 时期后，受到 T_2 时期金融冲击、自然灾害以及国家改革政策的影响，超前结构系数出现了大幅度的下滑，远远低于第一产业和第三产业的数值。其他市县在 T_2 和 T_3 时期第二产业的超前结构系数同样呈现下滑趋势。综上所述，凉山州17个市县在2007年之前第二产业发展势头虽有不同但是总体趋势向好，但是2007年之后逐渐走下坡路，发展逐渐滞后。

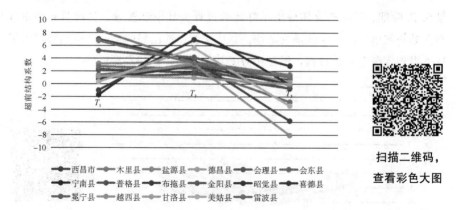

图4-3 凉山州下辖市县第二产业超前结构系数分阶段变化趋势图

3. 第三产业

对比之前对凉山州17个市县第一、第二产业超前结构系数的分析，从表4-2以及图4-4可以看出，在T_1和T_2时期，第三产业超前结构系数普遍偏低，因此，此时期的第三产业发展处于滞后状态，但是优于第一产业，在此期间，除宁南县之外，其他市县的第三产业发展较为稳定，存在微弱稳步上升的趋势。到了T_3时期，越西县、布拖县、喜德县、会东县和金阳县突破这种微弱发展的趋势，第三产业发展迅猛，说明了第三产业不断超前发展，同时，其他市县的第三产业也出现了进步优化的趋势，我们可以明显看到凉山州第三产业巨大的发展潜力。

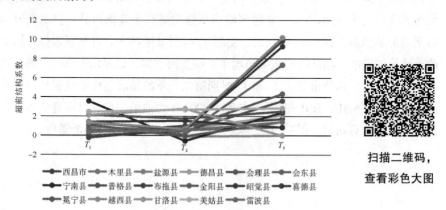

图4-4 凉山州下辖市县第三产业超前结构系数分阶段变化趋势图

4. 工业与建筑业

为了进一步分析凉山州第二产业的发展趋势，将第二产业分为工业和建筑业两部分。这两类产业作为凉山州二次产业中最重要的组成部分，其变化趋势深刻影响着地区第二产业的发展和变化。从图4-5可以看出，在T_1时期，大部分市县的工业超前系数大于1，处于发展相对超前的状态，金阳县和布拖县最为突出，但是在T_2时期，这两个县工业发展速度迅速下降，而其他市县的工业的发展有了显著的进步，在T_2时期工业发展趋势明显。在T_3时期，所有市县的工业超前结构系数均大幅度下降，喜德县、越西县、布拖县、美姑县、会东县、普格县、会理县、冕宁县的超前结构系数均为负数，工业发展严重滞后，结合图4-3，我们可以看出工业的滞后现象明显拖累了这些市县第二产业的发展。

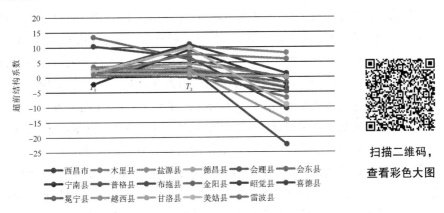

扫描二维码，查看彩色大图

图4-5 凉山州下辖市县工业产业超前结构系数分阶段变化趋势图

从图4-6可以看出，在T_1时期，凉山州各个市县的建筑业发展各不相同，大部分市县在T_2时期建筑业的发展速度逐渐加快，但是进入T_3时期，不同市县建筑业的发展速度出现了不同的态势。会东县和会理县的建筑业出现了快速发展的态势，这种趋势很好地缓冲了地区第二产业发展滞后的现象，而美姑县建筑业滞后的发展进一步拖累了地区第二产业的发展趋势。

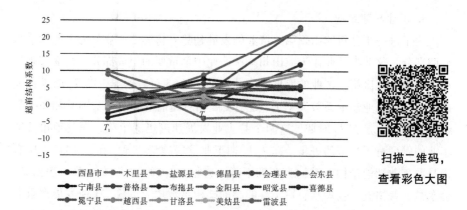

扫描二维码，
查看彩色大图

图 4-6　凉山州下辖市县建筑业产业超前结构系数分阶段变化趋势图

　　综合上述对凉山州 17 个市县的产业超前结构系数的分析，总结如下：对于第一产业，凉山州最初采取了滞后发展的发展态度，但是近几年开始逐渐发力于第一产业的优化和升级。凉山州第二产业在 2007 年之前发展速度明显较快，具体表现为工业和建筑业的快速发展，但是在 2012 年之后，不同的市县采用了不同的第二产业发展态度，有些市县出现了对于工业和建筑业的双重消极态度，有些市县出现了通过大力投资发展建筑业来缓解工业的滞后发展态势，有些市县则进入了长期的第二产业结构调整周期。总体对比 T_1、T_2 和 T_3 三个时期，可以看出凉山州大部分市县的增长方式属于"稳二增三反哺一"的发展方式，即保证通过积极的产业结构调整保持第二产业的发展优势，争取第三产业的快速发展，进一步推进第二产业和第三产业对于第一产业的反哺，三次产业的发展排序从之前的"二三一"逐渐变为"三一二"，可以看出凉山州在积极地进行产业结构调整，逐渐发力于第一产业和第三产业，为地区的经济发展探索源源不断的动力源泉。

4.2.3.2　资源型产业测度结果

　　前文从三次产业超前结构系数入手描述和分析了凉山州宏观层面的产业升级方向。为了进一步分析凉山州资源型产业的升级方向，本研究特别借助上文公式测算了资源型行业的产业超前结构系数，具体结果如图表 4-3 和图 4-7 所示。

表 4-3　2002—2016 年凉山州资源型产业超前结构系数

年份	煤炭开采和洗选业	黑色金属矿采选业	有色金属矿采选业	非金属矿采选业	化学原料和化学制品制造业	非金属矿物制品业	黑色金属冶炼和压延加工业	有色金属冶炼和压延加工业	电力、热力生产和供应业
2002	1.00	1.00	1.00	1.00	1.00	1.00	1.00	1.00	1.00
2003	9.17	2.68	0.46	0.72	-0.45	0.01	3.44	0.55	-0.07
2004	4.81	5.68	4.23	-0.70	0.51	0.14	2.65	1.20	-0.27
2005	12.40	10.76	2.24	-1.07	0.50	-0.15	3.81	0.57	-0.38
2006	3.52	8.78	7.32	-2.01	0.90	-0.05	2.71	1.62	-0.77
2007	6.13	10.32	5.70	2.59	1.36	-0.30	1.68	1.45	-0.77
2008	9.43	14.35	4.34	-0.61	11.17	0.73	1.12	-0.74	-0.80
2009	9.37	15.55	3.87	10.87	5.01	0.83	0.34	-1.18	-1.05
2010	12.10	14.83	3.89	13.21	6.99	2.31	-0.45	-0.92	-1.10
2011	6.85	14.07	4.91	13.46	8.97	0.66	-0.93	-0.64	-1.05
2012	6.43	18.05	4.94	17.90	12.35	0.58	-1.31	-1.07	-1.71
2013	0.21	17.55	4.70	11.27	12.99	-0.05	0.26	-2.22	0.12
2014	-0.78	18.09	4.42	9.81	12.19	-1.25	-0.52	-2.78	3.55
2015	-2.39	18.29	3.59	10.09	16.42	-0.40	-1.37	-3.38	5.96
2016	-2.57	17.07	3.16	11.09	18.99	-0.95	-1.02	-3.77	6.33

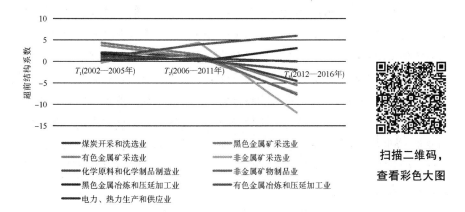

图 4-7　凉山州资源型产业超前结构系数分阶段变化趋势图

在 T_1 时期，凉山州资源型产业中发展最为迅速的是有色金属矿采选业和黑色金属矿采选业，其他类型的资源型产业，除了非金属采选业之外，产业结构系数均为正值，说明凉山州凭借自然资源优势大力发展了自然资源采选业，这些行业在短期可以带来巨大的效益，同时也为地区经济未来的发展留下了很大的隐患。进入 T_2 时期，以化学原料和化学制品制造业为代表的资源型制造类行业异军突起，与非金属采选业共同成为凉山州发展速度最快的两大行业。同时，其他矿产采选业发展开始滞后，说明地区和行业自身逐渐认识到了采选类行业的弊端，开始积极开展行业转型。2007 年之后，经济环境和政治环境对凉山州资源型产业的冲击也进一步延缓了采选类行业的发展。进入 T_3 时期，化学原料和化学制品制造业以及黑色金属冶炼和压延加工业成为地区资源型行业的发展排头兵，采选类行业发展滞后性更加明显。综上，凉山州资源型产业的发展表现为从矿产采选类向矿产资源加工类延伸，同时，三个时期的电力、热力生产行业均衡的发展方向说明当地资源型行业的投资驱动作用明显。

4.3 凉山州资源型产业升级速度的测度

4.3.1 模型的选择

一般来说，一个地区经济结构的优化往往体现在产业内或产业间的转型升级上，具体而言则表现为技术水平的提高、产品附加值增加、要素生产率的提升等几个方面。对于地区产业转型升级速度，越来越多的学者认为可以用劳动生产率的提高来衡量。早在 20 世纪 70 年代就有国外学者提出可以用产业间劳动力转移来衡量产业转型速度。生产率的提高往往与劳动要素密不可分。从宏观层面来看，生产率的提升意味着大量剩余劳动力的解放，进而促使劳动力从第一产业转移到第二产业，进一步转移到第三产业。从产业角度来说，产业的转型升级则可以表现为劳动力向更加高级的产业转移。因此该方法具备科学性的要求。同时，各个产业间的劳动力数据易于搜集和获取，该方法也具备了可行性。因此本研究运用 Lilien 指数模型，对选取的产业的转型升级速度进行计算，其公式为

$$\Phi_T = \left| \left[\sum_{i=1}^{n} \frac{EMP_{iT}}{TEMP_{iT}} \left(\triangle \log EMP_{iT} - \triangle \log TEMP_{iT} \right)^2 \right]^{\frac{1}{2}} \right| \qquad (4-5)$$

其中：i 表示不同产业的编号；T 表示不同的时间区间；EMP 表示每个产业的就业人数；$TEMP$ 表示该地区的总就业人数。

指数含义即为 Lilien 值越大，表明劳动力在 T 区间内，各个产业内再分配速度越快；反之则越慢。

4.3.2 数据来源及处理

本章主要的研究对象是凉山彝族自治州的资源型产业的转型升级，因此设定两个方面来测算和讨论，一方面为从工业产业角度考虑资源型产业的转型升级速度，另一方面为从宏观层面考虑的整体产业转型升级情况。为了保证数据的科学性和可获得性，在资源型产业转型升级速度的测算中，本书主要采用了凉山州按行业分工业企业经济指标中的各行业平均从业人数以及凉山州下辖市县三次产业的年末从业人员作为基本数据依据，分别测算各个样本期内的Lilien 指数。如式（4-5）所示，本节选取各上一年为基期。数据均来自2002—2016 年的《凉山年鉴》以及 2002—2016 年各市县的国民经济和社会发展统计公报。测算中所需数据均为比值数据或进行了对数处理。

4.3.3 Lilien 指数测度结果

凭借得到的各项指标数据，根据上文公式分别测算了凉山州以及各市县三次产业的 Lilien 指数和凉山州资源型行业的 Lilien 指数，结果如下：

4.3.3.1 按三次产业划分的测度结果

2002—2016 年凉山州三次产业就业人数及 Lilien 指数如表 4-4 所示。

表 4-4　2002—2016 年凉山州三次产业就业人数及 Lilien 指数

年份	总就业人数/万人	第一产业就业人数/万人	第二产业就业人数/万人	第三产业就业人数/万人	Lilien
2002	234.16	193.12	10.22	30.82	0.680
2003	238.70	186.50	24.10	28.10	0.730
2004	248.04	189.91	16.57	41.56	0.723
2005	248.40	187.70	19.00	41.70	0.732
2006	257.50	189.90	20.30	47.30	0.739
2007	256.20	188.26	20.50	47.40	0.740
2008	263.04	191.97	20.96	50.10	0.741
2009	272.57	196.25	24.29	52.02	0.749
2010	281.50	197.28	29.62	54.60	0.760
2011	291.59	196.32	34.34	60.93	0.771

表4-4(续)

年份	总就业人数/万人	第一产业就业人数/万人	第二产业就业人数/万人	第三产业就业人数/万人	Lilien
2012	302.3	195.96	37.59	68.75	0.778
2013	284.77	176.75	36.7	71.32	0.784
2014	285.3	172.6	39.4	73.3	0.788
2015	286.27	171.05	37.59	77.63	0.788
2016	288.74	170.165 6	40.07	78.499 01	0.791

数据来源：《凉山年鉴》。

为了更直观地表示凉山州三次产业的转型升级速度，根据表 4-4 绘制图4-8。

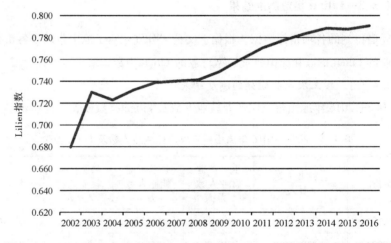

图4-8　2002—2016 年凉山州按三次产业划分 Lilien 指数分阶段变化趋势图

从图4-8 可以看出，凉山州的三次产业转型升级速度呈现波动上升的趋势。在 2008 年，产业转型升级速度显著放缓，但是经过一年的调整继续实现了增速的提升。在 2015 年，增速又出现了先放缓后提升的趋势，说明在 2008 年和 2015 年这两个时间节点出现了影响地区经济发展的重要因素，具体体现为 2008 年的金融危机对于地区产业的冲击以及 2015 年这个"十二五"收官之年与"十三五"规划中的相关产结构升级转型的政策的实施。

2002—2016 年凉山州市县按三次产业划分 Lilien 指数如表 4-5 所示。

表4-5 2002—2016年凉山州市县按三次产业划分Lilien指数

	T_1（2002—2005年）	T_2（2006—2011年）	T_3（2012—2016年）
西昌市	0.786	0.795	0.809
木里县	0.555	0.658	0.798
盐源县	0.598	0.688	0.692
德昌县	0.769	0.786	0.783
会理县	0.813	0.812	0.809
会东县	0.692	0.777	0.768
宁南县	0.689	0.760	0.749
普格县	0.704	0.743	0.730
布拖县	0.623	0.698	0.637
金阳县	0.644	0.746	0.704
昭觉县	0.579	0.677	0.731
喜德县	0.624	0.753	0.808
冕宁县	0.709	0.763	0.777
越西县	0.720	0.782	0.801
甘洛县	0.720	0.756	0.786
美姑县	0.613	0.660	0.720
雷波县	0.708	0.758	0.749

从图4-9可以看出，T_1至T_2时间段内，凉山州各个市县的产业转型升级速度均显著提升。在T_1时期，转型升级速度最快的为会理县、西昌市和德昌县，最慢的为木里县、昭觉县和盐源县。在T_2时期，转型升级速度的排名基本没有发生变化，但是从增速变化率上看，最快的为德昌县、金阳县和木里县，最慢的则是会理县、西昌市和德昌县。但是在T_2至T_3时期，所有的市县的转型升级速度明显放缓，多数市县转型升级速度下降，其中布拖县、金阳县和普格县下降最为明显，木里县、美姑县和昭觉县转型升级速度仍旧高速增长，会理县、西昌市和德昌县的产业转型升级速度变化趋势较为稳定。

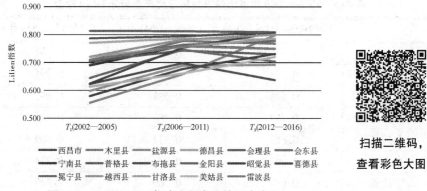

图 4-9 2002—2016 年凉山州市县按三次产业

划分 Lilien 指数分阶段变化趋势图

从总体来看，凉山州 17 个市县在 2002—2016 年之间都处于产业转型升级的过程中，虽然在 T_2 时期增速有所放缓，但是大分市县在之后经济有所恢复的条件下地区的产业转型升级速度有所加快。

4.3.3.2 资源型产业测度结果

从表 4-6 和图 4-10 可以看出，凉山州资源型产业以 2008 年为节点，在此时间之前产业转型升级速度呈现出波动上升的趋势，在此时间之后速度逐渐放缓，上升程度最明显的为 2006 年至 2008 年，下降程度最为明显的是 2011 年至 2012 年，说明从行业角度来看，凉山州资源型行业的劳动力流动不明显，产业内对于劳动力存在"锁定"作用，这种"锁定"抑制着资源型产业的转型升级。

表 4-6 2002—2016 年凉山州资源型产业就业人数及 Lilien 指数

年份	煤炭开采和洗选业/万人	黑色金属矿采选业/万人	有色金属矿采选业/万人	非金属矿采选业/万人	化学原料和化学制品制造业/万人	非金属矿物制品业/万人	黑色金属冶炼和压延加工业/万人	有色金属冶炼和压延加工业/万人	电力、热力生产和供应业/万人	Lilien
2002	0.17	0.41	0.63	0.03	0.01	0.39	0.41	0.64	0.69	2.520
2003	0.19	0.66	0.65	0.03	0.09	0.36	0.46	0.57	0.53	2.643
2004	0.21	0.69	0.87	0.03	0.11	0.38	0.57	0.57	0.56	2.635
2005	0.22	0.61	0.75	0.03	0.11	0.38	0.72	0.47	0.6	2.644
2006	0.26	0.76	1.3	0.03	0.14	0.42	0.8	0.57	0.63	2.612
2007	0.33	0.98	1.52	0.071	0.17	0.37	0.7	0.59	0.69	2.651
2008	0.51	1.05	1.86	0.65	0.18	0.58	0.83	0.6	0.65	2.751
2009	0.52	1.34	1.98	0.51	0.19	0.74	1.03	0.6	0.76	2.737
2010	0.72	1.88	2.85	0.46	0.28	1.12	0.97	0.72	0.8	2.712
2011	0.78	1.67	2.45	0.67	0.46	0.8	0.79	0.44	0.75	2.753

表4-6(续)

年份	煤炭开采和洗选业/万人	黑色金属矿采选业/万人	有色金属矿采选业/万人	非金属矿采选业/万人	化学原料和化学制品制造业/万人	非金属矿物制品业/万人	黑色金属冶炼和压延加工业/万人	有色金属冶炼和压延加工业/万人	电力、热力生产和供应业/万人	Lilien
2012	0.6	1.62	2.75	0.37	0.52	0.72	0.79	0.35	0.71	2.703
2013	0.38	1.64	2.41	0.59	0.68	0.71	1.17	0.34	0.87	2.730
2014	0.32	1.49	2.12	0.64	0.69	0.65	0.97	0.32	0.86	2.740
2015	0.17	1.33	1.62	0.67	0.71	0.6	0.67	0.27	0.94	2.729
2016	0.13	1.06	1.5	0.53	0.7	0.56	0.6	0.19	0.95	2.707

数据来源:《凉山年鉴》。

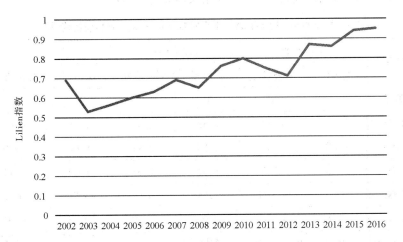

图4-10　2002—2016年凉山州资源型产业Lilien指数变化趋势图

4.4　凉山州与攀枝花市的产业转型升级对比分析

上文以凉山州为主要研究地区,系统地描述和分析了该民族地区的产业转型升级的方向和速度。但是,对于一个地区产业转型升级的研究,单单研究一个点往往不容易明晰其中的特点和存在的问题。凉山州和攀枝花市地域相邻,两个地区共同组成了攀西地区资源型战略要地,两个地区均有丰富的自然资源,攀枝花市更是全国重要的资源城市。这两个地区在经济发展水平、外界环境、产业结构分布等方面存在着相似之处,因此,对凉山州和攀枝花市的产业转型升级的速度和方向进行对比分析,有助于更进一步了解凉山州资源型产业发展的优势和不足,挖掘地区未来的发展潜力,有效地为地区产业发展的效率提升、负担降低和动力增强提供借鉴和参考。基于本章前文的测算指标，本节增加了两个地区产业转型升级的对比分析，为了保证对比的准确性和有效性，继续采用三次产业的产业超前结构系数和 Lilien 指数模型来衡量攀枝花市产业转型升级的水平。

4.4.1 凉山州与攀枝花市的产业转型升级方向对比

本节根据式（4-1）和式（4-2），以 2002 年为基期测算出了凉山州和攀枝花市三次产业结构的结构超前系数值，进一步采用折线图表示出两个地区的超前结构系数随时间变化趋势，具体结果如表 4-7 所示。

表 4-7　2002—2016 年凉山州与攀枝花市三次产业超前结构系数

年份	第一产业		第二产业		第三产业	
	凉山州	攀枝花市	凉山州	攀枝花市	凉山州	攀枝花市
2002	1	1	1	1	1	1
2003	0.43	0.75	1.58	1.43	1.05	0.45
2004	0.62	0.33	1.84	2.14	0.60	-0.10
2005	0.13	-0.44	1.94	2.97	1.03	1.11
2006	-0.30	-0.72	2.75	3.58	0.71	0.78
2007	-0.14	-0.44	2.96	3.17	0.34	0.45
2008	-0.26	-0.66	3.40	3.82	0.04	-0.12
2009	-0.88	-0.58	2.90	3.29	1.18	0.58
2010	-1.41	-1.32	4.17	5.23	0.54	-0.29
2011	-1.78	-1.65	5.07	6.43	0.07	-0.73
2012	-1.87	-2.01	5.21	7.56	0.03	-0.80
2013	-2.05	-2.14	5.52	7.61	-0.07	-0.44
2014	-2.23	-2.43	5.67	8.21	-0.03	0.05
2015	-2.23	-2.51	5.19	7.92	0.43	0.69
2016	-2.36	-2.61	5.20	7.65	0.56	1.62

1. 第一产业

通过图 4-11，我们可以看出两个地区第一产业随时间推进的超前结构系数的变化均呈现出下降趋势，表现为凉山州和攀枝花市的第一产业比重不断下降，第二和第三产业比重不断增加，同时第一产业的发展滞后性明显。通过进一步分析我们可以发现，凉山州在"十一五"和"十二五"期间，第一产业的发展方向比攀枝花市好一些，主要原因在于凉山州积极优化农业内部结构、推进农业特色产业的做大做强，积极发挥民族地区的农业资源优势，使得第一产业结构相较于攀枝花市更趋于合理。

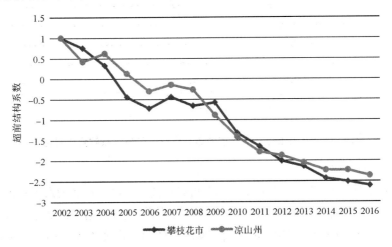

图4-11 凉山州与攀枝花市的第一产业超前结构系数变化对比图

2. 第二产业

通过图4-12我们可以看出，凉山州和攀枝花市都是以第二产业为主导的产业结构布局。在第二产业的产业转型升级的过程中，两个地区的变化趋势基本一致，但是攀枝花市第二产业的转型力度要大于凉山州，该市有更加成熟的工业条件和经济基础，因此在低碳经济和中国经济结构转型发展的背景下，可以更好地依据自身的产业发展现状，加大科学技术投入，建立科技创新体系，谋划合理的产业发展战略，积极引导全市进行第二产业的结构调整，优化产业布局，延长产业链，把握住当下，着眼于未来。凉山州的第二产业转型升级水平并不好，对比攀枝花市2009年之后第二产业快速的复苏和发展，凉山州第二产业在2009年之后的发展水平较低，并且在2011年之后发展逐渐放缓。凉山州作为一个资源型地区，第二产业的转型升级相比于其他资源型城市演变水平较低，与其他城市的产业发展规模还有一定的距离。

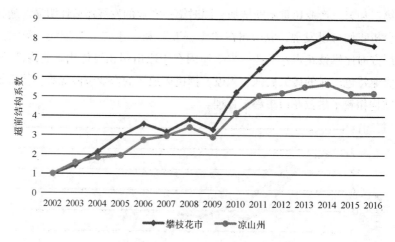

图 4-12　凉山州与攀枝花市的第二产业超前结构系数变化对比图

3. 第三产业

通过图 4-13 我们可以看出，凉山州和攀枝花市第三产业的发展在曲折中前行，发展趋势基本相似。在 2008 年之前，两个地区的第三产业发展方向比较相近，在 2008 年至 2014 年之间，凉山州的第三产业发展态势优于攀枝花市，但是发展趋势是向下的。在 2014 年之后，攀枝花市第三产业发展迅猛，表现为经过长期的滞后发展之后以很快的增速超过凉山州，近几年发展态势良好。因此可以看出，在第三产业的发展上，攀枝花市比凉山州的投入力度更大，攀枝花市近几年积极进行矿山生态改造，发展康养旅游业等绿色产业。同时，攀枝花市在前几年并没有忽视地区第三产业的发展，而是进行了精心的规划和筹备，充分利用其经济条件和地理优势，尽全力发挥自身的比较优势，因此在后几年第三产业可以实现快速的增长。凉山州经济基础薄弱，第三产业发展势头有显现但又表现出明显的后劲不足问题，这说明凉山州当前相较于攀枝花市，第三产业的发展条件不够充分，因此需要进一步扩大开放条件，积极吸引外资、利用外资，尤其是要引进具有知识技术含量的现代性服务业，来增强第三产业的发展动力。

高质量发展背景下四川民族地区资源型产业转型升级研究

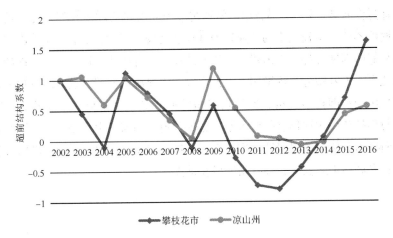

图 4-13 凉山州与攀枝花市的第三产业超前结构系数变化对比图

总之，凉山州和攀枝花市在产业转型升级方向上的基本步调保持一致，都是处于"二三一"的转型升级方向上，具体表现为肯定第二产业的主导地位，积极实现第三产业和第一产业的升级和突破。攀枝花市的总体情况优于凉山州。凉山州第一产业发展好于攀枝花市，但是第二产业、第三产业的升级力度都比不上攀枝花市。

4.4.2 凉山州与攀枝花市的产业转型升级速度对比

我们根据式（4-5）进行计算，得出了 2002—2016 年这一段时间内攀枝花市的 Lilien 指数值，并与凉山州的 Lilien 指数进行对比，结果如图 4-14 所示。

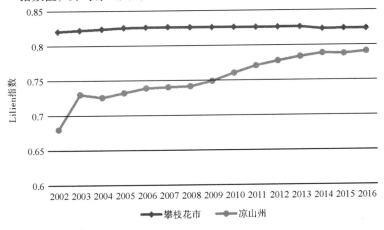

图 4-14 凉山州与攀枝花市的 Lilien 指数变化对比图

通过图 4-14 我们可以看出，攀枝花市和凉山州的产业转型速度呈现出完全不同的趋势。攀枝花市的产业转型升级速度较为平稳，明显高于凉山州，显示出良好的发展态势。凉山州近几年的产业转型升级速度逐年上升，逐渐趋近攀枝花市，上升趋势也逐渐明显，说明近几年凉山州的产业发展政策积极地推动了地区产业的转型升级，但是在期初转型升级速度较低，因此发展空间较大，与攀枝花市相比仍有一些差距。总体来说，当前凉山州处于产业转型升级的不断探索和快速发展时期，应该把握住地区的发展机遇，保持当前的发展势头，在发展中不断探索，寻找新的增长动能。

5 凉山州资源型产业转型升级的影响因素研究

产业转型升级可以反映一个地区的经济发展方向和发展速度，也可以反映一类行业或产业的发展方向和发展速度。学术界对"产业升级和转型"关注的侧重点不同，导致其研究方法和研究成果之间出现差异。产业的升级和转型是一个系统而复杂的过程，其发展受到企业制度、经济发展、技术创新、政策体制、法制法规等有关产业内在和外在因素的影响，这些影响因素相互制约、相互联系，共同作用于凉山地区产业转型升级的过程。本书将凉山州的资源型产业和三次产业划分开来，从资源型产业和宏观层面的三次产业两方面来分析凉山州产业转型升级的影响因素。

5.1 不同层次凉山州资源型产业转型升级影响因素分析

对凉山州资源型产业转型升级影响因素的分析，本书参考产业系统的纵向结构和横向结构的观点以及相关的数据资料，将凉山州资源型产业转型升级的影响因素分为三个不同的层次，即节点层、网络层和外围层。

5.1.1 定性分析

（1）节点层影响因素。企业是产业结构的微观主体，是一个产业生产具体的参与者、实施者，不同类型的资源型企业构成了资源型行业的微观节点。每个企业自身的决策、管理和执行都与企业的发展息息相关。这些企业共同促进了一个产业的发展和转型升级。一些学者认为产业转型的核心原因是企业内部的，学习、引进先进技术和生产性创新是企业转型升级的重要途径。资源型企业是典型的资本密集型和技术密集型企业，也就更加体现出技术创新对资源型企业的重要作用，良好的企业创新机制与生产组织结构息息相关。借助企业组织结构的相关理论，一般从决策层、管理层、执行层三个方面来度量企业的管理组织效率，进而间接地代表资源型企业的技术引进和科技创新能力。首先，决策层是组织的实权机关，负责确定组织的目标、纲领和实施方案。决策层对于企业未来发展的判断直接影响着企业未来的发展路径和转型方向。理想的决策层为了企业未来的发展往往会倾向于积极学习和引入先进技术，积极与其他企业形成以创新为主导的合作关系。其次，管理层作为决策层的下属层级，具体在企业各个部门制定和贯彻决策层的方针，通过对日常工作的组织、管理和协调，传播和渗透新技术。最后，执行层在决策层的领导和管理层的协调下，通过各种技术手段，把组织目标转化为具体行动，真正实现新技术的运用。同时，执行层将新技术的转化和运用情况反馈至管理层，管理层再进一步将新的问题和经验传导至决策层，最终实现新技术的获得、吸收、转化和升级。企业的转型升级离不开企业内部各个层级的运行，因此，合理、有效的企业组织结构是影响其转型升级的重要因素。

（2）网络层影响因素。企业之间的良性竞争和合作可以对技术进步和企业发展起到一定程度的促进作用，企业间组织结构的调整也将对企业成功转型升级起到重要的作用。产业转型升级的基础就是根据一定区域内的资源优势、产业结构和产业优势，通过产业内企业间的竞争和合作对产业内和产业间的各个环节进行连接和补充，使之成为相互关联和互动的产业循环链，在形成稳定的产业链的基础上，依托技术创新和管理创新，使整个产业实现动态的转型和升级。这个层次的影响因素集中体现在由产业集聚而产生的基础设施的保障能力、咨询和服务机构的完善力、金融保险机构的服务能力以及产业结构的优化程度等方面。产业集聚一方面有效降低了不同资源型企业之间的交易成本，另一方面也会带动相关服务业的发展，为地区跨行业的转型升级提供条件。产业结构的优化一方面直接作用于资源型产业的网络化发展，很好地解决产业间发展不协调以及由于环境约束所产生的各种发展矛盾，另一方面产业结构的优化可以推动资源型产业向高附加值环节延伸，提升资源利用率，为不同类型的资源型产业的纵向延伸以及横向耦合共生创造产业基础。

（3）外围层影响因素。外围层影响因素主要指凉山州资源型产业转型升级的有关政策和经济环境，这些因素往往不可控，但是对产业转型升级有重要的影响。经济发展是产业转型升级的基础，产业发展与地区经济密不可分。在市场经济环境下，企业面临着多方面的竞争和生存发展压力，这些压力会促使企业积极进行自我革新和转变。同时，政策体制作为影响地区经济发展的重要力量，深刻影响着地区产业发展的方向和速度。一方面，不同类型的产业作为市场的主体，受到市场规律"看不见的手"的支配，难免会出现市场失灵的问题，如果没有明显的动因，地区产业很难发生转变。在资源型产业的发展初期，通过市场机制的调节，往往会形成与地区发展的初级阶段相统一的低效的非理想状态。提升经济效率需要政府这只"看得见的手"的介入和调节，通过有效的宏观调控和政策激励，促进地区产业进行转型升级。目前，产业升级的政策设计主要有强制措施、经济措施、协调和信息措施，例如借助供给侧改革，通过"三去一降一补"来实现产业的自我革新。另一方面，从产业升级转型的实践来看，在成熟的市场经济条件下，政府是转型升级的推动者。政府的政绩考核体制决定了政府对转型升级的制度供给，直接影响着企业未来发展的方向。此外，完善的法规也会给企业未来的发展提供一个理性的预期，促使企业采取符合自身未来发展的一系列措施，进而实现升级和转型。例如严格针对企业过度消费能源资源及环境资源的惩罚性法规，能够提高企业消耗能源资源和环境资源的成本，促使企业采用环境友好的、高效的生产方式。政府对于企业转型升级取得的成效实行奖励性的法规制度也有利于提升企业的发展动力。

上述产业转型升级的三个层次的影响因素的作用呈现由外向内的传递关系。地区经济和政策大环境的优化直接作用于网络层资源型产业结构的优化。而网络层影响因素的优劣决定着节点层企业由内而外的依赖关系，只有企业内部层次因素发挥作用，外部层次的影响因素才能起到真正的作用。

5.1.2 实证分析

5.1.2.1 指标的选取

本书从三个层次构建凉山州资源型产业转型升级影响因素的指标体系，节点层影响因子从决策层、管理层和执行层三方面来选取，分别采用实收资本中国有资本占比、成本费用利用率和成本收入比来表征；网络层影响因子采用产业共生和产业结构，即运用资源型产业聚集水平和资源加工业产值比重两个指标来表征；外围层影响因子采用经济发展、市场制度和政策支持，即分别选用人均地区生产总值、国有及国有控股企业产值比重以及财政收支比来表征（表5-1）。

表 5-1　产业转型升级影响因子指标

因素层析	影响因子	指标名称	指标单位	预期影响
节点层	决策层	实收资本中的国有资本占比	%	负向
	管理层	成本费用利用率	%	正向
	执行层	成本收入比	%	负向
网络层	产业共生	资源型产业集聚水平	%	正向
	产业结构	资源型加工业产值比重	%	正向
外围层	经济发展	人均地区生产总值	元/人	正向
	市场制度	国有及国有控股企业产值比重	%	负向
	政策支持	财政收支比	%	正向

主要指标说明如下：

（1）节点层指标说明。在现代企业制度中，企业的所有权与所有者权益关系密切，企业的出资者拥有资产收益权、重大决策权以及管理者选择权。企业不同的出资结构会深刻影响企业决策层不同类型的决策权重。在企业实收资本中资本结构的不同会影响企业决策层的决策机制和结果导向。一般来说，实收资本中国有资本占比越高意味着企业所有者权益越单一，会降低企业的决策效率，会间接影响企业对于新技术的接受程度，抑制企业的创新发展动力，因此，该指标的影响预期为负。成本费用利用率一般作为评价管理层管理能力的重要指标，利用率越高说明企业的管理效率越好，企业内部良好的管理效率将为企业发展提供充足的动力，因此，该指标的影响预期为正。成本收入比作为执行层的评价指标，执行层作为企业计划整个流程的具体实施者，其最重要的目标是降低企业的成本，提高企业的收入。较低的成本收入比意味着企业内部高效的执行能力；而较高的成本收入比意味着企业内部执行流程冗杂，效率低下，侵蚀企业的发展动力，因此，该指标的预期影响为负。

（2）网络层指标说明。该层次的资源型产业合理集聚会带动企业间相关配套产业的发展，直接影响着不同类型资源型企业的资源整合水平和资源配置效率。产业的合理聚集能在一定程度上促进相关产业基础设施的完善，降低不同类型资源型企业的生产成本，同时，产业的集聚会使地区产业的市场份额扩大，地区产业的市场影响力增强，进一步吸引相关产业的进入。因此，产业聚集水平高，会加速企业的发展进程，预计该指标会对产业升级速度产生正向影响。但是，产业集聚的聚合效应也会使得同类型企业趋向集中，抑制资源产业结构的变迁。鉴于数据的可获得性，在实证检验中，本书借助区位熵来表示地区的产业聚集程度。区位熵（location quotient）也称生产的地区集中度指标或专门化率，由哈盖特（P. Haggett）首先提出用于区位分析。其计算公式为

$$LQ_{ij} = (\frac{q_{ij}}{q_j})/(\frac{q_i}{q}) \tag{5-1}$$

式中，LQ_{ij} 为 j 地区 i 产业在全国的区位熵；q_{ij} 为 j 地区 i 产业的相关指标（本书以企业个数表示）；q_j 为 j 地区所有产业的相关指标；q_i 为全国范围内 i 产业的相关指标；q 为全国所有产业的相关指标。区位熵值越高，地区的产业聚集水平越高。

资源型加工业产值比重更能反映资源型产业优化趋势与程度，影响着资源型产业纵向的网络生态体系的完善。其比重的增加会提高资源型产业发展的附加值，延长资源型产业的物质能量流动链条，因此，预计该指标的预期影响为正。

（3）外围层指标说明。该层次的人均地区生产总值反映了地区基于人口差异基础上的经济发展状况，一般用来体现经济发展对资源型产业转型升级的影响。一般来说，地区的产业升级及转型与地区经济息息相关，两者互为依托，经济水平越高的地区往往意味着更加优化的产业结构、更先进的科学技术以及更加完善的制度，因此该指标的预期影响为正。国有及国有控股企业产值比重用来反映资源型产业的市场化程度，该指标影响着整个资源型产业发展行为的决策。该指标较高意味着地区对民间资本有更强的排斥力，会降低市场活力，民间资本对延长产业链以及技术创新有重要的作用，因此预计国有及国有控股企业产值比重对资源型产业转型升级的影响为负。政府财政收入与支出比反映了政府对于地区产业发展的支持力度。资源型企业的转型升级往往是一个长期而又复杂的过程，需要政府给予长期的支持和激励，财政支持力度越大，资源型产业的转型升级动力就越大，因此，预计该指标的预期影响是正向的。

5.1.2.2 模型与数据

1. 模型构建

在借鉴国内外相关研究的基础上，本书运用简化的计量模型反映凉山州资源型产业转型升级水平与3个层次影响因素之间的关系。基本计量模型的表达如下：

$$\ln l = \alpha + \beta_1 \ln x_1 + \beta_2 \ln x_2 + \beta_3 \ln x_3 + \beta_4 \ln x_4 + \beta_5 \ln x_5 + \\ \beta_6 \ln x_6 + \beta_7 \ln x_7 + \beta_8 \ln x_8 + \varepsilon_i \tag{5-2}$$

$$\ln w = \alpha + \beta_1 \ln x_1 + \beta_2 \ln x_2 + \beta_3 \ln x_3 + \beta_4 \ln x_4 + \beta_5 \ln x_5 +$$
$$\beta_6 \ln x_6 + \beta_7 \ln x_7 + \beta_8 \ln x_8 + \varepsilon_i \qquad (5-3)$$

式中，$\ln l$ 和 $\ln w$ 分别表示凉山州资源型产业的产业转型升级速度和方向；$\ln x_1$、$\ln x_2$、$\ln x_3$、$\ln x_4$、$\ln x_5$、$\ln x_6$、$\ln x_7$ 和 $\ln x_8$ 分别表示凉山州资源型产业实收资本中的国有资本占比、成本费用利用率、成本收入比、资源型产业聚集水平、资源型加工业产值比重、人均地区生产总值、国有及国有控股企业产值比重和财政支出收入比的对数；α、β_1、β_2、β_3、β_4、β_5、β_6、β_7、β_8 为待估参数，ε 为残差项。

2. 数据来源与处理

本书选取凉山州资源型产业转型升级的相关指标 2002—2016 年的数据，数据来源于《凉山年鉴》（2002—2016 年）。此外由于第 4 章的产业转型方向的水平测度指标产业结构超前系数是测定某一具体产业的指标，无法将整个资源型产业的结构超前系数综合起来代表资源产业转型升级方向，因此，本书在借鉴前人的研究成果上，决定采用产业层次系数 w 来代表凉山资源型产业转型的升级方向。

学术界对产业结构层次系数 w 的定义是：某一地区的经济有 n 个产业，将这些产业按照从高到低的水平依次排列，并记其在该地区经济中的比重为 $q(j)$，显然 $0 < q(j) < 1$，由此得到该地区的产业结构层次系数（用 w 表示）为

$$w = \sum_{i=1}^{n} \sum_{j=1}^{i} q(j) \qquad (5-4)$$

根据上一小节的分析，将选定的 8 个资源型产业分为 3 大类，分别为采选类资源型产业、加工类资源型产业和制造类资源型产业，因此此处 $n=3$，代表划分好的 3 类资源型产业。通过实践检验，3 类产业水平层次由高到低依次为：制造类资源型产业、加工类资源型产业和采选类资源型产业。因此，该系数的具体计算方式为

$$w = 1q(1) + 2q(2) + 3q(3) \qquad (5-5)$$

$q(1)$、$q(2)$、$q(3)$ 分别表示采选类资源型产业、加工类资源型产业和制造类资源型产业在当地区域资源型经济系统中的比重。显然 $w \geq 1$，根据资源型产业的生产总值所占份额计算 $q(i)$。具体分类见表 5-2。

表 5-2　资源型产业分类表

类别	资源型行业	产业层次
采选类	煤炭开采和洗选业	1
	黑色金属矿采选业	
	有色金属矿采选业	
	非金属矿采选业	
加工类	黑色金属冶炼和压延加工业	2
	有色金属冶炼和压延加工业	
制造类	化学原料和化学制品制造业	3
	非金属矿物制品业	
	电力、热力生产和供应业	

　　本节仍然采用产业转型升级水平测度指标 Lilien 指数来代表凉山州资源型产业转型升级的速度水平。模型回归的过程中对原始数据进行了对数化处理，一方面可以在一定程度上消除时间序列的非平稳性，另一方面可以反映各影响因素与产业转型升级之间的弹性关系。

　　3. 影响因素的描述性分析

　　凉山州资源型产业转型升级影响因素见表 5-3。

表 5-3　凉山州资源型产业转型升级影响因素（2002—2016）

年份	实收资本中国有资本比例/x_1	成本费用利润率/x_2	成本收入比/x_3	资源型产业集聚水平/x_4	资源型加工业产值比重/x_5	国有及国有控股企业产值占比/x_6	人均地区生产总值/x_7	财政收支比/x_8
2002	0.50	0.06	0.44	2.91	0.44	0.70	4 360	0.28
2003	0.43	0.07	0.45	3.02	0.51	0.72	4 900	0.29
2004	0.36	0.10	0.58	3.19	0.51	0.52	5 803	0.23
2005	0.29	0.12	0.67	3.16	0.52	0.50	6 934	0.26
2006	0.34	0.24	0.68	3.23	0.53	0.61	8 331	0.29
2007	0.43	0.18	0.69	3.44	0.47	0.56	10 398	0.29
2008	0.37	0.11	0.75	3.51	0.41	0.51	12 896	0.31
2009	0.34	0.10	0.77	3.43	0.33	0.62	14 306	0.29
2010	0.34	0.13	0.76	3.49	0.34	0.65	17 560	0.32
2011	0.32	0.15	0.77	3.22	0.31	0.73	22 044	0.30
2012	0.28	0.07	0.82	3.06	0.29	0.68	24 668	0.32
2013	0.22	0.03	0.84	3.02	0.31	0.55	26 556	0.33
2014	0.44	0.11	0.76	3.10	0.25	0.57	28 276	0.31

表5-3（续）

年份	实收资本中国有资本比例/x_1	成本费用利用率/x_2	成本收入比/x_3	资源型产业集聚水平/x_4	资源型加工业产值比重/x_5	国有及国有控股企业产值占比/x_6	人均地区生产总值/x_7	财政收支比/x_8
2015	0.60	0.11	0.75	3.21	0.24	0.59	28 556	0.24
2016	0.66	0.20	0.76	2.70	0.25	0.59	29 549	0.24

资料来源：《凉山年鉴》（2003—2017 年）。

凉山州资源型产业转型升级节点层、网络层和外围层各影响因素在 2002—2012 年的变化趋势存在一定的差异。具体来说，在节点层，实收资本中国有资本比例和成本费用利用率的变化波动较大，近年都有显著的提高，成本收入比呈现出稳定的上升趋势，在 2013 年达到最大值，近年出现下降趋势；在网络层，两个指标的变化趋势较为平稳，区位熵呈现出先上升后下降的变化趋势，在 2008 年达到最高点，资源型加工业产值比重下降趋势明显；在外围层，国有及国有控股企业产值比波动较大，财政收支比呈现出先上升后下降的趋势，人均地区生产总值平稳上升。

5.1.2.3 实证检验

1. 时间序列数据的平稳性检验

采用 Eviews 8.0 软件，运用 ADF 检验分别对凉山州资源型产业转型升级速度和升级方向以及相关影响因素的时间序列数据进行平稳性检验。在检验过程中，如果 ADF 值大于临界值，则时间序列为非平稳的；反之，则为平稳序列。检验结果详见表5-4。

表 5-4 时间序列数据的单位根检验

变量	检验类型	ADF 检验	临界值	判定结论
$\ln l$	$(c, 0, 0)$	-3.417	-3.098**	平稳
$\ln w$	$(c, 0, 0)$	-2.540	-2.728*	非平稳
$\Delta\ln w$	$(c, 0, 0)$	-3.204	-3.144**	平稳
$\ln x_1$	$(c, 0, 0)$	-2.328	-4.057*	非平稳
$\Delta\ln x_1$	$(c, 0, 0)$	-2.731	-4.057*	平稳
$\ln x_2$	$(c, 0, 0)$	-2.258	-2.690*	非平稳
$\Delta\ln x_2$	$(c, 0, 0)$	-3.338	-3.119**	平稳
$\ln x_3$	$(c, 0, 0)$	-3.290	-3.144**	平稳

表5-4(续)

变量	检验类型	ADF 检验	临界值	判定结论
$\ln x_4$	$(c, 0, 0)$	-1.183	-2.690^*	非平稳
$\Delta \ln x_4$	$(0, 0, 0)$	-2.094	-1.970^{**}	平稳
$\ln x_5$	$(c, 0, 0)$	-0.104	-2.690^*	非平稳
$\Delta \ln x_5$	$(0, 0, 0)$	-2.924	-2.754^{***}	平稳
$\ln x_6$	$(c, 0, 0)$	-2.646	-2.690^*	非平稳
$\Delta \ln x_6$	$(c, 0, 0)$	-3.542	-3.449^{**}	平稳
$\ln x_7$	$(c, 0, 0)$	-2.532	-2.690^*	非平稳
$\Delta \ln x_7$	$(c, 0, 0)$	-1.179	-2.701^*	非平稳
$\Delta \Delta \ln x_7$	$(c, 0, 0)$	-3.676	-3.175^{**}	平稳
$\ln x_8$	$(c, 0, 0)$	-1.661	-2.690^*	非平稳
$\Delta \ln x_8$	$(c, 0, 0)$	-3.808	-3.119^{**}	平稳

注：Δ、$\Delta\Delta$分别表示一阶、二阶差分；检验类型中 C 表示截距项；***、**、*分别表示1%、5%和10%的显著性水平。

从表 5-4 可以看出，产业转型升级速度、成本收入比这 2 个变量是平稳时间序列。产业转型升级方向、实收资本中国有资本比例、成本费用利用率、区位熵、资源型加工业产值占比、国有及国有控股企业产值占比、财政收支比这 7 个变量为一阶单整。人均地区生产总值为二阶单整。这就要求在回归过程中首先消除非平稳序列所造成的可能存在的"伪回归"问题。

2. 变量的相关性分析

凉山州资源型产业的影响因素较多，变量之间存在一定的相关性，因此在做回归检验之前应对各个变量进行相关性分析。从表 5-5 可以看出，成本收入比和人均地区生产总值之间存在较高的相关性，相关系数为 0.859 3；资源型加工业产值比重和人均地区生产总值之间的相关性较强，为高负相关，相关系数为 -0.916 7；因此，在对模型进行回归的过程中需要消除自变量之间的多重共线性问题。

表 5-5　各解释变量的相关系数矩阵

	$\ln x_1$	$\ln x_2$	$\ln x_3$	$\ln x_4$	$\ln x_5$	$\ln x_6$	$\ln x_7$	$\ln x_8$
$\ln x_1$	1. 000 000	0. 384 321	−0. 323 021	−0. 325 349	−0. 236 841	0. 089 953	0. 002 797	−0. 581 262
$\ln x_2$	0. 384 321	1. 000 000	0. 177 743	0. 253 339	0. 090 455	−0. 108 561	0. 037 026	−0. 332 556
$\ln x_3$	−0. 323 021	0. 177 743	1. 000 000	0. 272 975	−0. 620 886	−0. 291 430	0. 859 328	0. 301 669
$\ln x_4$	−0. 325 349	0. 253 339	0. 272 975	1. 000 000	0. 237 490	−0. 213 137	−0. 056 525	0. 307 121
$\ln x_5$	−0. 236 841	0. 090 455	−0. 620 886	0. 237 490	1. 000 000	−0. 143 628	−0. 916 748	−0. 118 796
$\ln x_6$	0. 089 953	−0. 108 561	−0. 291 430	−0. 213 137	−0. 143 628	1. 000 000	−0. 033 314	0. 293 354
$\ln x_7$	0. 002 797	0. 037 026	0. 859 328	−0. 056 525	−0. 916 748	−0. 033 314	1. 000 000	0. 243 288
$\ln x_8$	−0. 581 262	−0. 332 556	0. 301 669	0. 307 121	−0. 118 796	0. 293 354	0. 243 288	1. 000 000

3. 凉山州资源型产业转型升级影响因素的回归检验

本书采用逐步回归分析法对计量模型进行回归检验，即首先选择一个影响因素变量进行回归，再逐步加入其他解释变量，最后通过 F 检验、T 检验以及拟合优度检验，选择拟合效果最好的模型。之所以采用逐步回归分析法是因为各影响因素指标之间存在着一定的相关性，需要消除模型回归过程中多重共线性的影响。此外，在回归检验的过程中，引入残差自回归项。

（1）凉山州资源型产业转型升级速度影响因素的回归检验。将凉山州资源型产业转型升级速度作为因变量，将上述影响因素作为自变量进行回归检验，即对式（5-2）进行回归检验，见表 5-6。

表 5-6　凉山州资源型产业转型升级速度影响因素回归检验

	式（5-2）			
变量	（1）	（2）	（3）	（4）
α	0. 145	0. 132	0. 561 ***	0. 850 ***
	（0. 562）	（0. 616）	（7. 851）	（9. 383）
$\ln x_1$	−0. 172 *	−0. 210 **	—	—
	（−4. 177）	（−3. 625）		
$\ln x_2$	0. 077 **	0. 079 **	—	—
	（5. 080）	（3. 507）		
$\ln x_3$	0. 172	—	—	0. 054 *
	（1. 976）			（1. 924）

表5-6（续）

	式（5-2）			
变量	（1）	（2）	（3）	（4）
$\ln x_4$	0.197**	0.195**	0.115**	0.099
	（4.888）	（3.955）	（2.538）	（1.601）
$\ln x_5$	−0.137	−0.22***	—	−0.042**
	（−2.836）	（−4.935）		（2.218）
$\ln x_6$	−0.245**	−0.277**	—	—
	（−4.928）	（−3.715）		
$\ln x_7$	0.016	—	0.306***	—
	（0.771）		（6.417）	
$\ln x_8$	−0.185*	−0.177*	—	—
	（−4.008）	（−2.61）		
AR（1）	0.224**	0.153**	—	—
	（4.976）	（3.019）		
AR（2）	−0.170*	−0.265***	—	—
	（−3.444）	（5.778）		
Ad R^2	0.92	0.83	0.75	0.70
F 值	14.926	8.68	22.91	12.346
$D.W$ 值	2.53	2.01	2.29	2.49

注：本表回归检验采用 Eviews 8.0 软件计算所得；*、**、*** 分别表示10%、5%、1%的显著性水平，括号内为 T 值。

从式（5-2）的回归结果可以看出，模型的整体解释能力较强，调整后的可决系数最高达到0.92。为了避免各因素之间的共线性问题，在采用逐步回归分析法删除不显著变量，并将存在高度相关性的各个变量分别作为自变量进行实证检验之后得出（2）、（3）、（4）三组估计结果。三组估计结果调整后的可决系数较高，F 值较高，同时 $D.W$ 值合理，结果不存在序列相关性，回归结果有效。从回归结果来看，节点层、网络层和外围层的因素指标均对凉山州资源型产业转型升级速度的解释显著。实证检验结果表明：首先，节点层方面，实收资本中国有资本占比对产业转型升级速度的影响显著为负，说明增加产业内部的国有控股比例不利于产业转型升级速度的提升，国有资本占比每增加 1 个百分点，转型升级速度就会降低 0.21 个百分点。成本费用利用率和成本收入比对资源型产业转型升级速度的影响显著为正，相关系数分别为 0.079 和 0.054，即成本费用利用率和成本收入比每增加 1 个百分点，转型升级速度就会增加约 0.079 和 0.054 个百分点。其次，网络层方面，产业集聚水平对产业转型升级速度的影响显著为正，每提升 1 个百分点，转型升级速度就会增加约 0.195 个百分点；资源型加工业产值比重对其影响显著为负，产值比重每增加 1 个百分点，转型升级速度就会降低约 0.22 个百分点。最后，外围层方面，人均地区生产总值的影响显著为正，相关系数为 0.306，人均地区生产总值每增加 1 个百分点，转型升级速度就会增加约 0.306 个百分点。国有及国有控股企业产值占比和财政收支比对产业转型升级速度的影响为负，国有及国有控股企业产值占比和财政收支比每增加 1 个百分点，凉山州资源型产业转型升级速度就会分别下降约 0.277 个百分点和 0.177 个百分点。

（2）凉山州资源型产业转型升级方向影响因素的回归检验。将凉山州资源型产业转型升级速度（w）作为因变量，将上述影响因素作为自变量进行回归检验，即对式（5-3）进行回归检验，见表 5-7。

表 5-7　凉山州资源型产业转型升级方向影响因素回归检验

式（5-3）		
	（1）	（2）
α	−0.778	−3.749**
	（−0.262）	（−4.620）
$\ln x_1$	−0.258	−0.372**
	（−0.699）	（−3.799）
$\ln x_2$	−0.07	0.135**
	（−0.482）	（3.036）
$\ln x_3$	−3.585	−1.316***
	（−2.076）	（−4.741）
$\ln x_4$	−0.742	—
	（−1.192）	

表5-7(续)

	式（5-3）	
$\ln x_5$	−0.265	—
	（−0.713）	
$\ln x_6$	−0.468	−1.130***
	（−1.121）	（−8.661）
$\ln x_7$	0.075	0.321***
	（0.282）	（4.601）
$\ln x_8$	0.475	—
	（1.063）	
AR（1）	0.448	−0.355
	（2.755）	（−1.625）
AR（2）	−0.017	−0.702***
	（−0.139）	（−3.047）
Ad R^2	0.47	0.78
F 值	2.068	7.21
$D.W$ 值	2.84	2.79

注：本表回归检验采用 Eviews 8.0 软件计算所得；*、**、*** 分别表示 10%、5%、1%的显著性水平，括号内为 T 值。

从式（5-3）的回归结果可以看出，模型的整体解释能力较强，调整后的可决系数较低。为了避免各因素之间的共线性问题，在采用逐步回归分析法删除不显著变量，并将存在高度相关性的各个变量分别作为自变量进行实证检验之后得出（2）这组估计结果。估计结果调整后的可决系数较高、F 值较高，同时 $D.W$ 值合理，结果不存在序列相关性，回归结果有效。从回归结果来看，实收资本中国有资本占比、成本费用利用率、成本收入比、国有及国有控股企业产值占比、人均地区生产总值这 5 个指标联合对凉山州资源型产业转型升级方向的解释能力较强。实证结果表明：成本费用利用率和人均地区生产总值的增加对资源型产业的转型升级方向具有正向推动作用，成本费用利用率和人均地区生产总值每增加 1 个百分点，资源型产业的转型升级方向即产业结构层次就会分别上升约 0.134 和 0.321 个百分点。实收资本中国有资本比例、成本收入比和国有及国有控股企业产值占比的增加对资源型产业的转型升级方向具有显著消极抑制作用，实收资本中国有资本比例、成本收入比和国有及国有控股企业产值占比每增加 1 个百分点，资源型产业的转型升级方向即产业结构层次就会分别下降约 0.372、1.316 和 1.13 个百分点。

综合式（5-2）和式（5-3）的回归检验结果，上文构建的三个层次的凉山州资源型产业转型升级的影响因素对凉山州资源型产业转型升级的速度和方向产生显著的影响作用。从影响作用的大小来看，外围层的人均地区生产总值和国有及国有控股企业产值占比的影响作用最大，但是影响的方向不同，人均地区生产总值对资源型产业转型升级的速度和方向均产生积极的影响，国有及国有控股企业产值占比的提升对产业转型升级的速度和方向均产生消极的影响，节点层的成本收入比在产业转型升级速度和方向两方面分别产生了促进和抑制的作用，成本费用利用率、人均地区生产总值均对产业转型升级的速度和方向产生积极作用，实收资本中国有资本占比、国有及国有控股企业产值占比均对产业转型升级的速度和方向产生抑制作用。网络层对产业转型升级速度作用明显，产业聚集程度的增加有利于转型升级速度的提升，而资源型加工业产值占比则作用相反。对于产业转型升级的速度而言，外围层和网络层的影响因素更为显著，节点层的影响程度较小。其中外围层的影响因素按照促进效果大小排序依次为人均地区生产总值、财政收支比、国有及国有控股企业产值占比；网络层的影响因素按照促进效果大小排序依次为产业聚集程度和资源型加工业产值占比；节点层的影响因素按照促进效果大小排序依次为成本费用利用率、成本收入比、实收资本中国有资本比例。对于产业转型升级的方向而言，节点层的影响程度比外围层的影响程度大。其中节点层的影响因素按照促进效果大小排序依次为成本费用利用率、实收资本中国有资本占比、成本收入比；外围层的影响因素按照促进效果大小排序依次为人均地区生产总值、国有及国有控股企业产值占比。

5.1.3 凉山州资源型产业转型升级不同层次影响因素综合分析

5.1.3.1 节点层

节点层影响因素是凉山州资源型产业转型升级方向即提升资源型产业结构层次的关键因素。具体体现在以下几个方面：企业是资源型产业的微观主体，外围层和网络层影响因素只有通过节点层才可以更好地发挥作用。节点层代表决策层和管理层的实收资本中国有资本比例和成本费用利用率对凉山州资源型产业转型升级产生作用，与假设相符，这是因为决策层的决策结构相对单一，不利于企业重大事项的科学决策。单个个体过高的控股比例将抑制企业未来发展的可能性，对企业的转型升级产生消极作用，而管理层管理水平的提高提升了企业的利润率，推动了企业向着更加积极的方向发展，有利于企业的生产结构和资本结构的转变和升级。代表执行层的成本收入比在产业转型升级的不同方面产生不同的作用，具体原因在于，企业运营成本的提高会倒逼企业调整生产规模，为了降低成本而释放出大量可流动的劳动力，促进了产业间的人员流动，因此有利于产业转型升级速度的提升，而成本上升会直接影响企业的产值和利润，因此不利于产业结构层次的提升。总体来看，节点层的决策层、管理层和执行层水平的提升更加有利于提升资源型产业的结构层次，对产业转型升级的速度即产业间就业人口的流动影响较低。

5.1.3.2 网络层

网络层影响因素对凉山州资源型产业转型升级速度的影响作用显著，影响程度较大。以资源型产业的区位熵表示的产业聚集水平对凉山州资源型产业的转型升级速度产生积极的促进作用，与前文假设相同，表明产业聚集程度的提升更加有利于劳动力的流动和人力资本的提升。资源型产业通过产业聚集效应降低的成本，增强了产业内各个企业的联系，使得人力资本水平与产业发展需求更加配套，产业需求的变化进一步推动了人力资本的自我提升，同时企业在地域上的集中降低了劳动力获得信息的成本和交通成本，增强了劳动力的流动性。资源型加工业产值比重的增加则对产业转型升级速度产生了负向的影响，与之前的假设相反，这说明资源型加工业仍然以劳动密集型产业为主，行业的发展主要依托于劳动力，因此资源型加工行业的发展对于劳动力的锁定作用更强，不利于劳动力转移和人力资本的时空匹配，抑制了地区资源性行业转型升级速度的提升。网络层对于产业转型升级方向的影响不显著，说明不论是产业聚集水平还是资源加工业并没有明显的帮助提升地区的产业结构层次，地区的产业更多的是在横向发展，纵向发展态势不明显。

5.1.3.3 外围层

外围层影响因素决定着凉山州资源型产业发展的基础环境，实证检验结果表明，地区经济发展水平的提升会显著促进资源型产业的转型升级，与前面的理论假设一致；代表市场化水平的国有及国有控股企业产值比重的下降即市场化水平的提升有利于地区资源型产业的转型升级，与前面的假设一致；地区财政收支比的上升不利于资源型产业转型升级速度的提升，对资源型产业转型升级方向影响不显著，说明地区的财政投入并没有转化为很好的成果。综上，首先，经济发展能为地区资源型产业的转型升级奠定坚实的物质基础，创造良好的发展环境；其次，地区市场化水平的提升、国有企业产值比重的下降、民营企业的发展，能够促进凉山州资源型产业的转型升级；最后，政府需要合理地调整财政收入和支出，通过适量、合理和精准的财政规划实现财政投入的最好效果。

5.2 产业转型升级影响因素的 PEST 分析

前文将凉山州资源型产业的升级水平用产业转型升级的速度和方向来体现。产业升级水平的提升与经济增长息息相关，要保证地区经济的可持续增长，对宏观上产业升级的研究同样重要。基于此，本节从更为宏观的三次产业入手，运用 PEST 分析模型就影响凉山州产业转型升级水平的宏观影响因素进行分析研究。

PEST 分析模型是在宏观视角下的一种分析模型。宏观环境是指影响正常社会活动的一般环境，对社会经济活动和企业经营活动有着极大的影响。学术界在通常情况下，将宏观环境分为政治（politics）、经济（economy）、社会（society）和技术（technology）这四大层次。政治环境主要包括各种政府政策、产业政策和税收政策；经济环境是用来反映地区经济的发展现状，如收入水平、产出总值、经济结构等多种因素；社会环境既包含国内社会环境又包含国际环境，可以通过教育、社会保障、社会福利水平等指标来衡量；技术环境主要反映的是地区技术创新程度，因此可以采用地区科技创新程度和环境治理的投入程度来加以代表。

5.2.1 政治环境

政府在地区的经济、产业的发展和转型升级中有一定的指导作用。民族区域自治制度是我国特有的政治制度，政府在民族地区产生的指导作用往往更加明显。首先，政府会充分考虑地区的经济基础、资源禀赋和产业发展现状等实际情况，综合判断和制订较为完备的产业发展规划。其次，在发展规划的执行过程中，政府也会审时度势，立足于当前，从实际出发，主动引导和调整产业政策的实施方式，激励企业进行转型升级。目前，凉山州政府正在积极地推动地区的产业转型升级：一方面，充分发展自身的资源禀赋优势，积极推进资源型产业的自我革新；另一方面，大力发展第一产业和第三产业，创造新的产业升级动能。这要求政府不仅要积极地提供政策支持，还要提供财政支持，进一步完善产业相关的基础设施建设，提高服务意识，简化和优化审批流程；特别是要为高新技术企业创造良好的发展空间，降低税率，提供多样化的融资方式和金融工具，帮助新兴企业克服发展初期的资金筹集困难问题；对于高新技术产业，更需要加大财政投入，加大对其税收、贷款的优惠力度，进行积极的综合援助。

5.2.2　经济环境

地区的经济状况与地区产业息息相关，地区经济情况的好坏是衡量地区产业发展现状的主要指标。经济环境会对地区的产业转型升级产生很大的影响。

（1）金融支持。金融业是第三产业中的重要组成部分，金融业的发展可以促进三次产业结构的变化，从而促进产业结构的优化升级，金融对产业转型升级有着重大影响。技术密集型产业更强调资本和技术的作用，资本和技术与金融关系密切。因此，一方面，政府应该推进金融组织的优化和重组，提高金融服务水平，创新融资渠道，运用更多的金融工具服务于产业；另一方面，政府应该积极推进绿色金融的发展，鼓励企业在实现生产的同时降低能耗和污染排放，加大对企业减少污染的资金支持，提升企业产业转型升级的内生动力。凉山州目前在新型产业的创业投资、科技保险、担保贷款等方面的金融创新产品较少，科技创新与金融创新还没有形成良好的互动，整合程度较低，实现投融体系的多元发展仍有很长的路要走。

（2）经济总量。经济总量常用地区生产总值来衡量，地区经济与产业结构息息相关，两者共同代表着地区的经济发展水平。作为供给端的产业结构的变化会引起产品的生产和交换的变化，最终影响需求端即经济结构的变化。随着经济的发展，需求端对于产品的数量和种类的需求都会发生变化，进而推动供给端即产业结构的转型和升级，因此，产业结构的变动程度对经济总产量的变化起着决定性作用，反之，经济增长对产业转型升级速度有着一定的促进作用。

（3）收入水平。在20世纪50年代，美国经济学家库兹涅茨通过对20多个国家的统计数据进行研究，提出了一个重要的发展经济学理论，即国民收入在三次产业的产值份额变动与就业比重之间存在一致性变化规律。这个变动关系通常用库兹涅茨曲线来表示。具体来说，随着地区经济的持续发展，三次产业的国民收入比重也会发生变化，第一产业在经济系统中的占比逐渐下降，第

二、第三产业的占比会呈现出相反的上升趋势。产业占比的变化会导致地区收入结构的变化，因此收入结构与产业结构之间存在着紧密的联系。

5.2.3 社会环境

（1）基础设施投入。一直以来，投资都是拉动中国经济增长的三驾马车之一，是影响区域经济增长的重要因素，资本的投入在正常情况下会提高地区的产出水平和能力，进而促进经济增长。固定资产投资为地区的社会再生产和经济增长提供了物质基础和技术保证，其投资往往先发于区域经济增长，因此，固定资产投资拥有指导和引导地区经济发展和产业结构变迁的重要作用，但是这种投资也应该存在一个限度，要与地区经济和产业结构相辅相成，通过对投资的有效利用，能够很好地促进地区利用先进技术提高生产力，将能源转向集约化方向，改善生产条件和劳动条件，优化产业结构，促进地区经济增长。"要想富，先修路"，地方基础设施的好坏影响着产业的发展和地区产业结构的布局，良好的配套基础设施的建设需要巨量的资金支持，这需要社会和市场的共同支持。这种投资通过乘数效应实现经济的成倍增长。但过于配套的基础设施也会产生发展路径锁定，使得地区的经济发展受到抑制。因此需要合理规划地区基础设施建设，让这些投资更好地服务于产业的转型升级。

（2）社会保障。社会保障这一概念诞生于工业化进程中，随着工业的不断发展，农业逐渐让步于工业，农村中一大批剩余劳动力涌入工业发展中，这些农民失去了过去赖以生存的土地，工业经济的波动使得大量农民失去了社会地位和经济保障，他们开始需要一种制度保护来替代原来的土地保障，现代社会保障制度由此产生。社会保障制度以社会保障基金为依托，为社会成员的基本生活权力提供保障，通过国民收入的分配和再分配，依法对社会成员的基本生活给以保障。社会保障关乎每个公民的切身利益。在三次产业变迁过程中，农民摇身一变成为工人，农业迅速被第二、第三产业赶超，在建立社会保障制度初始阶段，第二、第三产业的发展水平对社会保障水平有着正向促进作用。要想实现产业结构的转型升级，必须要有完善的社会保障制度。

（3）教育水平。教育兴国，人才强国，教育是人力资本形成的重要基础，人力资本的提升能够促进经济、技术和创新能力的提升，进而促进产业转型升级。反过来说，产业结构的转型升级又影响着教育的发展，产业的发展导致分工的产生，分工意味着生产领域的细分，生产领域的细分进一步增加了对不同专业人才的需求，进一步为教育提出了新的要求，促使教育水平的提升。教育会推动科技创新，但是也会受到消费需求、生产效率和工资福利待遇等因素的制约。教育促进产业转型升级的方式主要有三种：一是延长相对教育时间，即社会必要劳动时间的缩减；二是优化知识结构，提高新技术水平；三是调整教育投资收入比例，为经济发展提供更先进的专业人才。

（4）对外贸易。贸易对于地区经济的影响不言而喻，各地区充分发挥自身的比较优势，通过贸易实现稀缺资源的交换，实现了地区之间的共同繁荣发展。我国对外贸易的发展已经对产业转型升级产生了诸多影响，主要体现在：对外直接投资（FDI）是产业转型升级的最直接的资金支持；国内大量的学术研究表明，FDI可以增加储蓄，缩小对外贸易差距，促进对外贸易国家的经济增长以及产业结构的转变；FDI带来的技术溢出效应、资本供给效应可以促进产业结构的合理化和高级化；对外贸易通过引导需求带动进出口结构优化来引导部分生产要素流向外贸部门，从而达到促进产业优化升级的效果。

5.2.4 技术环境

科技创新是产业转型升级的助推器和支撑架，技术的发展与进步决定了产业转型升级的速度、高度和方向。创新是驱动发展的第一动力，技术进步可以带动产业发展转型、科技创新可以促进经济发展的升级，技术创新可以说是实现产业转型升级的根本途径。技术创新可以通过资源的优化整合为产业转型升级提供相关的技术支持，从而提高产业自身的竞争力，进而形成新的突破点。一般来说，既有良好的基础设施、快速运输渠道和低成本的物流优势，又有着创新文化理念的国家或地区，更加容易产生良好的创新氛围，创新活动的实现更加容易。当这种创新活动能够产业化时，将极大地推动当地产业转型升级的程度。因此，技术创新环境越好，对产业转型升级的影响就越大。

5.3 凉山州产业转型升级影响因素的宏观实证研究

5.3.1 指标选取及数据来源

（1）产业转型升级速度。仍然采用前文的三次产业转型升级水平测度指标Lilien指数来代表凉山州资源型产业转型升级的速度水平。

（2）产业转型升级方向。由于在第4章中产业转型升级方向的水平测度指标产业结构超前系数是测定某一具体产业的指标，无法将一、二、三产业的结构超前系数综合起来代表产业转型升级方向，故继续采用上一节的产业结构层次系数 w 来代表凉山州的产业转型升级方向。

产业结构层次系数（用 w 表示）为

$$w = \sum_{i=1}^{n} \sum_{j=1}^{i} q(j) \tag{5-6}$$

同前文的分析，显而易见，$n = 3$，代表划分好的 3 次产业。该系数的具体计算方式为：

$$w = 1q(1) + 2q(2) + 3q(3) \tag{5-7}$$

$q(1)$、$q(2)$、$q(3)$ 分别表示第一产业、第二产业和第三产业在经济系统中的比重。显然 $w \geq 1$，根据资源型产业的生产总值所占份额计算 $q(i)$。

（3）自变量指标选取。在产业转型升级影响因素的 PEST 理论分析的基础上，根据选取指标便利、数据可获性原则，结合凉山州 2015 年的实际情况，最终确定凉山州产业转型升级影响因素的综合指标体系（如表 5-8 所示）。

表 5-8 凉山州产业转型升级影响因素的测定指标体系

影响因素		测定指标	单位
政治环境	政府职能	一般财政支出占比	%
经济环境	金融支持	金融机构存贷比	%
	经济总量	地区生产总值	亿元
	收入水平	人均地区生产总值	元
	消费水平	居民消费水平（零售总额）占比	%
	经济结构	第二产业比重	%
		第三产业比重	%
	经济发展效率	地区生产总值增长率	%
社会环境	人力资源	年末单位从业人数	万人
	教育资源	每万人学生数	人
	基础设施	固定资产投资额占比	%
	社会保障	每万人医院、卫生院床位数	张
		职工平均工资	元
		城乡居民储蓄存款余额	万元
技术环境	科技水平	其他服务业产值占比	%

5.3.2 主成分分析

5.3.2.1 分析原理

主成分分析指的是将各项指标相关联，在指标所储内容损失较少的前提下对指标进行降维处理，将指标从多个相关指标转换成少数无关指标。每个主成分均由原始变量线性组合而成，且每个主成分彼此不相关。假定有 n 个样本，每个变量有 p 个变量，则可以组成一个 n 行 p 列矩阵：

$$X = \begin{bmatrix} X_{11} & \cdots & X_{1p} \\ \vdots & \ddots & \vdots \\ X_{n1} & \cdots & X_{np} \end{bmatrix}$$

记原有变量指标为 x_1、x_2，$\cdots$，x_m，新变量指标为 y_1、y_2，$\cdots$，$y_p(p \leqslant m)$，则：

$$\begin{cases} y_1 = e_{11} x_1 + e_{12} x_2 + \cdots + e_{1m} x_m \\ y_2 = e_{21} x_1 + e_{22} x_2 + \cdots + e_{2m} x_m \\ \qquad\qquad \cdots \\ y_p = e_{p1} x_1 + e_{p2} x_2 + \cdots + e_{pm} x_m \end{cases}$$

y_1、y_2，$\cdots$，y_p 分别为原变量指标 x_1、x_2，$\cdots$，x_m 的第一、第二……第 p 主成分。$e_{ij}(i = 1, 2, \cdots, p, j = i = 1, 2, \cdots, m)$ 为主成分 y_i 的载荷。

分析表 5-8 的 15 个指标，可以看出这 15 个指标之间存在线性相关性，若直接构造模型进行回归分析，必然导致回归系数不稳定，因此本书采用主成分分析法（PCA）对所选指标进行主成分相关分析，并在取出因子后，建立线性回归模型，具体步骤如下：

第一，首先将数据进行标准化：

对于正向指标，令 $y_{ij} = (x_{ij} - \min x_{ij})/(\max x_{ij} - \min x_{ij})$；

对于负向指标，令 $y_{ij} = (\max x_{ij} - x_{ij})/(\max x_{ij} - \min x_{ij})$；

必须采取一定的方式来减小其他因素的影响，如不同维度等，进而科学地处理好原始数据。

第二，从被标准化的矩阵出发，对相关系数矩阵进行详细的计算。

第三，对上述计算出来的矩阵进行分析，分别求出它们对应的特征值、特征向量。

第四，计算主成分得分。

5.3.2.2 分析结果

运用 SPSS 22.0 的多元统计分析功能，在把共含 15 项指标的综合指标体系进行规范化处理的基础上，计算出指标之间的相关系数矩阵（表略）。根据相关矩阵来计算出主成分的特征值、贡献率及累积贡献率，结果如表 5-9 所示。根据表 5-9，主成分矩阵的前五个特征值大于 1，所以取前五个为第一、第二、第三、第四和第五主成分。

表 5-9 特征值及主成分贡献率和累计贡献率 单位:%

主成分	相关矩阵或协方差的特征值			未旋转的因子提取结果		
	总变异	主成分贡献率	累计贡献率	总变异	主成分贡献率	累计贡献率
1	5.385	35.901	35.901	5.385	35.901	35.901
2	2.564	17.094	52.995	2.564	17.094	52.995
3	2.308	15.386	68.382	2.308	15.386	68.382
4	1.295	8.630	77.012	1.295	8.630	77.012
5	1.102	7.348	84.360	1.102	7.348	84.360
6	0.637	4.245	88.605			
7	0.469	3.128	91.733			
8	0.332	2.215	93.948			
9	0.282	1.878	95.826			
10	0.188	1.256	97.082			
11	0.153	1.021	98.103			
12	0.120	0.799	98.902			
13	0.115	0.767	99.670			
14	0.041	0.274	99.944			
15	0.008	0.056	100.000			

提取方法：主成分分析法。

主成分与原始变量的相关程度用主成分载荷值来表示，主成分载荷值越高代表着该主成分包络指标的信息含量越大，因此，主成分分析后得到的 5 个主成分有着一定的代表性，可以较为全面地反映各项指标的实际情况，同时每个主成分可以分别代表一个类别，且具有相互独立性，彼此互不影响。表 5-10 是五个主成分的旋转载荷矩阵，旋转方法为具有 Kaiser 正规化的最大变异法。

表 5-10 主成分旋转载荷矩阵

变量	成分				
	1	2	3	4	5
一般财政支出占比（X_1）	-0.290	0.281	0.642	0.516	-0.082
金融机构存贷比（X_2）	-0.210	-0.162	0.846	-0.129	0.099
地区生产总值（X_3）	0.934	-0.125	-0.127	-0.050	-0.003
人均地区生产总值（X_4）	0.883	-0.352	0.046	0.143	-0.084
居民消费水平（零售总额）占比（X_5）	0.645	0.518	-0.006	-0.102	0.241
第二产业比重（X_6）	0.434	-0.773	0.102	0.127	0.118
第三产业比重（X_7）	0.184	0.899	-0.002	0.004	0.118
地区生产总值增长率（X_8）	-0.247	-0.233	-0.402	0.068	0.700
年末单位从业人数（X_9）	0.803	-0.158	-0.235	-0.274	0.135
每万人学生数（X_{10}）	0.288	0.043	0.312	-0.041	0.800
固定资产投资额占比（X_{11}）	0.049	-0.072	-0.017	0.944	0.025
医院、卫生院床位数（X_{12}）	0.863	0.038	0.148	0.283	0.028
职工平均工资（X_{13}）	0.522	-0.243	0.630	0.442	-0.054
城乡居民储蓄存款余额（X_{14}）	0.948	0.053	-0.095	-0.025	0.067
其他服务业产值占比（X_{15}）	-0.241	0.757	-0.036	0.058	-0.277

提取方法：主成分分析法。

从表 5-10 中，我们可以发现，主成分 1 在地区生产总值、城乡居民储蓄存款余额、人均地区生产总值、医院、卫生院床位数、年末单位从业人数上的载荷值一直最大，说明主成分 1 对这些指标的信息量包含的较多，而这些指标更多地反映当地的经济发展水平。因此，主成分 1（F_1）被命名为经济发展水平。通过对主成分 2 的载荷值进行观测，我们发现它与三产业比重、其他服务业产值占比两个指标密切相关，在《凉山年鉴》中，第三产业的其他服务业是指除交通运输、仓储和邮政业、批发和零售业、住宿和餐饮业、房地产业以外的行业，与科学技术相关的行业大部分被归类到了其他服务业，因此，这个指标与科学技术水平相关，主成分 2（F_2）被命名为科学技术水平。同样，主成分 3 中金融机构存贷比的载荷值比较高，所以将主成分 3（F_3）命名为金融效率水平。在主成分 4 中，固定资产投资额占比、一般财政支出占比的系数比较大，所以主成分 4（F_4）与这两个指标关系密切，将其命名为基础设施水平。主成分 5 中的每万人学生数的系数较大，因此将主成分 5（F_5）命名为教育资源水平。

最终主成分因子的得分系数矩阵如表 5-11 所示。

表 5-11　主成分得分系数矩阵

变量	成分				
	1	2	3	4	5
一般财政支出占比（X_1）	-0.050	0.114	0.268	0.242	0.004
金融机构存贷比（X_2）	-0.042	-0.062	0.526	-0.268	0.077
地区生产总值（X_3）	0.186	-0.015	-0.055	-0.039	-0.072
人均地区生产总值（X_4）	0.168	-0.103	0.003	0.053	-0.131
居民消费水平（零售总额）占比（X_5）	0.140	0.239	0.032	-0.063	0.167
第二产业比重（X_6）	0.048	-0.276	0.031	0.044	0.033
第三产业比重（X_7）	0.066	0.367	0.009	0.028	0.127
地区生产总值增长率（X_8）	-0.111	-0.068	-0.256	0.182	0.552
年末单位从业人数（X_9）	0.154	-0.032	-0.072	-0.165	0.028
每万人学生数（X_{10}）	0.015	0.072	0.200	-0.054	0.606
固定资产投资额占比（X_{11}）	-0.022	-0.001	-0.214	0.681	0.072
医院、卫生院床位数（X_{12}）	0.169	0.060	0.037	0.150	-0.012
职工平均工资（X_{13}）	0.095	-0.060	0.281	0.157	-0.058
城乡居民储蓄存款余额（X_{14}）	0.191	0.061	-0.039	-0.019	-0.007
其他服务业产值占比（X_{15}）	-0.003	0.275	-0.030	0.058	-0.158

提取方法：主成分分析法。

各主成分对应的特殊值组成的主成分得分表达式为

$$F(z) = \sum_{i=1}^{n} a_i \times b_i \times X_i \qquad (5-8)$$

式中符号的含义如下：

z：主成分 1、2、3、4、5；

a：各个主成分中的每个因子的得分系数；

b：各个主成分特征值的平方根；

i：14 个指标。

通过式（5-8）测算出主成分得分 F_1、F_2、F_3、F_4、F_5。

5.3.3　回归分析

5.3.3.1　模型建立

通过上一部分的主成分分析，我们得到了从宏观层面上影响凉山州产业转型升级的五个主成分 F_1（经济发展水平）、F_2（科学技术水平）、F_3（金融效率水平）、F_4（基础设施水平）、F_5（教育资源水平），为了更充分地分析研究影响凉山州产业转型升级的因素，接下来就要展开多元回归分析，始终以上述

5 个主成分的得分为重要依据。就凉山州宏观层面产业的转型与升级过程中的方向、速度两个重要指标进行详细的研究，并创建如下所示的模型：

凉山州三次产业转型升级速度模型：

$$L = \alpha + \beta_1 F_1 + \beta_2 F_2 + \beta_3 F_3 + \beta_4 F_4 + \beta_5 F_5 + \varepsilon_i \tag{5-9}$$

凉山州三次产业转型升级方向模型：

$$W = \alpha + \beta_1 F_1 + \beta_2 F_2 + \beta_3 F_3 + \beta_4 F_4 + \beta_5 F_5 + \varepsilon_i \tag{5-10}$$

式中，L 和 W 分别表示凉山州三次产业的产业转型升级速度和方向；F_1、F_2、F_3、F_4、F_5 分别表示凉山州五个主成分；α、β_1、β_2、β_3、β_4、β_5 为待估参数；ε_i 为残差项。

5.3.3.2 回归结果分析

本书利用面板数据对凉山州三次产业转型升级的影响因素进行了实证检验，考虑到异方差和序列相关等误差问题，决定采用 FGLS 估计方法。同时，为了提升回归结果的可信度，引入参照模型进行回归分析。回归结果见表 5-12。

表 5-12　三次产业转型升级宏观影响因素回归结果

变量	转型升级速度（L）模型			转型升级方向（W）模型		
	FGLS	FE	OLS	FGLS	FE	OLS
F_1	0.037 0 ***	0.030 1 **	0.041 4 ***	0.078 2 ***	0.108 ***	0.085 4 ***
	(16.16)	(4.04)	(10.64)	(27.14)	(8.37)	(11.07)
F_2	-0.017 7 ***	-0.015 6 **	-0.021 0 ***	0.014 6 ***	0.008 65	0.017 2 **
	(-18.13)	(-3.22)	(-7.76)	(11.44)	(1.26)	(2.64)
F_3	0.011 3 ***	-0.003 89	0.011 9 ***	0.011 5 ***	0.045 0 **	0.016 0 *
	(12.58)	(-0.60)	(8.63)	(8.28)	(3.75)	(1.97)
F_4	-0.004 11 ***	-0.016 1 ***	-0.007 37 *	0.018 9 ***	0.038 8 ***	0.020 1 ***
	(-4.04)	(-4.65)	(-2.33)	(13.92)	(6.07)	(3.79)
F_5	0.011 4 ***	0.016 5 **	0.012 0 ***	0.028 6 ***	0.032 1 **	0.032 9 ***
	(16.44)	(3.81)	(4.35)	(26.88)	(4.00)	(5.25)
C	0.710 ***	0.710 ***	0.710 ***	1.971 ***	1.969 ***	1.969 ***
	(239.50)	(205.05)	(235.52)	(560.46)	(230.21)	(244.43)
N	255	255	255	255	255	255

注：*、**、*** 分别代表 10%、5%、1% 显著性水平，括号内为 z（FGLS）和 t（FE、OLS）统计量。

首先，为了保证回归数据的稳定性，对上述变量进行单位根检验，结果表明各自变量的数据均为一阶单整，具有一定的稳定性。其次，针对相关变量进行 Kao 检验，主要目的是保证在回归之前，各变量之间必须存在长期的协整关系。结果表明各回归协整检验均拒绝了原始假设，排除了伪回归现象。因此可以进行回归检验且得到表5-12的回归结果。无论是产业转型升级速度，还是产业转型升级方向，全部都通过了5%的显著性水平检验。

现在对得出的回归结果进行分析：

凉山州经济发展水平与产业转型升级的方向和速度均为正相关。这表明一个地区的经济发展水平对于本地产业转型升级是至关重要的，两者相辅相成，经济发展为产业转型升级提供了前提和动力，而产业的转型升级也为经济发展创造了新的发展机遇，两者共同作用于地区量与质的动态发展。

科学技术水平对凉山州产业转型升级速度的影响为负，说明科学技术水平的提升并没有促进地区相关产业的劳动力流动，科学技术更多地显现出了对各行业劳动力的"锁定"作用。具体而言，当地区的一种产业或几种产业处于地区的主要地位时，新的科学技术会更多地服务于这些产业，帮助这些产业进一步巩固地区的主导地位，而进一步对于这些行业不相关的科学技术产生"挤出效应"。某产业所占比重越大，其吸纳劳动力的能力就越强，从而会抑制地区产业的转型升级速度。但是，科学技术水平却对凉山州产业转型升级方向的影响为正，说明科学技术会促进这些主导产业的自我革新和升级，落后产业借助先进的科学技术和管理经验，逐渐提升产品附加值，延长产业链，增强了竞争力。总的来说，科学技术对于凉山州产业转型升级的"自我革新"效应大于"创造"效应。

金融效率水平对凉山州的产业转型升级有一定积极的影响，金融业作为第三产业之首，在以市场为主导的市场经济体制下具有调节资源配置的优势作用。金融效率水平的提高有利于地区更好地配置和利用资源，活跃市场氛围。尤其在各产业内，金融效率水平的提升在很大程度上缓解企业的融资压力，企业可以摆脱资金束缚，集中提升科学技术水平和管理水平，为地区产业转型升级提供充足的微观动力。

基础设施水平对于产业转型升级的速度和方向的影响表现不同——对于产业转型升级速度的影响为负，对于产业转型升级的方向的影响为正。这说明凉山州的产业结构与基础设施的建设高度匹配，即产业与基础设施相辅相成。政府为了发展优势产业必然会将大量的资金投入与优势产业相关的基础设施建设，这些基础设施会促进与之相关的配套产业的发展。当基础设施与产业结构高度匹配时，就会削弱产业转型升级的动机：一方面，配套的基础设施使得当前产业可以发挥出最大的潜能；另一方面，大量的基础设施投资使得地区的产业进行转型升级的成本较高，因此基础设施的建设会抑制地区的产业转型升级速度，但是有利于调整地区的产业结构发展的方向。

凉山州的教育资源水平与产业转型升级的速度的方向表现出显著的正相关关系。很明显，丰富的教育资源有利于提升地区的人力资本和科学技术水平，能够促进产业由资本密集型向技术密集型的转变，进而影响地区产业结构的转型升级，而落后的教育资源将会拖累地区的经济发展。

总之，本研究所选取的五个主成分基本囊括了所有影响产业转型升级的因素，构成了凉山州产业转型升级的五大影响因素，同时进一步按照对产业转型升级产生的作用的大小进行排列为：经济发展水平、科学技术水平、教育资源水平、金融效率水平、基础设施水平。

5.4　凉山州资源型产业转型升级路径反思

在资源型企业优化自身的决策层、管理层和执行层、科技创新、产业聚集、资源开发利用和市场化改革以及政府的积极推动下，凉山州以淘汰落后产能为基础，以建设"工业强州"为目的，在宏观经济下行压力的背景下，地区资源型产业转型升级发展路径取得了一定的成效，有效地缓解了地区的经济下行压力，削弱了地区资源型产业对于经济发展的不利影响，在一定程度上破解了凉山州资源型产业的发展瓶颈和困境，促进了地区经济的健康可持续发展，带动了地区产业发展和社会效益的提升。

凉山州资源型产业的转型升级能够有效地推动凉山州的经济发展，主要原因在于以下几点：一是资源型产业落后产能的淘汰、小矿场的关闭、兼并和重组有效降低了地区资源的浪费和污染物的排放，有利于破除发展生态经济的瓶颈和约束；二是在循环经济的指导下，政府加大了对于资源型产业生产方式的资金投入力度，带动了凉山州自然资源的清洁生产和循环利用；三是政府积极鼓励企业研发创新，建立了配套的激励制度和监督体系，为资源型企业自身效益的提升提供了推动力；四是凉山州积极探索以城镇化发展为载体的产业合理聚集方式，促进产业生态系统以及相关产业园区的构建，进而拉动了地区的城市建设进程和经济增长；五是政府通过实施资源型市场化改革、招商引资，扩大了地区开放程度，加强了城市合作力度，促进地区资源的合理配置和流动，在一定程度上促进了地区经济的增长。

凉山州资源型产业的转型升级能够实现资源型产业社会效益的提升，主要原因表现在以下几个方面：一是落后产能的淘汰，自然资源的整合有利于资源型产业立足于长远利益去发展，促进资源型产业的合理集中，在实现规模效应的同时，提升企业的纳税能力和就业吸纳能力，进一步实现与环境友好型社会的融合；二是资源型产业立足于长远的发展模式带动相关新兴产业的投资，为行业新的爆发点提供了前提条件；三是政府对于企业环境污染排放监管力度的加强，促使资源型行业积极延伸自己的产业链，提升工业废物的再利用水平，从而提升了企业自身的盈利能力和就业吸纳能力。

此外，凉山州资源型产业的转型升级路径仍然存在一些问题和不足，这种路径还未能有效促进地区资源利用效率的提升，资源型产业发展对资源的过度消耗问题并没有从根本上得到解决，旧资源的反复榨取和新资源的勘探和开发并存。资源型加工业的粗放式发展仍然是制约地区产业转型升级的重要因素，主要原因体现在以下几个方面：一是地区经济长期依赖自然资源，进而对经济发展路径产生了强烈的"锁定"作用，地区产业转型的成本和代价较高，无法一蹴而就。尽管政府加大了投资力度并且增强了导向示范效应，但是还未有效地促使企业积极通过技术创新来提升资源的使用率，资源型产业的转型升级进程缓慢，技术创新能力的多样性不足。二是凉山州还没有形成有效的新兴产业发展路径，不同类型的企业协同性有待提高，构建新兴的产业结构生态任重而道远。三是凉山州资源型产业的转型升级路径还未实现产业粗放式发展的转变，尤其是资源型加工业的发展仍会对产业转型升级产生负面影响，严重阻碍了资源型产业经济效益、生态效益和社会效益的提升。四是产业的转型升级路径还未有效促进资源型产业市场化程度的提升，民营资本能够参与的资源型产业领域依然有限，影响资源利用效率、社会效益和经济绩效的提升。五是地区产业转型升级相关政策的实施在短期内增加了资源型企业的成本，降低了企业的生产效益，企业的边际贡献不足以弥补政策造成的边际成本，容易产生企业与政府之间的矛盾，侵蚀微观主体的积极性和主动性。

6 国内外资源型产业转型升级路径比较与对四川民族地区的启示

6.1 国外资源型产业转型升级路径

6.1.1 美国匹兹堡（钢城）

匹兹堡位于美国宾夕法尼亚州西南部，1758 年，在阿勒格尼河和蒙农加亥拉河两条河流的交汇处修建起了这座城市。17 世纪后期，欧洲殖民者建立了毛皮贸易站。18 世纪中叶，法国殖民者在此建立据点迪尤肯堡，1758 年为英国殖民者夺取，以英国首相威廉·皮特（William Pitt）命名该市。1816 年，匹兹堡与附近一些移民点合并。1837 年宾夕法尼亚运河建成，1851 年铁路通达，该地成为重要的水陆交通枢纽。

因为这里有储量丰富的烟煤（宾夕法尼亚州全部蕴藏量为 350 亿吨），铁矿石可以很方便地从大湖区运来，加上熔剂石灰岩也很丰富，这为匹兹堡发展钢铁产业提供了十分便利的条件，因此匹兹堡的钢铁产业快速发展起来。所以说匹兹堡以钢铁产业的发达而著称，其钢铁生产能力曾占美国的 15%，被称为美国的"钢铁心脏"，同时鉴于其钢铁生产能力对世界经济的影响，匹兹堡也被称为"世界钢都"。和中国的东北、山西、河北等工业化地区类似，匹兹堡的产业转型升级是成功的，从重化工业、装备制造业，再到文化产业、医疗产业、绿色经济，它的产业转型发展史是美国工业化蜕变进化的缩影。

19 世纪 80 年代，匹兹堡的钢铁工业就已经具有较大的规模。到 20 世纪初，由于优越的区位条件，匹兹堡的工商业迅速发展起来，随后匹兹堡成为美国工业革命的中心，匹兹堡的钢铁行业大规模持续发展。钢铁产业等重工业飞速发展带来的环境问题也十分严重。匹兹堡钢铁产业带来经济效益的同时，炼钢炉的滚滚浓烟也为其带来了"烟城"的名号。匹兹堡甚至一度被人称为"人间地狱"，最具有代表性的便是骇人听闻的"多诺拉烟雾事件"。20世纪70年代末，匹兹堡的钢铁产业陷入持续、全面衰退。作为工业城市，匹兹堡面临产业过度集中、就业渠道单一、环境污染严重等一系列综合问题。

对于这些问题，政府部门不得不高度重视。匹兹堡市政府因此推行了"钢都"转型的"三次复兴规划"。首先针对环境问题，"二战"刚刚结束后，为了转变匹兹堡因早期发展钢铁等重工业造成的"烟城"形象，时任市长戴维·劳伦斯开始第一次复兴，着手治理污染，大量钢铁厂被要求外迁。20世纪70年代，第二次复兴开始，时任市长理查德·加里古里开始建设梅隆大厦、PPG等摩天大楼，并更加重视文化及社区建设。20世纪70—80年代，大量钢铁厂关闭裁员。同时，经济危机和美国经济的滞胀，也使得美国的钢铁工业普遍不景气，严重的经济危机和失业潮使当地政府意识到，仅仅改善环境不足以使城市获得新生。政府开始制定和实施地区经济多元化战略，将改造重点转移到促进新产业发展上来。匹兹堡虽有两度复兴，但经济问题仍然接二连三地袭来，钢铁业和其他制造业的职工人数急剧下降，以致在匹兹堡大公司总部工作的职工人数超过了实际从事生产的工人的数量。20世纪80—90年代，匹兹堡的第三次复兴使匹兹堡的经济基础由重工业逐渐转向教育、旅游和服务业，尤其是医疗和以机器人制造为代表的高技术产业。时任市长汤姆·默菲开始强调绿色建筑，兴建了包括PNC公园、匹兹堡金融峰会会址等。同时教育业也逐渐兴旺起来，匹兹堡大学和卡内基·梅隆大学不仅成为高科技产业的孵化地，还为社会提供大量的就业机会。新兴产业的发展为这两所大学提供了基础，两所大学的优势学科也为新兴产业发展提供技术支持。如今，医疗、计算机产业成为拉动匹兹堡经济的引擎，匹兹堡已经实现"完美变身"。

由于匹兹堡市政府采取一系列政策性措施，吸引外资投资和建厂，产业结构逐步由重型转向轻型和服务型，经济终于摆脱困境，开始走向全面的复苏。匹兹堡曾是美国东北部老工业基地"锈带"中的重镇，现在却发展成为美国著名的文化与艺术名城，这就是以产业"转型"为魂的匹兹堡。匹兹堡从制造业起家发展成为高新技术之城，从浓烟缭绕的"烟城"转变成为美国最适宜居住城市，匹兹堡的成功转型得益于政府与民间组织、高校的紧密合作，也是多元化经济战略的成效。

6.1.2 加拿大萨德伯里（镍矿城）

萨德伯里位于多伦多市以北390千米处，是加拿大安大略省东北部萨德伯里行政区的首府，曾经是加拿大最为重要的矿业城市之一。1883年修建加拿大太平洋铁路的铁路小站，成为萨德伯里发展的开端，铁路修建时人们首先发现铜矿化露头。1893年，萨德伯里还只是很小的村镇，到1901年，其人口也仅有2027人，随着人口逐渐增长，1930年萨德伯里升级为市。后来人们在萨德伯里发现了闻名于世的大型硫化物型铜镍矿以及其他金属矿，矿产资源型产业的发展为萨德伯里地区经济发展注入了强大的推动力。1931年以前几乎每一次人口普查，萨德伯里的人口数据都要翻一番。1951年以前，萨德伯里40%以上的人口从事矿业。1981年，萨德伯里市城区人口达到91 829人。到20世纪80年代初以后，由于镍、铜金属价格下降，资源型经济效益下滑，公司裁员，萨德伯里人口逐渐减少，1985年矿业人口比例下降至15%。1986年，萨德伯里市区人口降至88 717人。但它仍是世界上最大的镍产区和加拿大最大的铜产区，为世界的"镍都"，萨德伯里的镍产量占发达国家的1/5。

虽然萨德伯里是世界著名镍都，加拿大国际镍有限公司是西方国家最大的镍生产者，但是萨德伯里市的发展受铁路线、地势和采矿环境等因素的制约，当地政府从采矿业中获得的税收也很少，经济建设落后和基础设施不完善。在很长一段时间内，萨德伯里仍然十分荒凉和落后，曾经一度被戏称为"月球景观"。为了改变萨德伯里荒凉落后的发展状况，萨德伯里市逐渐重视矿山土地复垦和实施植树造林等其他环境政策。仅1996年一年，萨德伯里区植树即达200万株。土地复垦、大规模植树造林和生态建设使得萨德伯里的环境条件得到了极大的改善。与此同时，对于经济结构和产业结构，萨德伯里也重视起来。自20世纪60年代以来，医疗、通信、机械、旅游等产业逐渐发展，矿业经济在经济结构中所占比例有所下降，资源型产业与非资源型产业的兼容发展使得萨德伯里呈现出新的姿态。随着经济社会复苏，人口也逐渐增长，1996年人口恢复到93 000人，整个萨德伯里行政区人口为162 000人。如今，萨德伯里不仅仅是一座著名的矿业城市，还是一座充满活力的交通与科技文化中心，医疗、通信、机械、旅游等其他非矿行业也十分发达。

在基础设施建设方面，自20世纪五六十年代以来，萨德伯里又建成了多条高速公路，1954年建成市政机场。20世纪70年代，通往萨德伯里的安大略省内航线通航。在文化教育和艺术方面，萨德伯里有一所劳伦蒂安大学和一所卡姆布里安学院，还有三个主要的博物馆（劳伦蒂安大学博物馆和艺术中心、面粉磨坊博物馆和铜矿博物馆）和其他重要的文化艺术设施。逐渐兴起和快速发展的文化艺术产业使得萨德伯里逐渐成为一座极具文化气息的城市。

在旅游产业发展方面，萨德伯里通过生态建设和环境保护使得区域内的环境破坏得到有效治理，也使得这里逐渐发展成为生态良好、环境优美的城市，旅游产业快速发展起来。由于萨德伯里成功的治理，这里的环境变得优美，划船、游泳、徒步旅行、钓鱼、滑雪及野营等一系列休闲活动广泛发展起来。萨德伯里已经摆脱矿业发展时期荒凉落后的景象，成功转变为一座集旅游、科技、医疗、通信等于一体的令人心旷神怡的美丽城市。

6.1.3 德国鲁尔（产煤地）

鲁尔区位于德国西部、莱茵河下游支流鲁尔河与利珀河之间、德国经济最发达的北莱茵-威斯特法伦州（简称北威州）的中部，是北威州的 5 个区之一，包括了 11 个县市，其中包括了多特蒙德、埃森、杜伊斯堡等比较有名的矿业城市。19 世纪初，在便利的交通运输和丰富的自然资源等优越的区位条件支撑下，德国鲁尔区逐渐形成了以煤炭开采和钢铁生产为基础的"煤钢经济"。鲁尔区的工业发展历史悠久，有近 200 年的历史，德国鲁尔区是世界上最大的工业区之一，也是中外世界经济史教科书中必提的老工业基地衰落的典型，发达的"煤钢经济"对德国近现代工业化和战后重建发挥了举足轻重的作用。

但 20 世纪 50 年代末至 60 年代初，鲁尔区的煤炭开采成本大大高于美国、中国和澳大利亚，加上石油和核电等新能源的应用，相关行业对煤炭的需求量也有所减少。1957 年，鲁尔区共有 141 家煤矿，雇用了 50 万以上的矿工。从 20 世纪 60 年代起，鲁尔区的煤开采量逐年下降。由于新兴技术的发展和广泛应用，钢铁、汽车、造船业需要的人力减少，欧洲的钢铁生产向欧洲以外的子公司转移，钢铁产量也开始收缩。从此，鲁尔区传统的煤炭工业和钢铁工业走向衰落，煤矿和钢铁厂逐个关闭。煤炭工业就业人数从 1962 年起开始下降，到 1996 年，煤炭工业就业人数已减至 7 万人，炼钢业失去了 4 万个工作岗位，造船业的就业人数减少 2/3。20 世纪 70 年代后，大工业衰落的趋势已十分明显。20 世纪 80 年代末期，鲁尔区面临着严重的失业问题。鲁尔工业区面临重大的转型压力。

鲁尔区为应对工业衰落，在转型压力显现之初就试图做出改变。20 世纪

50 年代末，鲁尔区第一个石煤矿井关闭。1967 年，"煤矿区新工业化计划"出台。但这一时期由于人们受煤钢复合体长期繁荣印象的影响，产业转型计划没能顺利实施。因此，鲁尔区错过了主动转型的有利机会。1968 年，北威州政府又推出"鲁尔发展计划（1968—1973 年）"，试图推动产业结构转型。1979 年，北威州政府又发布"鲁尔行动计划（1980—1984 年）"，重点推动新兴产业发展。尽管政府通过技术创新积极推动鲁尔区转型，其指导思想仍然是振兴传统产业，其虽对就业结构有一定的改变，但并没有从根本上解决问题。这一时期的政策没有取得预期的效果。自 20 世纪 80 年代中期开始，鲁尔区实施新工业化政策，产业发展的重点出现转变。1987 年，鲁尔区实施"煤矿地区未来倡议"，从多方面促进其产业结构转型升级，通过新型产业实现产业结构的调整升级。在鲁尔区旧的产业发展模式逐渐失去生命力的同时，新的产业发展元素逐渐为鲁尔区经济振兴注入活力。

鲁尔区的产业转型措施是全方位、大范围的，其 11 个县市都对老工业的转型采取了许多措施。以多特蒙德市为例，多特蒙德市是鲁尔区西部（约 200 万人口）的经济和商业中心，人口有 58.5 万人，也受到矿业衰落和就业人数下降的困扰。1970 年，仍有 7 万人在煤矿工作。1987 年，该市的最后一家煤矿被关闭，导致煤矿工人失业。多特蒙德市 1996 年就业人数是 30.5 万人，1970 年就业人数下降到 27.3 万人，1996 年再降到 24 万人。1996 年失业率是15.9%，失业人数是 38 820 人。为了与失业做斗争，市政府对老工业基地的改造采取了六项措施。一是设立劳动和经济促进机构。二是吸引外地企业前来投资。市政府对土地的使用进行规划，通过价格优惠的土地政策，为投资企业提供便利。三是建立技术园区。科技园的建立也意味着该地区城市转型前进了一大步。从 1985 年起，该技术园区从规划实施到落地建成分 5 个阶段，一共投资了 1.3 亿马克，该市新技术的发展主要来自这个技术园。值得一提的是，该技术园区的建设费用中有 9 000 万马克是由欧盟、联邦和州政府资助的。技术园区的建立吸引了大批企业入驻，也提供了大量就业岗位。四是大力发展手工业和中小企业。积极发展中小企业也是该市政府的政策之一，力求通过中小企业的发展增加就业岗位。目前多特蒙德市的手工业很发达，依托发达的手工业，提供了超过 3 万个就业岗位。五是大力发展生产性企业。政府通过相关的政策措施积极促进原有的传统资源型企业向新的生产行业转变，并积极资助建立新的生产性企业。政府通过资金和技术等资助手段，帮助老企业开发新产品、拓展市场等。目前该市传统的生产行业还有钢铁、金属、汽车和机车、塑料制造等，新的生产性行业有电子、精密仪器、数据处理和软件设备制造等。此外，多特蒙德市还有传统的啤酒制造业，其啤酒产量居欧洲第一位。六是大力发展服务业。多特蒙德市的服务业发展很快，特别是保险业很发达，有 3 家大保险公司。目前，多特蒙德市就业人员的行业分布为服务业占 68%，工业行业占 31%，其他行业占 1%。

除此之外，鲁尔区在选择替代产业、环境治理和企业转制等方面也下足了功夫，并且取得成功。鲁尔区通过发展汽车、电子产品、消费品工业等新兴产业为接续产业，以变革的方式通过产业转型结构升级改变了整个鲁尔地区的经济格局；同时在环境治理方面，联邦政府和地方政府共同出资，大力整治，税收方面还启动煤炭补贴税；在资本运营方面，鲁尔煤炭公司等以私有资本为主体的股份制公司在鲁尔区产业转型中促进资金整合和运转。

如今，改造后的鲁尔区俨然成为著名的旅游景点，鲁尔区内的埃森、多特蒙德和波鸿等大城市发达的旅游业吸引了世界各地大量的游客；同时，艺术、创新等文化产业也使得鲁尔区从传统的矿业集聚区转变为具有浓厚文艺气息的整洁明亮的城市聚集区。

6.1.4 法国洛林（煤钢产地）

洛林位于法国东北部，是法国历史上以铁矿、煤矿资源丰富而著称的重化工基地。洛林交通非常便捷，历来是欧洲主要交通枢纽之一，洛林有丰富的煤炭、铁矿等自然资源。自 19 世纪 50 年代起，洛林在交通工具革命和工业革命的技术支撑下，以煤炭、钢铁为代表的煤钢工业迅速发展起来。"二战"后，以煤矿、铁矿、炼钢和纺织等为代表的工业经济对法国乃至整个欧洲经济的恢复都具有重大的贡献。

20 世纪 60 年代末至 70 年代初，因资源、环境和技术条件的变化以及外部市场的竞争压力，成本高、污染重、消耗大的重工业经济发展面临巨大的困境。1987 年，欧共体开放国际钢铁市场对法国洛林资源型产业造成巨大冲击，因此，洛林更加下定决心实施"工业转型"战略。

在产业转型战略方面，洛林主要实施以下战略措施：一是彻底关闭了煤矿厂、铁矿厂、炼钢厂和纺织厂等成本高、消耗大、污染重的企业。如煤炭虽有资源，但因井深、开采每吨煤成本高等原因而采取逐步放弃的政策，煤炭产量急剧下降，从转型前的 1 470 万吨减少到 476 万吨；煤矿从业人员也锐减，从 2.4 万人减少到 9 743 人，并且规划到 2005 年煤矿将全部关闭。钢铁工业也由于成本高，市场萎缩等原因，采矿、炼铁、炼钢企业全部关闭。二是根据国际市场的需求，重点选择了核电、计算机、激光、电子、生物制药、环保机械和汽车制造等高新技术产业。三是充分利用高新技术改造传统产业，大力提高钢铁、机械、化工等产业的技术含量和附加值。四是制定优惠政策，吸引外资，将转型与国际接轨。

此外，自1979年起，为了解决转型中的重大问题，政府创立了受影响工业的专项基金（30亿法郎补助金和贷款）。洛林政府还把煤炭、钢铁等产业转型同国土整治结合起来，并列入整个地区规划；同时设立专门的国土整治部门，负责处理和解决衰老矿区遗留下来的土地污染、闲置场地的重新有效利用问题。煤铁等资源型企业关闭后，洛林政府对老矿区积极进行改造，通过植树种草实现环境改善以及积极发展与其他行业紧密结合的现代农业，或建居民住宅、娱乐中心等积极实现土地资源多元化利用，或作为新兴产业厂址促进高新技术产业发展等。

在解决资源型产业失业问题方面，洛林通过创建企业创业园扶持下岗职工创办小企业，由国家资助自身非营利的"孵化园"，鼓励自主创业，为此还提供诸多便利和政策支持。如为新创办的小企业无偿制订起步规划，提供厂房、车间、机器、办公室等，还配备专家、顾问做具体指导。通过创业支持和企业园圃培育，中小企业如雨后春笋般发展起来，尤其是10人以下的小微企业占全部企业的91%。洛林把培训职工、提高技能作为重新就业的重要途径，培训后可供选择的职业岗位多达100种，90%的人员能重新就业；通过互联网技术对再就业职工采用计算机管理，以及提供求职热线等，使劳动力能够快速转移出去，失业率显著下降。同时政府对企业实行税收和信贷优惠，鼓励安置煤矿失业人员。

在产业转型过程中，洛林还积极推进企业转制和改革，比如，洛林煤炭公司原是一家最大的国有企业，但在转型过程中，为了解决劳动力就业，政府扶持创办了100多家企业，完全脱离了国有企业母体，采取股份制形式经营规模较大的企业，规模小的企业则一律由私人经营。

洛林资源型产业转型经历的时间也比较久，花了30多年。尽管其转型时间长、转型的成本巨大，但取得了十分显著的成效。洛林从资源型产业发展时期的工业污染地，变成了蓝天绿地、环境优美的工业新区，整个洛林地区的经济状况和社会环境状况由衰退走向了新生。现在的洛林被称为充满创造力的地方，是一个充满活力和朝气的传统工业改造新区。

6.1.5 欧洲萨尔区和蒂斯区（产煤地）

欧洲还有两个著名的产煤地，它们与国内煤炭型城市具有许多类似的特征（沈镭，1999），一是位于法、德、卢森堡和比利时接壤地区的萨尔区，另一个是位于英国东北部的蒂斯区。

萨尔地区主要位于德国西部，得名于萨尔河。萨尔地区煤矿资源丰富，从18世纪开始，其煤炭产业和钢铁工业就逐渐开始成为萨尔区的支柱产业。19世纪，萨尔煤炭产业和钢铁工业迅速发展。在煤钢经济迅速发展的20世纪，萨尔区是德国第二大重工业区。萨尔区的资源型产业是在煤、铁生产的基础上兴起并迅速发展起来的，其资源型产业发展历史达100年之久，已经经营超过一百年的弗尔克林根钢铁厂基本见证了萨尔区资源型产业发展的历史全过程。但萨尔重工业区发展后期导致的一系列发展问题使得其被认为是欧洲老工业区的"腐朽地带"。20世纪50年代，煤炭产业发展引起的结构性危机导致萨尔区区域经济不得不转型升级；20世纪70—80年代，因钢铁工业危机席卷全球，萨尔区的结构性矛盾和困难加剧，萨尔区面临着一系列的社会和环境问题，煤钢危机导致整个区域经济陷入困境。在这样的背景下，萨尔区当地政府主要出台并实施了"保守性的区域重构战略"。

萨尔地区依靠丰富的煤铁资源，经济结构单一。萨尔区主要依靠外部资本，导致煤钢产业内部结构不完善，产业链条延伸不够，一体化程度低。具体表现为采矿和初级加工工业布局在区内，而高附加值的复杂生产环节在区外，是典型的资源开发地域。萨尔区的产业转型政策主要是通过国家干预调整煤炭产业，创造新的制造业和商贸服务业就业机会，进行福特主义（Fordism）① 大规模生产的分支工厂的移植，加强区域规划和创新，开展国际合作，扶持旅游业的发展，等等。萨尔区经历了几次重大调整，实现了产业转型和升级，如今萨尔区变成了德国最美的旅游区。

和萨尔区一样，蒂斯区经济在20世纪80年代也受到了钢铁和化工产业衰退的重大影响。19世纪，蒂斯的资本主义工业扩张和城市蔓延十分迅速。1831—1901年，该区人口急剧增加。20世纪60年代，由于英国国内外钢铁生

---

① 福特主义（Fordism）这一词最早起源于安东尼奥·葛兰西。"福特主义"被用来描述一种基于美国方式的新的工业生活模式，它是指以市场为导向，以分工和专业化为基础，以较低价格作为竞争手段的刚性生产模式。20世纪90年代以来，西方学者相继提出了新福特主义、后福特主义等对发达资本主义国家现实发展的最新描述与概括。

产和化学工业的扩张，蒂斯区也得到更大的发展。20世纪70年代，蒂斯已成为西欧最大的建设基地和现代化的工业中心之一。但是，撒切尔政府上台后，政府取消了"后国有化扩张战略"，蒂斯区产业发展被严格限制，仅仅局限于低附加值钢铁半成品生产。到20世纪80年代中期，蒂斯区总就业下降近1/3，人均地区生产总值急剧下降。为了重构其化学工业和钢铁工业，促使区域经济和劳动力市场多元化，当地政府采取了"政府协调和现代化策略"，但这种策略不断受到大规模失业和公众环境意识不断增强的巨大挑战。

6.1.6 日本北九州（产煤地）

日本的工业主要集中在太平洋沿岸地区。北九州工业区是在本地煤炭资源的基础上进口矿石和废铁而发展起来的日本最早的钢铁工业基地。北九州市位于日本九州岛北端，1963年2月，北九州由门司、小仓、若松、八幡、户畑合并而成，1963年4月成为行政命令都市，为九州北部重要的工业区和交通中心。其中，八幡是全国最大的钢铁工业中心。北九州的工业化道路开始于1901年，标志是八幡制铁所正式投产。北九州地区是日本的四大工业地带之一，是主要以钢铁、化学、窑业等为中心，形成集中的工业地区。依靠优势资源，北九州地区带动了日本经济的发展，是日本经济高度发展的一个有力支柱。然而，重化工业的发展也导致环境问题十分严重，最具代表性的环境事件便是1968年震惊世界的"火鸡事件"，北九州也因此被联合国列为环境危机的500座城市之一。在这样的背景下，日本北九州不得不加快城市产业转型升级。

20世纪60年代初，日本就已经开始产业转型之路，兴办一批现代工业开发区，并给予兴办的新企业新的产业政策支持。20世纪70年代以后，北九州政府对环境治理和产业转型进行更加积极的规划和政策支持。北九州政府通过立法为产业转型升级提供制度保障，如发布了《煤炭产业合理化临时措施法》《煤炭离职人员临时措施法》《产煤地区振兴临时措施法》和《煤炭对策大纲》等。此外，针对失业煤炭工人，州政府承担培训费用，并帮助这些失业煤炭工人再就业。北九州地区资源型产业转型升级和结构转换得以实现得益于这些政策的有效实施。日本在将北九州区域转换成高新技术产业区的过程中，花了10多年时间关闭煤矿，再通过20多年的不懈努力使该区成为绿色健康城市并多次获得联合国等颁发的奖励。

1997年7月，北九州提出"生态城市"的发展构想，并提出环境政策与产业振兴政策统合的"三位一体"战略，在这一年也启动了"北九州生态工业园区"工程大力发展环境产业。"三位一体"战略以生态工业园为载体，将"教育·基础研究""技术·实证研究"和"产业化"有机结合，促进新技术向产业化迈进，进而带动全市经济的整体发展。"生态城市"构想和"三位一体"战略使得北九州高新技术产业迅速发展起来，同时也使得北九州的环境保护技术产业化发展，催生了以机器人、半导体、汽车相关产业及环保技术等为核心的新的产业集群。此外，财政、金融、环保、税收、土地等各方面建立了独立而完善的配套政策体系。政府在支持传统产业改造的同时为新兴产业的兴起和发展提供引导；还在治理环境污染方面加大力度，为此北九州积累了丰富的污染防治、节能降耗及清洁生产等方面的经验和技术。政府还通过科技创新和人才培养，打造现代化的工业开发区，促进地区产业的多元化经营。一系列的战略举措使得北九州的产业转型升级取得了巨大的成效和收益，在经济、环境以及科技等诸多方面都实现了前所未有的长足进步。可以说，北九州的产业转型升级是煤炭资源型城市转型成功的典范。转型成功后的北九州经济持续健康发展，如今俨然成为一个现代化的旅游城市。据统计，2018 年全年，北九州接待游客人数约 511 万人次。

日本北九州实现资源型经济转型的主要举措在于正确且具有实践意义的战略指导、政府积极引导和推动、技术支持和清洁生产、人才培养和科技创新四个方面。第一，科学的战略规划是北九州产业转型升级成功的基础。北九州政府从产业、经济、环境三个层面为实施产业转型升级提供指导。第二，政府积极引导和提供政策支持。北九州市政府独立而完善的配套政策体系为企业招商引资、吸引高端人才、调整产业结构、扩大产业规模提供了有利条件。针对失业职工，北九州市政府为开发区内的企业安置煤矿工人并对其子女就业给予补助。与此同时，北九州政府还大量投建小型工业园，打破原有产业结构，培育新兴替代产业，并形成新兴产业集群。第三，采用先进的绿色技术，在减少污染物产生量和降低环境负荷的基础上提高生产率，促进产业的协调发展，调整优化产业结构，成功实现产业转型升级，推动经济的可持续发展。第四，北九州政府充分利用钢铁等原主导行业的人才和先进的循环技术优势，发展新兴产业。同时通过建立工业园区集聚大批企业，促进地区产业的多元化经营。在培养人才方面，北九州大力通过相关政策支持吸引大学及研究机构进驻，强化"产、学、研、官"共建共享的凝聚效应。

6.2 国内资源型产业转型升级路径

6.2.1 以同种资源为基础发展替代产业的大庆市

大庆市又称油城,以石油、石化为支柱产业,是一座名副其实的矿业城市,是我国最大的石油开采基地和重要的石油加工基地。在新中国成立之初,大庆的石油化工产业为我国社会主义建设事业做出了巨大贡献。但是大庆市的产业结构是粗放的资源型产业结构,其产业结构单一,以石油开采为主的重工业畸高,重工业占比达到97.3%。而重工业又主要以采掘工业为主,采掘工业占工业总产值的67.2%,原材料工业占31.9%,而加工业仅为0.9%。三次产业结构不合理和第二产业内部结构极不合理导致大庆市经济发展后期乏力,经济衰退。

为改变这种不合理的产业结构,"七五"时期,大庆从就开始注重产业结构的调整,大力发展以石油资源为基础的一系列替代性产业,并且取得明显的成效。1995年,替代性产业所实现产值达42亿元,占全市工业总产值的15.1%,石化产品的深加工业、电子信息业、建筑建材加工业等均得到发展。由于大庆市的石油工业在我国占据重要地位并具有战略意义,大庆市在产业结构调整过程中较好地处理了主导产业和替代性产业的关系,提出要把发展石油工业、保持石油的长期高产稳产作为首要任务;同时,下大力气发展替代性产业,确保油城的产业调整有步骤地顺利实施。其经济发展总体战略是"稳石油、兴化工、大力发展替代性产业和地方工业",到2010年使石油工业、石化工业、替代性产业比重由1995年的60.7∶23.7∶15.6调整为52.2∶22.7∶25.1,确定了以石油发展为龙头的支柱产业,包括石化产品和建筑建材的加工业、机器及仪表仪器业、电子信息业等。在第二产业内部结构得到明显调整的同时,三次产业结构也得到了极大的调整。到2016年,大庆市三次产业结构比为7.2∶58.4∶34.4,第二产业占比明显下降,第三产业得到快速发展。

近年,大庆市依靠科技进步促进产业转型升级,实施创新驱动策略,取得了丰硕的成果,如成立科技型企业、建立科研平台等。2019年,国家发展改革委等部门印发了《关于进一步推进产业转型升级示范区建设的通知》,积极推进大庆产业转型升级,并成功创建全国第二批产业转型升级示范区。经过70多年的奋斗,大庆的资源型产业发展和转型取得了显著的成果。大庆市是中国推进老工业城市和资源型城市产业转型升级的成功典范，大庆市正在向建成一座综合性、现代化的新型城市的目标迈进。

总结起来，大庆市的产业转型升级工作体现为以下几个方面：

第一，发展接替产业，加快产业结构的调整。一方面，全力发展大石化，在保持现原油加工量基本不增加的前提下，减少成品油产量，增加基础有机化工原料，利用天然气资源做大天然气化工，延长产业链条，做深石化产品后续加工；另一方面，充分利用地区的资源、市场、土地、能源和资金等优势，搭建专业园区，构筑以专业园区为载体非油经济产业群。当前，全市共有开发区和园区9个，其中国家级高新区1个、国家级经济开发区1个、国家级农业科技示范区1个、享受省级开发区政策园区6个。以大庆国家高新技术产业开发区为例，大庆高新区开始建立于1992年，同年11月获批为国家级高新区，2009年获批建设全国第11家国家创新型科技园区。经过近30年的发展建设，大庆已经建成主体区和宏伟、兴化、林源三个化工园区。在主导产业快速崛起的同时，智能制造、信息技术、生物科技等新兴产业集聚发展。在创新创业方面，大庆高新区积极推动创新创业平台建设，深入开展创新创业，坚持创新驱动策略，引进科研机构和科研人才，孵化创新型企业。在优化园区功能方面，大庆高新区坚持产业发展园区化、园区发展集聚化、产业集聚链条化发展，全力建设专业产业园区，打造优良的产业生态环境，为项目落地生金、企业创新创业、产业集群发展提供了广阔的发展空间。大力培育和发展接替产业，大庆培育发展了以乳制品加工为代表的农牧产品加工业，以石油石化装备为代表的机械制造业，以化纺、麻纺、毛纺为代表的纺织业，以新型建材为主的新材料工业和以芯片制造、软件开发为主的电子信息业等接续产业，精细化工、乳品、大豆、皮革、玻璃等产业呈现集群发展趋势，形成以石油化工产业为基础的"雁阵式"产业板块。

第二，大力深化改革，实现体制机制创新。不断通过支持国有企业改革，尤其是中直大企业深化改革、分离中直大企业办社会职能、深化农村税费改革、完成国有企业下岗职工基本生活保障向失业保险并轨、全面实施行政审批制度改革、深化金融改革、深化粮食企业改革、启动事业单位改革等措施，实现体制机制的创新。通过体制机制创新，大大改善国企占比过高、所有制结构单一、经营活力不足的现状，释放市场活力。大力支持地方民营化工企业发展壮大，吸引社会资本共同参与到资源型产业转型升级的进程中来。

第三，提升科技创新能力，打造产学研结合的产业转型升级创新驱动模式。科技创新是实现产业转型升级的重要力量。大庆市在实现产业转型升级的过程中，在完善创新驱动政策环境与机制体制的基础上，通过加大技术创新力度、完善产业技术创新人才队伍建设、打造科研创新平台等为大庆市产业转型升级提供了强力的科技支撑。到 2016 年，大庆市拥有石化专业技术人员 5 万多人，有东北石油大学、大庆化工研究中心等 12 家高等院校和专业研究机构。大庆市通过产学研结合的方式，使创新资源和创新优势得以发挥，在管理、技术、研发等方面为企业提供源源不断的支持，企业的核心竞争力得到大大提高。

第四，完善基础设施建设，集聚要素环境优势。除了自然资源外，环境和要素优势也是吸引投资和产业集聚的重要因素。通过不断完善的基础设施，充分发挥环境和要素优势，大庆市吸引了一大批促进传统产业转型升级的企业入驻，同时也为资源型产业转型升级提供了有利条件。

第五，拓宽招商引资通道。在发展石化产业的基础上，按照产业链招商、资源招商、资本招商、平台招商、产业合作招商的引进路径，大力开展招商引企工作。同时改善融资体制机制，利用开展大规模招商活动等方式从各方面拓宽招商引资渠道，为产业转型升级提供资金支持。

第六，在加强政府组织领导与政策扶持的同时发挥市场优势。推进传统产业转型升级是一个系统的复杂过程，政府在产业转型升级中发挥宏观调控的作用，通过政策支持促进优势产业发展，同时通过市场手段促进资源的合理高效配置。大庆市坚持"政府调控、市场推进、公众参与"的原则，形成社会经济发展的合力，积极推动产业转型升级。

6.2.2 以替代资源为基础发展替代产业的抚顺市

抚顺市也是以煤炭资源为基础的资源型产业城市，是国内外著名的煤城。1901 年，抚顺开始了大规模的煤矿开采。到 1990 年，抚顺就基本建成以石油、冶金、电子、煤炭工业为主的特大型工业城市。随着煤炭资源产业的长时期发展，煤炭资源逐渐枯竭，抚顺市也面临着产业结构单一、环境破坏严重、资源枯竭、高新产业和服务业发展落后等一系列经济问题和社会环境问题。

早在 20 世纪 60 年代，抚顺市就对其单一的工业结构进行调整，主要从以下三方面入手：一是利用煤炭中伴生的含油 47.5% 的油母页岩建立炼油厂，在炼油的基础上发展石油化工；二是建设坑口火力电站，实行煤电转化，大力发展电力及蒸汽供应服务业；三是发展冶金工业。

20世纪中后期，抚顺市通过产业结构调整，大力发展基于石油资源的替代产业。在这一时期，抚顺石油工业就开始取代煤炭及炼焦工业，成为抚顺的主导产业。抚顺发展替代产业取得了较为成功的经验。但是石化产业的发展也面临深层次的问题，这一问题就是抚顺的石油资源全部依赖于外部供给，极大地增加了市场的不确定性，石化产业的发展也受到这一问题的困扰。1995年，抚顺市的石化工、冶金、电子等工业产值为189.5多亿元，占全市总工业产值的46.9%；而煤炭采选业为17多亿元，仅占总值的6.5%。2003年，中央实施东北老工业基地振兴战略以后，又进一步提出了由资源型城市向资源深加工型城市转变的发展战略。到21世纪初，抚顺由过去的"煤都"转变为我国的重要石化工基地之一，实现年产钢60万吨、钢材50万吨、铅10万吨，其中，铅产量已占全国的1/4。同时，机械、电子、建材、纺织等产业的发展也取得了长足进步，并具有一定规模。经过几十年的结构调整，抚顺市已形成了煤、油、电、钢工业生产链，由过去单一生产煤炭的矿业城市逐渐发展成为以石油、化工、电力、冶金、机械、电子、建材等重工业部门为支柱，以大中型企业为骨干的综合性、多元化发展的城市。

随着改革开放的深入，抚顺市大胆利用外资、引进先进技术，在加速老企业技术改造的同时兴办"三资"企业；至1995年年底，抚顺市三资企业个数达200家，1995年实际利用外资额近6 000万美元，是矿业城市利用外资较多的城市之一。1988年，抚顺市政府利用已停产的胜利煤矿的人力、技术和水电、地、房等基础条件，创办了抚顺胜利出口创汇工业区，逐渐形成一个资金以外资为主、产品以外销为主、产业结构以先进技术项目为主的外向型经济综合区。2009年，国家加大力度对资源型城市产业转型升级综合治理，抚顺市被定为全国第二批资源枯竭城市，抚顺市也积极探索符合抚顺实际的资源枯竭型城市转型振兴之路，并制定实施"一极五业"经济产业转型振兴战略。到2016年，在生态环境建设、基础设施完善、产业框架构建等方面基本实现成功的转型，地区生产总值实现760.3亿元，年均增长率为5.7%。2018年，抚顺市继续加强资源型城市产业转型综合治理，积极推进建设资源枯竭型城市转型试验区。

抚顺市在产业转型升级中存在科技人才投入不足、制造业升级缓慢，重工业比重过大、产业结构比例不合理，国企占比大、体制机制不完善、市场化程度低等问题。针对这些转型升级中的问题，抚顺市对产业转型升级花了大力气。在产业转型升级方面，抚顺以"优化支撑产业，延伸产业链条；再造核心产业，推动企业创新；培育新兴产业，实施集群战略；提升服务产业，完善城市职能"为产业转型重心，以新型工业化道路思想为指导。一是延伸产业链条，优化支撑产业。通过延长新的替代产业的产业链，提高原料产品的深加工率和加工深度，积极开发后续产品和附加值高的产品，加大加工制造业在工业中的比例。二是打造核心产业，推动企业创新。面对传统产业的发展颓势和新兴产业发展的需要，大力开发、延伸产业链条和提高加工深度的关键技术，促进产业发展的技术进步和技术创新，加大人才引进和技术引进力度，推动新技术应用，提升核心企业的竞争力。三是实施集群战略，培育新兴产业。通过产业集聚的优势为新兴产业的培育和发展提供好的资源和环境要素，促进新兴产业快速发展，改变过度依赖传统产业发展的局面。四是发展服务业，促进生态绿色可持续发展。传统重工业的发展使得抚顺的生态环境遭到极大的破坏，金融、信息、保险等服务行业既为抚顺经济的发展注入了新的活力，也实现了抚顺生态化绿色健康可持续发展。五是在产业空间布局上做出相应的调整和改变。在原有工业布局的基础上，结合城市产业未来的发展趋势，调整抚顺的产业空间布局，利用高新技术对部分传统制造业进行改造、更新、升级。同时，也对第一、三产业的空间布局进行优化，促进三次产业融合协调发展的新格局。

6.2.3 以优势产业为主，打造生态城市的淮北市

淮北市位于安徽省东北部，是我国著名的"煤都"，煤炭资源丰富，储量近100亿吨，年产原煤突破2 200万吨。除此之外，淮北市煤质优良、煤种齐全，是中国重要的煤炭和精煤生产基地，也是华东地区重要的煤化工基地。煤炭产业的发展为淮北市带来经济效益的同时，资源型产业发展的弊端也显露出来。由于几十年的过度开采，淮北市煤炭资源日益枯竭，2009年，淮北市被国家确定为第二批资源枯竭型城市。面对市场化经济的冲击及煤炭工业的滑坡，淮北市认真实施城市转型定位发展战略。

从2009年开始，淮北市全面实施转型发展战略，着力调整产业结构。淮北市委市政府明确提出了把淮北建设成为经济实力雄厚、旅游商贸兴旺、科教文化发达、社会秩序优良、城市环境优美、经济与社会协调、人与自然和谐发展的集现代化工业、商贸、旅游为一体的生态矿业城市的奋斗目标，并把绿色家园工程作为加快淮北经济结构调整、推动城市转型的重大战略选择。21世纪初，淮北市已经成功地进行了产业转轨，使煤与非煤产业的比例由过去的

7∶3变为3∶7。到2016年，在改造提升传统产业，培育壮大接替产业方面，淮北市已经取得极大的成就，基本构建起煤电、煤化工、食品、矿山机械、纺织服装、新型建材、战略性新兴产业和高新技术产业齐头并进的多元化产业体系。煤炭产业比例大大降低，非煤行业的平稳快速发展为淮北市工业生产提供了有力的支撑。2016年，非煤工业占全市规模以上工业比重达到71.7%，比上年提高1个百分点；非煤工业完成增加值332.7亿元，同比增长3.1%。到2018年，淮北市第一、二、三产业结构比例调整为6.6∶54.8∶38.6，其中第二产业中煤炭行业持续下降①。2018年以来，淮北市通过传统产业改造、高新产业支撑、服务业升级等方式与手段积极促进产业转型升级。在传统产业改造方面，淮北市建设新型煤化工合成材料基地，运用煤化工节能环保技术实现煤炭的绿色生产，更新装备设施等，促进传统产业改造升级。高新产业则主要以高端装备制造业为代表，通过大力支持和培育高新产业发展为产业转型和升级提供支撑。服务业升级方面，淮北通过政策倾斜制定服务业发展规划和集聚区发展规划实现服务业快速高质量发展，主要以大数据产业为代表。同时，淮北市还在人才引进和创新团队建设方面为产业转型升级提供大力支持。现阶段，淮北市产业转型取得新的重大突破，生态环境得到极大的改善，多次获得文明城市、先进城市等称号，并且获得2019年第十届中华环境优秀奖。

淮北产业转型的策略是：第一，依托当地资源优势，先后在电力、轻纺、服装、酿酒、建材、化工、机械、电子等产业方面实施突破，产生了18个规模较大的企业集团。第二，促进煤炭转化和清洁生产，依靠科学技术，发展循环经济。在煤炭的开采和利用过程中，淮北市越来越注重煤炭的清洁生产，利用先进技术促进煤炭的转化，不仅提高了生产效率，也保护了生态环境。第三，瞄准世界纺织业的先进技术与设备，实施"一业为主、多元发展"的战略，形成了针织、纺织、印染、服装等产业协同发展的新格局。第四，积极推动战略性新兴产业发展，大力发展乡镇企业、私营企业、三资企业，建设能源型、综合型和现代化工业体系。第五，建设绿色家园工程，绿色家园工程作为淮北发展开放型经济的龙头工程，在吸引国内外客商投资、促进淮北市开放型经济发展和转型方面具有极大的推动作用。其模式是以绿色、健康、人文、科技、可持续发展为主题，以矿区复垦复绿为基础，通过生态环境修复，增加城市森林碳汇来获取经济社会收益，从而达到区域可持续发展的目的。第六，建

---

① 资料来源：淮北市统计局网站。

设现代化工业园区、现代化新城区、现代化高科技园区、现代化休闲旅游区、现代化商贸物流中心和高科技观光旅游农业区。第七，大力推进金融创新，为城市转型发展提供有力的资金保障。淮北市在金融发展方面积极进行创新和突破，构筑起城市转型发展的金融支持体系。

6.2.4 利用高新技术提升改造传统煤炭产业的枣庄市

枣庄市地处山东省南部，与江苏省徐州市接壤。枣庄是中国最早的三大煤矿之一，发展历史悠久，煤炭开采历史有 100 多年。枣庄因煤炭储量大、煤质好而闻名全国，是华东地区重要的煤炭生产基地，也是全国著名的煤炭城市。新中国成立以来，枣庄共为国家贡献原煤约 4 亿吨，煤炭产量最高年份曾达到 1 800 万吨。

枣庄市的工业体系是利用煤炭资源的优势建立的，在新中国成立之初就初步形成了以煤炭产业为依托，以化工、冶金、纺织、建材、食品、造纸、电力等为支柱产业，门类较为齐全、基础比较稳固的工业体系。而随着资源经济的发展，煤炭资源逐渐枯竭的态势越来越明显。1998 年，枣庄矿务局 5 个骨干大矿枯竭后相继破产，鲁化等一批骨干企业接连亏损。资源枯竭导致枣庄的煤炭经济难以为继，社会经济问题也凸显出来，城市发展受到严重制约，经济增长困难，同时由于煤炭开采和利用过程中不注重环境保护，造成污染严重、生态环境破坏的问题。为了实现经济可持续发展，解决煤炭经济导致的一系列社会经济和生态环境问题，枣庄市通过政府推动的形式实现资源型产业的转型。

20 世纪 90 年代以来，枣庄市进行了一系列的经济转型。20 世纪 90 年代初，该市就明确提出要改变单一煤炭开采的产业格局，大力发展加工工业和新兴工业，走多元化发展的道路。进入 21 世纪，转变经济发展方式、实现产业转型的潮流不可阻挡，枣庄市加快对传统产业转型升级的步伐。2008 年，枣庄通过了《枣庄市促进资源型城市转型实施纲要》，对产业转型升级提供全方位指导。枣庄市以"传统产业新型化，支柱产业多元化，新兴产业特色化"为产业转型升级目标，在发挥传统资源型产业的基础上，发展煤炭深加工产业，以煤化工企业延长煤炭产业的产业链。通过多年的不懈努力，枣庄市基本形成以煤化工为主导，煤炭、建材、纺织、机械电子四大产业为支柱，同时拥有冶金、卷烟、造纸、橡胶、食品、医药等门类比较齐全的多元化工业体系。2017 年，枣庄市发布《枣庄市"265"产业转型升级规划》和《枣庄市智慧城市发展规划纲要及行动计划》，以先进的基础设施体系建设为基础，以统一开放的数据资源体系构建为核心，以电子政务、智慧服务、智慧产业和城市运行管理等四大体系建设为着力点，培育一批拥有新技术、新应用、新模式、新业态的产业，通过大数据、信息化手段，坚决淘汰落后产能，加快传统产业"存量变革"，推动新兴产业"扩容倍增"，逐步降低对资源型产业的依赖①。在枣庄产业转型升级的过程中，产业结构不断升级调整，到 2018 年，第一、二、三产业结构调整为 6.5∶50.8∶42.7，三次产业结构不断优化，第三产业快速发展，经济发展活力持续增强。煤炭工业占全市工业比重下降到 10% 以下，全市人均生产总值达到 61 226 元，人民生活水平不断提高。

在选择替代产业方面，枣庄市把目标产业转向高新技术产业，通过高新技术再造资源优势；围绕新材料、精细化工、生物医药、机电一体化、装备制造等高新科技产业，建立高新技术产业园区；不断健全完善支持传统产业转型升级的财政、金融、土地、节能、环保、安全生产和品牌建设等政策，把高新技术产业培育成实现产业转型升级的主体力量。2018 年，枣庄市成功创建枣庄市首个国家新型工业化产业示范基地。在传统产业改造方面，枣庄市聚焦于煤炭、水泥、机械、纺织和造纸五大传统支柱产业，推进工业转型振兴，转变原有高能耗、高排放的粗放增长模式，淘汰落后产能，同时建立和完善专门的制度机制，促进传统产业转型升级。在调整传统产业占比方面，枣庄市还鼓励现代服务业发展，做好做优现代服务业，推进"文化+旅游""医疗+康养""物流+商贸"三个方面的现代服务业发展。以 2019 年为例，2019 年枣庄市《政府工作报告》对发展现代服务业提出较高的要求和明确的指导。

枣庄市产业转型升级的方法主要包含六个方面。第一，立足资源优势，延长产业链，对原有工业结构优化升级，同时培育新兴产业发展。利用高新技术提升改造煤炭这项传统的支柱产业，淘汰落后生产能力，减压减产，建成了水煤浆气化及煤化工国家工程研究中心和一批依附于煤化工产业链的化工企业，大力提高煤炭深加工能力，提升市场竞争力。第二，选择新材料、生物技术与制药、机电一体化、电子信息等高新技术领域作为主攻方向和发展重点，培植新产业，重点发展了造纸、机械制造、啤酒酿造等替代产业。第三，加快利用高新技术和适用技术改造传统产业，提升煤炭、建材、机电、食品、造纸和建筑等产业的科技含量，实现传统产业科技化，以改变该城市过于单一的资源型产业结构。第四，大力发展非国有经济，通过制定发展非国有经济的优惠政

---

① 张传波，于喜展，隋映辉. 资源型城市产业转型：发展模式与政策 [J]. 科技中国，2019 (5)：67-77.

策、完善城市基础设施等促进创新创业和吸引资本，鼓励民营经济发展。与此同时，政府还通过对外招商引资等多种方式发展高科技产业，为枣庄经济发展提供新的增长点。第五，大力推进农业产业化进程，实施以良种产业化为主的农业产业化工程，培育一批农业产业化龙头企业，打造一批种植和新兴农产品深加工基地。第六，大力发展服务业、旅游业等第三产业，积极调整产业结构，实现三次产业的可持续发展。

6.2.5　退出传统的工矿业，发展现代农业的阜新市

阜新市位于辽宁省西北部，曾是新中国最早建立的煤电生产基地之一，是典型的煤矿城市。"一五"计划时期，国家156个重点项目中就有4个能源项目安排在阜新市。从新中国成立到2000年年底，阜新市共为国家发电1500亿千瓦时，累计生产原煤5.3亿吨。但是阜新市也因煤资源枯竭陷入发展困境，随着煤矿产业的衰落，人民生活水平急剧下降，地方财政困难，基础设施薄弱，环境污染和生态破坏严重，城市布局不合理，产业结构不合理以及产业技术水平低，地方财政收支失衡等问题众多，社会经济发展面临重重困难。实现经济复兴和资源型产业转型升级的重大现实问题摆在阜新人民的面前。

早在20世纪80年代中期，阜新市领导已经认识到资源枯竭问题的严峻性，并开始筹划阜新的经济转型，着手经济结构的调整，先后采取了建纺织城、电子城、化工城等措施。然而，这一时期的策略因为种种原因没有使阜新资源经济发展的现状产生较大的改变。进入21世纪，阜新市煤炭产量锐减。2001年，阜新市成为全国第一个资源枯竭型城市经济转型试点市，因此阜新必须找到适合自身产业转型升级的路径。2007年，国务院颁布《关于促进资源型城市可持续发展的若干意见》，明确提出要促进资源型城市可持续发展，也为阜新市资源型产业转型发展提出进一步的要求。

资源经济缩水造成大量失业的问题。为了解决就业保障等社会问题，在国家相关政策的支持下，阜新开始把转型的方向瞄准了现代农业。阜新发展现代农业有其独到优势，该优势即土地资源。阜新的人均耕地为5.6亩，并且还有矿山恢复等大量土地，发展绿色农业具有丰裕的土地资源，同时有得天独厚的自然气候条件（如丰沛的阳光、便利的水源等），这些都为发展绿色农业提供了良好的基础和巨大的便利条件。因此，阜新市决定优先发展第一和第三产业，发展现代农业、设施农业和特色旅游业，主要以现代农业实现阜新资源枯竭后的经济转型。阜新市坚持"以现代农业和服务业为重点，兼顾第二产业，

发展非煤产业和替代产业，加快产业结构调整，促进城市的经济复兴"的产业转型目标和重点。为了发展现代农业，实现农业产业化经营，阜新市出台了《阜新农业产业化发展规划》，指导农业产业化稳步有序发展，同时建立健全了推进农业产业化的组织体系、目标考核体系、资金扶持体系和服务保障体系。阜新市的产业支持政策有力促进了农业产业化的健康持续发展，到2016年，阜新市已形成了特色鲜明的瘦肉型猪、奶业、肉羊、肉驴、白鹅、杂粮等16个农业产业化链条，集生产、加工、销售于一体，现代农业呈现一派蒸蒸向上的良好态势。

阜新市是众多东北老工业基地资源枯竭型城市的典型代表，它的产业转型经验对其他资源枯竭型城市具有十分重要的借鉴意义。阜新市创造了下岗职工转向现代农业、进入农业园区的三种模式：一是村委出资包建棚舍，由下岗职工租赁；二是由民营大户出资，为下岗职工提供就业岗位；三是由下岗职工自己出资，自建自营。农产品加工业已成为阜新工业发展最快、最具活力的行业之一，推动了全市经济的快速发展，也带动了阜新市规模以上工业经济结构的调整和优化。目前，阜新的农产品加工、装备制造及配套、能源、化工四大优势产业发展良好，同时也催生了一批新的产业和新业态，阜新的产业转型升级目标越来越近，产业格局逐渐重塑。

6.2.6 发展碳汇经济的林业资源型城市伊春市

伊春市位于黑龙江省东北部，以伊春区为中心，由21个林业资源型卫星城市组成，林业施业区面积405.22万公顷（1公顷＝0.01平方千米），地域辽阔，林业资源丰富。伊春是我国最大的专业化林业资源城市，有"祖国林都"之称。1948年，伊春市开始大规模开发建设，为国家建设和发展做出了重要贡献。

新中国成立后，由于长期受计划经济体制的束缚以及林业经营思想的影响，伊春市长期超负荷承担国家木材生产任务，消耗量超过生产量。到20世纪80年代，伊春市可采林木资源逐渐枯竭，木材产量大幅下降，单纯依靠林木资源的产业陷入了困境，从而导致伊春整个城市经济陷入衰败，因此必须进行经济转型。进入21世纪，伊春市林业资源经济发展尤为困难。到2005年，伊春市的木材生产任务已经由1986年的735万立方米下降到132万立方米。2005年5月，伊春市被国家批准为全国唯一的林业资源型经济转型试点城市。2008年，伊春市正式确立为国家首批资源枯竭型城市。2013年11月，国务院发布的《全国资源型城市可持续发展规划（2013—2020 年）》，将伊春市列为资源型衰退城市。2014 年，黑龙江省重点国有林区试点实施全面停止天然林商业性采伐政策。2015 年，中共中央、国务院印发了《国有林区改革指导意见》。

由于伊春市具有较好的营林基础设施和丰富的营林管理经验，林业发展已形成一定规模，伊春市经过不断摸索，积极开拓林业碳汇经济市场。伊春市通过市场机制将企业生产减排和森林生态保护融合起来，实现可持续发展。在碳汇经济转型过程中，伊春市注重植树造林，采伐与抚育更新相结合，同时优化产业结构，促进产业多元发展，还注重人才引进和基础设施建设等。通过一系列举措，伊春市的旅游产业也快速发展起来，生态林的恢复为伊春市生态旅游产业带来新的机遇，伊春市现有 5A 级旅游景区 1 处、4A 级景区 8 处、3A 级景区 9 处，伊春市的经济发展变得更有活力。

总结起来，伊春市实现林业资源碳汇经济转型的方法主要为：第一，注重生态恢复，通过植树造林等生态恢复措施，保护林业资源，为经济的转型发展提供重要的资源基础。第二，培育资源优势，转换经济发展动力。传统的林业资源利用方式以量取胜，不仅使单位经济效益低下，还使得生态环境遭到大规模的破坏。通过培育资源优势，把经济发展动力转换为绿色可持续的碳汇经济。第三，立足优势，实行全域旅游的发展战略。林业资源为旅游产业的发展提供了天然的优势，伊春市通过战略调整，抓住国有林区改革的机遇，大力发展旅游业。同时，利用自然资源优势，配套的林业基础设施以及传统林业产业的过剩劳动力，为发展碳汇经济提供了可实施条件。第四，围绕生态林区，积极培育发展林业新兴产业，实现多产业综合发展。引导产业向生态产业、循环产业、碳汇产业、生物产业等多元化、高附加值的方向发展，使得伊春市经济发展动力持续增强。第五，深化国有林区改革，为发展林业碳汇转型积极转制。伊春市非公有企业规模相对较小，2007 年，伊春市非公有制总产出仅162.5 亿元，市场活力不足。到 2016 年，伊春市全市非公有制经济增加值实现106.6 亿元[①]，非公有制经济发展得到极大的提升。通过国有林区改制，伊春市经济活力得到释放，这为伊春市发展林业碳汇经济奠定了重要的制度基础。

经过长时期努力，伊春市的经济发展逐渐转型，森林生态旅游产业等产业新格局逐渐形成，生态环境得到极大的改善，伊春市也被评为国家优秀的生态

---

① 资料来源：伊春市统计局网站。

旅游城市、国家级园林城市、全国绿化先进城市，并被授予"绿色伊春"等荣誉称号。目前，伊春市基本实现了从以前的林木资源型产业向绿色可持续发展的碳汇经济型产业转型。

6.3 国内外资源型产业转型升级路径对四川民族地区的启示

资源型城市的出现和转型是伴随整个工业化发展进程的，资源型城市的产业发展以及资源型产业转型升级问题在世界许多国家和地区都存在，因而各国（地区）针对本国（地区）资源型产业发展的实际情况采取了各不相同的政策和转型模式。国内外资源型产业转型升级的经验表明，产业转型升级是资源型产业发展的必经阶段。在经济发展新常态的背景下，产业创新成为资源型产业突破产业转型升级路径的必然选择。从资源型城市成功转型的案例来看，产业结构单一的专业性资源区域转型升级主要实施两种战略：一种是全线退出传统产业，通过发展非资源型新兴产业实现区域经济结构的重新构建；另一种则是在资源型产业发展的基础上延伸产业链，通过发展替代产业，以资本、技术、智力等密集型产业增强城市经济结构的弹性，完成产业结构系统化升级。但在这两个不同模式的战略转换过程中，国家宏观政策的支持与科学技术的投入都发挥了至关重要的作用。

通过对国内外资源型产业转型升级经验的借鉴，四川民族地区资源型产业转型升级发展可以得出以下启示：

第一，产业转型升级过程中法律法规的完善是产业转型升级的制度保障。国外产业转型升级的实践经验和教训表明，制度基础的作用十分重要，如法国、德国、日本等。法律法规的制定与实施，推动了各国煤炭工业的合理开采，特别是促进了区域转型和可持续发展。从法律法规的约束作用来讲，完善的法律法规能够在产业转型升级过程中起到约束作用，减少投机，能够为资源型产业转型发展提供一个方向和预期。从法律法规的指导作用来讲，完善的法律法规在产业在转型升级过程中能够指引企业积极探索协调环境保护与经济效益的途径，实现产业转型升级与生态可持续协调发展。针对资源型产业转型升级的法律法规在一定程度上有模糊性，法律法规的不完善导致资源型产业在转型升级过程中的不确定性增加这一问题，四川民族地区资源型产业转型升级的法律法规需要从多方面、多层级加以完善，明确产业转型升级过程中各个主体的责任和义务。建立和完善相应的法律法规，可使得四川民族地区资源型产业转型升级在法律法规约束和规范下有序推进。

第二，产业转型升级离不开政府引导和公众参与。在国内外产业转型升级的过程中，许多国家和地区先后出台了一系列倾斜政策，政府都扮演着不可替代的角色。在产业转型升级过程中，政府积极引导产业转型升级方向和产业布局，同时号召社会公众积极参与到产业转型升级的实践中来。在四川民族地区资源型产业转型升级过程中，各级政府不仅要坚定决心，发挥宏观调控作用，形成推动资源型产业转型升级的合力，还需要不断深化机制体制改革，完善四川民族地区资源型产业转型升级的社会参与机制，尤其是深化国有企业改革，完善管理制度和所有制制度，使得社会资本积极参与到四川民族地区资源型产业转型升级中，通过宣传教育和法律法规的约束明确各个参与主体的权利和责任，调动人民群众和社会组织等参与四川民族地区资源型产业转型升级事业的热情。

第三，大力治理资源型产业矿山和矿城环境。国外对环境恢复和治理十分重视，尤其是法国洛林、德国鲁尔和加拿大萨德伯里等，通过环境保护和生态恢复首先实现环境可持续发展。当前，注重生态恢复和环境保护是世界各国经济社会发展的主流趋势。资源型产业发展所带来的生态和环境问题的隐患是明显的，因此在产业转型升级过程中必须注重环境保护和生态恢复。四川民族地区的资源型产业发展时间长，生产方式也相对传统，在发展过程中对生态环境的破坏比较严重。而四川民族地区所处的地理环境条件和战略布局也决定了其必须要注重生态环境保护。因此，在资源型产业转型升级过程中，需要加大环境治理力度，尤其是大力治理矿山和矿城的生态环境。

第四，产业转型升级离不开优秀的人才队伍和先进的技术支撑。在国内外资源型产业转型升级过程中，技术支持和人才队伍培养一直是重点。以法国洛林和德国鲁尔两个地区为例，这两个地区不是以另一种资源型产业作为替代，而是坚持在科技支撑下，以提高竞争力为持续发展目标的高起点、多元化转型。良好的人才基础对企业管理水平的提高和技术研发能力的提升具有十分重要的意义，因此构建有效的资源型产业转型升级的人才和技术支撑体系是促进资源型产业转型升级的关键途径。在四川民族地区资源型产业转型升级的过程中，需要加大对优秀人力资源培育和开发的力度，尤其是对创新型和应用型人才的培养，建立良好的人才对接机制，促进产学研有机融合。在培育人力资源方面，应该建立健全相关的人才培养机制，积极促进人才开发效率提高，为资源型产业转型升级提供强有力的支撑。例如，积极组织企业职业技能培训和技术骨干选拔。同时，立足于西昌学院、攀枝花学院等高校的优势资源，通过校企合作的方式定向培养促进四川民族地区资源型产业转型升级的技术人才、管理人才和经营人才等。在这个基础上，还要加强政府和企业的有效配合，完善人才引进机制，通过优惠政策等形成人才培养和引进的机制，构建良好的人才成长环境。最后，积极引进先进技术和先进设备，促进技术研发和应用，形成资源型产业转型升级的技术创新体系。

第五，建立先进生态工业园区和多途径转移剩余劳动力。工业园区为企业转型升级提供良好的平台，促进区域内不同产业协调发展，同时还具有资本和劳动力吸收等优势。在转移剩余劳动力方面，国外成功的实践经验值得借鉴，如培训新技能、对吸纳转型需要再就业者的公司给予特殊优惠、扶持创办小企业、再就业管理现代化等。生态工业园区和高新技术产业园区的规划和建设不仅能够拉近企业与企业之间的距离，形成产业集聚优势，还能够有效避免企业之间的恶性竞争，促进产业和企业之间的协调发展。工业园区的建立还能够为企业发展提供完善的管理服务，有效节约成本和减少环境污染。关键的是工业园区的有效建立对产业转型发展的方向和产业调整升级具有导向作用，使得产业发展能够贯彻先进的发展理念和指导思想。在转移剩余劳动力方面，工业园区的吸纳作用可以为传统产业的剩余劳动力提供岗位和技能培训，是解决社会问题的有效途径。因此，四川民族地区资源型产业的转型发展可以建立先进的工业园区，并以此为载体，在合理发挥资源优势的前提下，突出现代化发展路径，促进不同类型的产业有效聚合、协调发展；同时，完善园区的管理制度，健全管理体系，为产业发展提供更多的便利。

第六，企业是产业转型升级的主体。企业在资源型产业转型升级中发挥着核心作用，是产业转型升级的主体。从国内外产业转型升级的经验中可以看出，在引进企业和激发企业参与转型的努力方面，各个国家都采取了相应的政策措施。具有生态可持续的组织生产原则、先进的生产工艺、完善的人才管理体系和纯熟的技术水平的企业在产业转型升级过程中承担着重大责任和义务，不仅在发展中节约资源，同时也在改善环境和生态恢复方面发挥重要作用。因此，四川民族地区资源型产业转型升级应该注重建立健全企业参与转型升级的激励约束机制，促进企业的积极参与和发挥创造力。一是要通过构建企业可持续发展和绿色健康发展的约束机制，制定生产责任制度、排污制度和环境质量测评体系等，强化企业的社会责任意识。二是要积极通过税收减免、环境补贴、信贷支持等手段激励企业的绿色生产和资源节约。这些措施和政策手段不仅拓宽了企业转型升级的空间，还能够为企业转型升级提供良好的路径，在帮助企业实现经济效益的同时，增强其实现社会效益的能力，从而实现资源型产业成功转型升级。

第七，深化改革，加强资源型产业的转制。资源型地区产业发展具有特殊性，往往管理比较落后。可以说，一些资源型地区资源型产业的体制障碍是阻碍资源型产业转型升级的一大主要障碍。产业转制必须与资源型产业转型升级相结合，以转制带动转型是国外资源型产业转型升级的一种普遍做法。四川民族地区资源型企业中的国有企业具有规模大、管理水平较落后等特征，资源型产业转型升级需要破除体制障碍。在产权改革方面，国有企业的产权独立和明晰十分有必要，产权改革能够使得资源有效流动和组合，促进资源的合理、有效配置。同时，资源类产品的价格需要真正反映市场供求的关系和资源稀缺程度，以及资源开发补偿机制。四川民族地区存在资源价格形成机制不健全、管理体制较落后等问题。因此，资源产业的体制改革必须注重价格体系改革。资源类产品价格体系改革需要从价格形成机制改革、价格管理体制改革、价格水平改革等多方面入手。

7 四川民族地区资源型产业转型升级发展路径构建

7.1 四川民族地区资源型产业转型升级目标

四川民族地区资源型产业转型升级的目标是实现产业的高质量发展，以创新推动资源密集型企业长久可持续发展，增强资源密集型企业的国际竞争力，打造环境友好型的产业生产模式。重点企业要注重创新发展，以创新驱动效益增长，通过引进、合作、自主研发等方式升级、革新生产技术，争取突破技术上的难关；整合企业内部资源，组织更高效的生产管理模式；积极向产业上下游拓展业务，开发新的、高级的产品，同更多的企业合作，扩大市场。一般企业要积极思考转型升级的道路，特别是面临可利用资源枯竭的企业，要做好企业转型规划，整合企业内部资源，走跨越式发展道路，向第一产业、第三产业转型发展。促进资源型企业融合发展具体包括以下几个方面目标：一是提高企业的创新能力，不仅要提高企业的科技创新能力，实现企业生产的提质增效，还要在组织管理上进行创新，构建更高效的管理模式，实现资源型企业高效率地开发、利用资源，多维度地降低企业的生产管理成本；二是实现去产能计划，淘汰"弱、小、低、污染"产业，积极引导资源密集型产业向现代服务业和现代特色农业转型发展；三是延长资源型产业链，以科技创新支撑，推动产业向产业链高端延伸，提升资源的内在附加值，通过高端材料制造、成品装备制造实现产业整体效益的提升；四是加强生态建设，通过淘汰落后产能，实施矿区生态修复、河道治理等工程，通过开发新能源实现生态的可持续发展。

7.1.1 攀西地区

到 2022 年，攀西经济区经济总量力争达到 4 000 亿元，加快战略资源创新开发，基本建成世界领先的钒钛产业基地和我国重要的稀土研发制造基地。攀西地区坚持以科技攻关为重点，围绕产业转型升级，综合利用关键核心技术，加强资源综合利用，发展精深加工和终端应用产品。具体来讲，攀西地区转型升级目标如下：

（1）充分发挥"阳光"资源优势，加快发展以阳光康养为引领的现代服务业，结合"三线建设"背景推动文旅发展。

（2）推动攀西地区亚热带特色农业规模化、标准化、产业化经营；强化特色农产品品牌化包装，深加工农副产品，提升农产品的附加值；重点发展优质蔬菜、亚热带水果、花卉、中药材和优质烟草。

（3）利用攀西地区充足的光能、水能、风能，推动新能源基地建设；适度推进光伏电站建设，城市高楼、家庭住宅利用太阳能；开发水能，建设大型电站，打造水电产业基地；合理规划风能布局，科学开发风能。

（4）打造现代物流核心区，推动现代商贸物流园区建设，提升攀西地区的物流能力。

7.1.2 阿坝州

阿坝州主要完善生态安全屏障建设，坚持国家生态示范区的主要定位，严格遵守生态保护红线、环境质量底线和在线利用资源的原则，科学定义生态、生产、生活空间，促进对国家空间的控制；制定差异化环境准入负面清单，严格土地用途管制，保护和扩大绿地湿地，实施天然林保护、退耕还林、湿地保护、退牧还草、防沙治沙、森林质量精准提升、水土流失综合治理等重点生态工程，实施生态脆弱区和高寒草地综合治理，加强对金沙江、岷江、雅砻江和大渡河重点流域治理和水源涵养地保护；实施减排、压煤、抑尘、治车等工程，推进以电（气）代柴行动。

阿坝州将发展全域旅游作为主要目标，以生态旅游为主题建设国际生态旅游目的地；进一步将已有的风景名胜区的硬件设施及其特色进行综合规划，形成阿坝州内跨县市旅游文化资源整合及旅游线路的统一规划，结合各个景区的历史意义、文化内涵、优美景色打造一批世界级精品景区和旅游线路；有效提升区域内的基础设施和建设水平，推进国省干线旅游化改造，实施"交通+旅游"战略；建设绿色生态景观长廊和景观生态林，并沿途设置旅游综合服务点和旅游驿站；在主打景观旅游的同时，充分挖掘"文化+旅游"融合发展，基于藏羌优秀文化及红军爬雪山、过草地的长征精神，打造藏羌彝文化走廊、长征丰碑红色文化旅游线建设等重大文化产业项目。

阿坝州丰富的高原农牧业资源使得区域内农牧业发达并具有地域特色，储量巨大的天然鲜草可以为天然放牧提供饲料，出栏的羊、牛等牲畜的品质特别高。阿坝州应推进特色农牧业发展，持续推进农牧业产业结构调整升级，建设现代高原特色农牧业基地，统筹布局基地建设，成片、成带、成规模建设特色生态农牧业基地，引进推广特色农产品新品种，实施畜禽改良和动植物保护工程，培育特色农产品品牌；继续深化农业供给侧结构性改革，精准开发市场前景好、附加值高的特色农产品深加工业。

7.2　四川民族地区资源型产业转型升级机遇

7.2.1　西部大开发战略

中国实施西部大开发的主要目的是开拓中国西部有资源禀赋但经济落后地区，依托亚欧大陆桥、长江水道等交通干线，以线串点、以点带面，逐步形成我国重要的能源基地、生态基地、农业基地。四川是中国西部地区的人口大省、资源大省、经济大省、科技大省、文化大省，具有非常重要的战略地位。

四川作为西部大开发和内陆开放的重要"桥头堡"，东连重庆、贵州，北连青海、甘肃、陕西，向西也是进入西藏的主要通道，向南则是云南。四川是东部发达地区资源进入西藏、青海、甘肃等民族地区的必经之地，也是西部能源向东输送的关键节点。攀西地区是中国重要的资源富集区，矿石、水、光、风资源非常丰富，是四川重要的能源基地，也是四川向外输送能源的基地。攀西地区依靠矿石资源优势，形成了西南最大的钢铁业、钒钛业基地，也是中国西电东送的重要能源基地。未来攀西地区将定位发展我国重要的战略性资源基地，以打造钒钛开发新格局，建设钒钛高新区与攀西科技城，运用科技创新推动攀西资源开发得到又一次突破，为西部大开发和全国能源发展提供有力支撑。

阿坝州是西部大开发战略中长江上游最重要的生态屏障。随着三峡水库、电站的建成，保护长江上游生态建设尤为重要，这关系到长江上游生态经济的可持续发展。西部大开发重点实施天然林资源保护工程、退耕还林还草工程、生态环境综合治理工程。

7.2.2 长江经济带战略

长江经济带横跨我国东部、中部、西部三大经济区域,是具有全球影响力的内河经济带,是由地理条件连接的人为规划的协调我国东、中、西发展的经济带,也是生态文明建设示范带。长江经济带战略定位有四个方面。一是引领中国经济高质量发展的"排头兵"。随着我国经济进入新常态,经济发展必须转为创新力驱动,利用长江黄金水道的独特作用,构建东、中、西部的交通运输体系,打通资源的互流,推动沿江产业的优化升级,促进区域经济的高质量发展。二是生态环境系统保护修复的创新示范带。过去由于长江良好的水资源,为了节约成本,通常都是以沿江开发的模式为主,造成了严重的水土流失、水土污染、物种多样性减少等生态问题。长江是我国重要的生态经济动脉,必须以生态为发展理念进行适度开发,构建流域生态使之成为实施生态环境系统保护修复的创新示范。三是培育创新驱动带,以新动能引领经济转型发展。长江经济带是我国科教资源富集带,从长江出海口的上海市到下游的南京市,再到中游的武汉市及上游的重庆市、成都市,普通高等院校数量占了全国的43%,研发经费支出占全国的46.7%,建有2个综合性国家科学中心、9个国家级自主创新示范区、90个国家级高新区、161个国家重点实验室、667个企业技术中心,是我国科研创新的带状高地。国家坚决推动长江经济带的高质量发展,促进重点产业转型升级,坚决淘汰落后过剩产能,大力激发创新、创业、创造活力,实现由要素驱动、投资驱动向创新驱动的转变。四是推动区域合作。长江经济带上中下游资源、环境、交通、产业基础条件差异较大,特别是上游属于山地与高原地区,交通发展非常落后,但依靠丰富的资源建立了资源密集型工业体系和能源基地。推动长江经济带的高质量发展要发挥出长江上中下游地区的比较优势,创新区域协调发展机制,促进区域间的优势资源互相流动,提高资源的配置效率,激发内生发展活力。

四川在长江经济带发展中的定位,一是打造国家级重大产业基地,以长江经济带的发展为契机推进产业转型升级,重点推进攀西国家级战略资源创新开发试验区建设,重点发展新能源、航空航天和汽车制造产业,在全国建设重要的高端装备制造基地;二是围绕水电开发等清洁能源建设我国最大的能源基地;三是以信息、软件和生物学为重点,建设国家级高新技术产业基地。

7.2.3 "一带一路"（"丝绸之路经济带"和"21世纪海上丝绸之路"）倡议

"丝绸之路经济带"包括我国西北地区的陕西、甘肃、青海、宁夏、新疆，西南地区的重庆、四川、云南、广西。中国推进"一带一路"的原因：一是开拓新的经济增长点，利用"丝绸之路经济带"来带动经济实力薄弱的西部地区的发展，形成开放发展的新前沿；二是推进区域间包括基础设施在内的各种硬件、软件的互联互通，提升区域间的合作水平；三是开拓海外市场，扩大出口有利于消化中国严重过剩的产能，促进产业提升自我竞争优势；四是凭借构筑新的开放格局促进中国西部大开发。

四川在"一带一路"中要全方位扩大对外开放格局。目前已有川南临港片区、成都自贸区。通过长江黄金水道，加强四川与沿江各省的经济联系，利用内河连接国际海运，向东扩大开放格局。四川蓉欧班列常年开通，已成为运量最多、开行数量最多、通达范围最广、运行时效最优的中欧班列。四川南向开放的优势将更加明显，从成都出发向南到南亚国家比走长江水道再走海运节约一半的运输时间。未来四川将打通三条四川至泛南亚南向通道，建设运力更足的铁路运输和航空运输以满足运输需求，加强与南亚各国的合作交流。

7.2.4 四川"一干多支、五区协同"发展新格局

"一干多支、五区协同"的发展新格局是四川为促进区域间的协调发展所实施的，范围包括整个四川省的区域经济发展战略。"一干"指支持成都加快建设全新发展理念的国家中心城市，"多支"指依托环成都经济圈、川南经济区、川东北经济区、攀西经济区的区域经济优势打造各具特色的区域经济板块，使其竞相发展，形成四川区域发展多个支撑局面。"五区协同"是将成都平原经济区、川南经济区、川东北经济区、攀西经济区、川西北生态示范区看作一个有机整体，内部设施互联互通，产业优势互补。根据不同的发展历史与路径，四川民族资源型地区的攀西经济区主要推动产业转型升级，建设攀西国家战略资源创新开发试验区、现代农业示范基地和国际阳光康养旅游目的地。川西北生态示范区重点发展全域旅游、特色农牧业、清洁能源、民族工艺、生态经济等，充分发挥生态屏障功能。

7.2.5 "成渝地区双城经济圈"建设

"成渝地区双城经济圈"建设是继"成渝经济区""成渝城市群"后我国

西南地区发展的又一具有时代意义的大事，从区域到城市群再到双城发展模式的战略设计，由面及点，层层深入，体现了我国对西南地区高质量发展动态的准确把握，对"一带一路"、长江经济带、西部大开发战略以及四川省的"一干多支，五区协同"发展新格局具有重要的支撑作用。

统计数据显示，2014 年成都和重庆的地区生产总值占全国的 5.49%，到 2018 年，这一比例提升到了 6.6% 左右，提升速度非常快，可以看出成渝两地正慢慢发展为中国经济增长的又一关键的增长极。成渝城市群人口总数占到了川渝两地的 90% 左右，人口多必然产生大量的消费。拿汽车保有量数据来看，截至 2019 年年底，成都的汽车保有量约 520 万辆，仅次于北京，排全国第二，重庆的汽车保有量排全国第三。除汽车外，重庆作为摩托车之都，摩托车的保有量也非常巨大。

未来，在"成渝地区双城经济圈"的战略规划下，成渝经济区内将迎来一系列重大的基础设施建设项目，例如成渝高铁复线，成渝中部货运机场以及全域互通的高速公路等基础设施建设，这将对钢铁和化工业产品产生巨大的需求，攀西地区与阿坝州的资源型企业转型升级发展正好迎来这次西南地区改革的"春风"，可有效化解产能过剩、产品囤积等问题。成渝两地对机动车的巨大需求量可以通过产业链层层分解到对初级金属工业产品的需求，即攀西地区以及阿坝州的各类金属资源型产业可以向汽车车身板材、汽车底盘、汽车零部件等汽车能够运用到金属的地方进行开发生产。不仅如此，相关企业还可以联合四川、重庆的大型机动车制造商开发汽车发动机、变速箱等汽车核心部件的特殊金属产品。资源型企业之间再互相合作，形成完整的产业链。

西部大开发是"开荒"，长江经济带是发展，"一带一路"是开放，"一干多支、五区协同"是做强，"成渝地区双城经济圈"是极致。在上述发展战略或倡议中，四川作为一个特殊的省份，是众多发展战略的交汇省，有较多的政策支持。无论是在国家级战略中，还是在省一级的战略中，攀西地区的发展都非常明确地定位为国家战略资源创新开发试验区，阿坝州的发展定位都是以建设长江上游生态屏障为主。这不仅为这两个地区的发展指出了明确的方向，同时也将为它们带来众多的政策支持和发展契机。

7.3　四川民族地区资源型产业转型升级发展路径构建的原则

四川民族地区资源型产业转型升级发展路径要立足于国家对四川经济工作的指导，再根据四川省对四川民族地区资源型产业发展的部署，探寻资源型产业转型升级的路径，坚持改革创新和科技攻关双轮驱动，突出资源综合利用核心任务，加快结构调整转型升级。

在国家提出的高质量发展背景下，推动产业的高质量发展，既是保持经济持续健康发展的必然要求，也是适应我国社会主要矛盾变化和全面建成小康社会、全面建设社会主义现代化国家的必然要求，更是遵循经济发展规律的必然过程。其本质是提升企业经济活力、创新力和竞争力，为企业的发展提供新机遇。

资源型产业转型升级是高质量发展的必然要求，目前，四川民族地区资源型产业总体处于初级阶段，以钢铁、铝、煤、水电为基础的资源型产业仍然是四川民族资源地区工业产业的主体，攀枝花市的钒钛产业已初具规模，但技术上的难题还有待攻克。攀枝花市、凉山州的水电建设正在向大型化方向发展，凉山州的风电清洁能源规模逐步加大，未来将建成四川最大的风电能源基地，阿坝州的生态建设也扎实地推进着。结合四川民族地区资源型产业发展的实际状况，转型升级发展路径构建应当遵循以下五个方面的原则。

7.3.1　政府引导和市场化推进相结合原则

资源型产业转型升级发展要在政府的引导下坚持市场决定性作用，根据国际国内大环境制订合理的转型升级计划，突破行业难题，生产具有高效益的资源型产品。为此，当地政府应该落实中央与地方对资源型产业转型升级的特殊政策，积极引导资源型产业朝着符合市场需求的方向发展。

7.3.2　循序渐进原则

资源型产业转型升级是一个长期的发展过程，不可能一蹴而就，其中会经历非常多的阶段，只有层层推进，稳扎稳打，将每个阶段做扎实、做完美，资源型企业转型升级才能达到预期效果。为此，政府需要科学地评估资源型产业转型升级所处的阶段，制定出符合此阶段的产业规划、财税支持政策。企业同样应根据转型升级的进度制订每年的计划、预计达到的目标，争取早日进入高质量发展的轨道。

7.3.3　系统性原则

四川民族地区资源型产业是一个复杂的系统，不同类型的资源型产业既存在差异又存在产业链上下游关系。产业转型升级应坚持系统性的原则，将整条产业链都纳入转型升级的范围，确保从低端产品到最后的应用型产品都能达到高质量发展的要求。

7.3.4　效益综合原则

四川民族地区资源型产业转型升级强调技术升级、节能减排、开发高端产品，提升资源的综合利用率和效益，表面上看是将生态效益放在了第一位，但这并不意味着将社会效益和经济效益抛在生态效益之后，而是通过转型升级提升社会效益与经济效益。只有实现社会效益、经济效益、生态效益三者统一，资源型产业转型升级才有其实际意义。

7.3.5　重点突破原则

四川民族地区资源型产业转型升级是"一盘大棋"。由于社会资源总是稀缺的，所以要科学地规划好优先推进哪些重点工程、重点项目，然后再以重点工程、重点项目带动后推进的工程、项目发展。对此，优惠政策要适当向承担重点工程、重点项目的企业倾斜，先取得某些转型升级的重大突破，再以点带面推动全局发展。

7.4　四川民族地区资源型产业转型升级发展路径构建重点

7.4.1　转变经济发展方式

资源型产业转型升级就是要将经济的增长动力转变为创新驱动。要做到这点，一方面，必须深化企业经济体制的改革和创新，以产权制度改革为核心，通过深化企业改革，建立产权多元化的经济结构，完善有益于转变经济增长方式的运行机制，使企业能从长远角度来考虑和规划企业的发展路径，不只注重眼前利益，而是真正把企业的高质量发展作为关系企业兴衰的大事来抓；另一方面，加快推进企业经济结构调整，进一步完善和优化产品结构、投资结构和劳动力结构。要通过科技进步促进主导产品的新突破，形成科技含量高、市场竞争力强的支柱产业，坚决关闭和淘汰投入多、耗能高、污染重、效益低的项目，从而实现从粗放经营向高质量发展的转变。

7.4.2　提升产业创新能力

过去由于产业发展更多是为了适应经济高速发展的要求，所以产业将提升经济效益看作企业发展的首要目标，轻视了企业对科技研发方面的工作，导致我国企业的科技水平逐渐落后于世界同类产业的生产平均水平。提升资源型产业创新能力是转型升级工作的首要任务，要使资源密集型产业通过创新转为技术密集型产业。要提高资源型产业的自主创新能力，首先必须改变产业发展的战略思路，以增强核心创新能力、转变粗放型经济增长方式、提高产业技术水平为目标。通过创新生产技术，改造工艺流程，更新设备设施，提升资源使用率、废物回收利用率，降低生产成本，提高产业的硬实力。通过创新产业组织管理，提升包括管理人员、技术工程人员、操作人员等所有员工的创新意识。

7.4.3　大力发展资源深加工和应用产业

资源深加工体现了资源使用的效用度和产业链发展的整体水平，也代表了行业的研发水平。资源的深加工和直接应用产品是资源价值利用率最高的体现，其附加值远远高于对资源的直接利用。四川民族地区资源型产业以资源的基础开发为主，原始资料的高值产品开发较少，目前只开发到金属材料阶段，还未形成装备的整体制造，产业链顶端的应用性产品还非常少，资源的价值开发与使用率非常低。资源型产业转型升级就是要将产业链向高端制造、成品制造延伸，减少资源的粗放使用。

7.4.4　培育优势骨干企业

骨干企业代表着以下几方面的内容：一是国民经济收入的主要来源，特别像中国这样的发展中国家，骨干企业创造的经济收入在国民收入中占有较大的份额；二是社会稳定的重要基础，骨干企业能为国家创造非常多的就业岗位，提升就业率，可以有效地支持国家重大政策的实施；三是化解金融风险，骨干企业雄厚的资金保障、规范的经营管理能够很好地抵御风险，化解危机；四是产业发展的代表，骨干企业是拉动产业发展的"火车头"，大型企业不易受到技术、资金等制约，生产和研发都有足够的保证，在国际竞争中能展示出较强的竞争力。目前四川民族地区资源型企业中攀钢集团有限公司一家独大，年收入超500亿元，其他百亿元级别的企业数量非常少，几十亿元收入规模的企业占大多数，大中企业层面构成较弱，难以支撑国家重大战略的发展。四川民族地区资源型企业转型升级要培育多个在科技创新、生产经营方面具有雄厚实力的企业，形成产业转型升级的几个重要支撑点，以这几个支撑点带动全局的发展。

7.4.5 提升资源型企业的经济效益

四川民族地区资源型产业转型升级的最终目的是要推动经济高质量发展，并不是单纯地搞技术研发、产品研发，而是需要根据市场需求使企业获得经济效益，这是推动产业转型升级的核心动力和持久动力。提升企业的经济效益并不单纯指利润的提升，它涉及企业生产效率、经营效益、管理成本等多个方面。企业提高经济效益，必须采取以下措施：一是依靠科技创新，升级核心技术，采用先进技术和设备，运用现代科学技术改造企业，优化生产。二是采用现代管理方式，提高企业管理水平。从宏观管理的角度制定和实施科学的产业政策，确保生产结构的协调化、高级化和差异化；从微观层面降低企业的运营成本，充分发挥人力、物力提高劳动生产效率和资金利用率，保证产品适合市场的需求。除此以外，还必须建立完善的职工培训和产品售后服务体系等。三是利用企业的兼并和破产提高企业的经营效益。企业作为产业和市场的主体，其经济效益的高低突出表现在能否在激烈的市场竞争中站稳脚跟，在高质量发展的背景下，企业转型升级的过程中必然会出现优胜劣汰，通过兼并差的、淘汰劣的、强者联合等方式来实现优势互补、优化资源配置、降低生产成本，进而优化产业结构，才能低成本地集中更多的社会资源来促进先进技术的研究和开发，提高企业的国际竞争力。

7.5 四川民族地区资源型产业转型升级发展路径

7.5.1 攀西地区资源型产业转型升级发展路径

7.5.1.1 强化科技创新

攀西地区资源型企业只有着眼于经济发展的大趋势，以社会和市场需求为导向，把原始创新、系统集成创新和引进消化吸收创新结合起来，在关键领域掌握更多的核心知识产权，才能抢先占领科学前沿和战略高技术领域的高地。攀西地区的资源型产业应聚焦低成本、高值化、高效率利用的攻关方向，开展低成本制备及合金材料等产业示范工程建设；深度与科研院所、高等学校、国内外行业龙头企业合作，整合创新资源；推进国家重点实验室、国家企业技术中心和省级工程、技术研究中心建设，积极创建国家新材料产业创新中心，升级创新生产技术，解决制约攀西资源产业发展的重大技术瓶颈问题。以钒钛产业为主攻方向的企业应升级创新钒钛制备技术，开发以钒钛为主的新材料，按照高科技含量、高产品附加值，低能耗、低排放的产业技术标准，提高钒钛磁铁矿中伴生金属的提取率。

7.5.1.2 延伸资源型产业链

攀西地区资源型企业应全力发展资源深加工和应用产业，延长产业链，提升资源产品附加值，丰富工业内部层次；将钒铝合金、钒能源材料等战略性高端产品作为钒钛产业的发展重点，同时发展众多的高附加值产品，例如专用钛及钛合金材料、粉末冶金专用钛合金粉末等。稀土资源是高端磁性材料、储氢合金及镍氢电池等新能源材料以及催化材料、发光材料等工业材料的重要制造资源，产品附加值极高，企业应将稀土制造业从开采到成品形成一条条完整产业链条，充分挖掘每个生产环节的价值。凉山州可利用丰富的有色金属资源大力发展铜箔、铜镍合金、高铝锌合金等精深加工产品。目前来说，凉山州还缺乏大型的有色金属制造企业，产业生产链条非常松散，有色金属的发展前景比较乐观，是资源型企业转型升级的良好路径。

7.5.1.3 主攻钒钛产业

钒钛应用范围广泛，高端产品的附加值非常高。攀西地区钒钛资源储量在世界上都占有优势。目前攀西地区的钒钛产业开发还处在初级阶段，高端产品开发较少。钒钛产业是攀西地区资源型产业升级的有利保证，应建设生产技术世界领先、产品种类丰富的全流程钒钛产业基地以及钒钛材料深加工基地，推进资源就地转化为产品。钒产品重点发展钒铝合金、钒电池、钒钛储氢燃料电池等，钛产品重点发展钛白粉、海绵钛以及钛材料深加工，开发钛在航天、化工、海洋工程、医疗设备、民用等领域的应用。利用钛材硬度大的特性匹配生产页岩气勘探用钻头、钻杆、套管，压裂车零配件，飞机面板和发动机、骨架、起落架等结构件的钛板材、钛铸件。

7.5.1.4 发展以阳光康养为主的旅游业

钒钛产业作为资源型产业高端开发对象，其属于产业升级范围，而阳光康养产业的开发是真正意义上的资源型产业转型发展。首先，阳光康养生产原料不再是以矿石为主，而是以可再生的太阳能为依托，在生产方面完全摆脱了对不可再生资源的依赖，并且太阳能是可再生的无污染的能源，不会对环境造成污染，符合环保生产的要求。其次，在产业结构上，阳光康养属于现代服务业的范畴，最符合资源型产业转型的内在要求，在资源型产业转型发展中最具代表性。

攀西地区的阳光康养产业主要以攀枝花市为中心，因其地理位置处于北纬26°左右，夏季雨热同期，冬季阳光充足，气候非常适合人居住，且攀枝花市整体海拔仅在 1 300~1 500 米，正是世界上著名的长寿区域的标准海拔，大气中负氧离子较多，其能促进人体新陈代谢。攀枝花市一年四季阳光灿烂，年均温度 20.3℃，日平均光照时间保持在 8 小时左右，全年日照时间 2 300~2 700 小时，无霜期 300 天以上，昼夜温差 10~15℃。充足的光热对治愈中老年的骨病等具有显著自然疗效。据统计，2015 年到攀西地区体验阳光康养的游客达 10 万人次，加之攀西地区有风景优美的邛海、泸沽湖等自然景观，也有彝族风情、会理古城、扶贫成果景观，以及承载着我国工业变迁史、见证了新中国成长历程的"三线建设"区域。同时邻省云南的昆明、大理、丽江等地旅游资源非常丰富，攀西作为四川、重庆、贵州通向云南的必经之地，可与邻省联动发展旅游业。随着攀西地区交通逐渐发达，政府全力推动攀西全域旅游业发展，全年各种形式的旅游人数众多，攀西作为旅游集散地，未来旅游相关产业将快速发展。

资源型产业可依托攀西地区特色旅游资源，并按照政府对旅游业的总体规划与布局合理地将本企业的转型融入旅游业发展路线。攀枝花市主要以阳光康养为主，企业可发展阳光康养主题精品特色酒店、寓所，结合自身的企业文化打造企业生产基地观光、企业文化展示等旅游体系。凉山州资源型产业转型旅游发展可以结合阳光康养与扶贫开发成果展示。例如，近年中央对凉山州深度贫困地区的扶贫开发取得了重要成果，有许多自然风景资源丰富的地方交通状况已大大改善，贫困户异地搬迁集中居住形成了错落有致的彝家新寨风景线，以及在风电扶贫开发建设中风电基地建设打造的风电景观都是旅游业的新资源。

7.5.1.5 发展大型攀西水电站

攀枝花市境内河流隶属长江水系，流域控制面积较大的主要有大河、三源河、安宁河三大支流。境内大小河流 95 条，其中流域面积大于 500 平方千米的有 6 条。水能资源理论蕴藏量 687.9 万千瓦时以上，可开发电量达 599.4 万千瓦时。而同属长江水系的凉山州的水资源更为丰富，凉山州有金沙江、雅砻江和大渡河三大水系，流域超 1 000 平方千米的河流有 11 条，大于 500 平方千米小于 1 000 平方千米的河流有 11 条。除河流以外，凉山州还有 23 个内陆淡水湖泊。理论水能资源蕴藏总量达 7 100 万千瓦时，可开发电量为 5 900 万千瓦时，平均每平方千米可开发电量为 337 万千瓦时。

长期以来，因为攀西地区面积广阔，资源密集型产业较多，工业与民用电量需求都非常大，与此同时，中国水电开发技术还未达到能够在复杂地理环境下开发超大型水电的要求。为了满足用电需求，一方面是采用火力发电解决高能耗的工业用电问题，另一方面是建设许多中、小、微型水电站，同时满足人口集中区和偏远地区的用电需求。随着中国水电技术的发展，电网建设技术的突破，中、小、微型水电站，特别是微型水电站产能落后且对局部河流生态破坏较大，已失去了其发展的现实意义。目前凉山州境内金沙江水系已建成溪洛渡大型水电站、乌东德水电站。未来白鹤滩水电站将建成，其装机容量达 1 600 万千瓦时，年平均发电量超 600 亿千瓦时，不仅可以有效带动当地经济的发展，而且可以从能源方面满足攀西地区资源型产业对能源的需求，每年还可以节约标准煤约 1 968 万吨，减少排放二氧化碳5 160万吨、二氧化硫 17 万吨、氮化物约 15 万吨，能有效改善我国能源结构、减少大气污染物排放，节能减排效益显著，符合高质量发展背景下能源产业的发展要求。而这只是攀西地区水资源高质量开发的冰山一角，在攀西其他区域，依然有丰富的水资源等待开发，因此，建设大型水电站是攀西地区水电建设的必然要求。

7.5.1.6 发展攀枝花市光伏产业

攀枝花市光照充足，十分利于光伏产业发展。目前攀枝花市光伏产业正在起步阶段，但作为清洁能源，光伏产业发展态势良好，未来可全面涉及从大型光伏产业基地到小型社区光伏。这就为资源型企业转型升级提供了良好契机。资源型企业不仅可以直接做光伏产业服务，同时也可以生产光伏产业设备，如光伏板、光伏电池、光伏照明灯等一系列中间产品或最终应用性产品。光伏产业的每一个环节，都是资源型企业转型升级的契机。

7.5.1.7 发展凉山州风电产业

凉山州风能资源丰富，包括河谷风与高原风，全年有风时间超过 5 个月，6 级以上风日数在 61 天以上，大部分地区年平均风速为 6~7 米/秒，风向稳定、开发利用条件好。理论风能资源蕴藏量约为 1 200 万千瓦时，能通过现有技术条件开发量约为 1 000 万千瓦时。在时间上，多风、大风季节为每年的 11 月到来年的 5 月，时间刚好与枯水季节互补。

作为风电开发的重点区域，凉山州未来风电开发应按照合理布局、适度开发的要求，在保护好生态环境的前提条件下，往景观构造式的开发方向发展，完善第二产业，并融合第三产业共同发展；同时加强风电项目管理，细化、优化选址，提升风电设备质量，控制发电总量，合理地用清洁能源代替污染能源，保证同时获得经营效益与产业革新成果。

7.5.1.8 建设现代特色农业体系

攀西地区，特别是攀枝花市独特的热带农业资源优势，有着鲜明的热带、南亚热带特色，有利于植物在生长过程中蛋白质、糖分等干物质的积累，且由于气候原因，攀枝花市农产品能最大限度地发挥错季节上市优势。

攀枝花市的特色水果产业集中在晚熟芒果、冬季琵琶和软籽石榴上。晚熟芒果通常在 9 月至 10 月成熟，比海南、广东、广西和云南等中国主要产区晚上市 1~2 个月，入市时间自然地避开了其他地区的竞争，销售行情好，经济效益高。冬季枇杷在元旦、春节前后上市，正处于全国冬春鲜果淡季，市场竞争力非常强。

凉山州特色农产品有盐源苹果、会理石榴、苦荞等众多国家地理标志保护农产品。盐源苹果属于国家地理标志保护产品，因盐源的气候条件适合苹果优质生长，生态环境保护良好，其苹果香、甜、脆。盐源苹果有很多优质品种，包括早、中、晚品种。早到 6 月上市（比比方苹果提前 40 天），晚到 10 月底，入市时间长，在销售时间上比其他地区更有优势。会理石榴也是国家地理标志保护产品。会理有着中国石榴之乡的美誉，不仅石榴种植规模居全国第一，品质也居全国之首，其石榴果大皮薄、色泽艳丽、粒大籽软、味甜汁多、富含多种维生素及 28 种氨基酸，上市时间早于国内其他地区 30~50 天，能获得非常好的经济效益。凉山州是全国海拔最高的苦荞种植区域，自然环境最好，无工业污染。目前国内对苦荞茶的需求量日益扩大，苦荞销售市场前景非常好。除上述农产品外，凉山州还有脐橙、烤烟、土豆、花椒、菌类等众多特色农产品，同时也有高原山羊、鸡、猪等竞争力极强但还未成规模养殖的畜牧产品。

虽然攀西地区的特色农牧资源丰富，但开发尚处于初级阶段，特别是市场化依然不够成熟。过去由于该地区的交通非常不便利，优质农产品向外输出较少，产品销售范围仅局限于攀西地区以及周边邻省市场。随着物流业的快速发展以及生鲜物流技术的突破，攀西地区的特色优质农产品向外的市场逐渐打开，但品牌意识不强、品牌知名度较弱、品牌形象不突出。资源型企业转型农业发展，要以经济效益为中心，突出品牌效益的转型理念，将品牌价值附加在产品上，提升产品的知名度，提高消费群体对产品的信赖度。将农产品品牌建设放在农业经营主要地位，一是要从产品差异化入手，从种养开始就对品种进行改良，并从包装上进行差异化设计（可结合资源型企业的发展历程以及企业文化对产品进行包装）；二是要保障农产品的质量，产品要达到农产品质量有关认证机构的标准，对关键技术可以申请专利，从质量上保障品牌化的可持续发展；三是要利用好资源型工业企业转型农业的特色发展理念，打造特色农产品，借着企业的营销大平台做好特色产品宣传，打造资源型工业产品+特色农产品的发展模式。

攀西地区可建设现代农业基地，促进三次产业融合发展。资源型企业利用开发后的矿山、矿场可发展种植业，在转型发展特色农业的同时，利用农业的生态功能进行生态修复。此外，攀西地区可规模化地打造现代农业示范基地，形成"育繁推"一体化现代种业生产基地、现代花卉产业基地、现代蔬菜集约化种苗繁育中心、现代优质粮油产业基地、蚕桑丝绸产业基地、现代设施蔬菜产业基地、特色水果基地、全国重要的优质烟叶基地。

攀西地区的优质特色农产品是食品深加工的良好原料。农产品深加工将三次产业贯穿起来，有效增加了农产品的价值，也是农产品品牌化发展的另一种模式。目前攀西地区的食品深加工业还未成熟，有巨大的市场空间。资源型企业可以利用自身工业优势，引进农副产品深加工生产流水线，并积极寻求与国际国内知名食品制造商合作，冠以攀西地区优质生产原料的特色。

7.5.1.9 转型第一产业+扶贫开发

攀西地区是自然资源十分丰富的地区，但地区内经济并不发达，特别是凉山州，贫困人口众多、贫困成因复杂，扶贫开发难度较大。而攀西地区的农业特色优势明显，农业面积广，但农业弱、小是目前攀西地区农业面临的亟待解决的问题。我国对农业产业扶贫投入巨大，由政府主导并负责实施的农业产业扶贫取得了重大的成果，成为减贫的重要法宝。未来农业产业扶贫的持久动力不仅要依靠政府持续对农业产业的投入，也要依靠企业的扶贫力量。资源型企业可以很好地扮演此类角色，一是可以参与扶贫农业产业基地建设，承包农民土地，利用自身资源，聘用农业相关技术人员，精准把握市场，有针对性地开发特色农业种植；二是打造电商平台，运用龙头企业+电商+农户的模式，收购农产品或发展订单式农业，利用网络平台打开产品销路。企业转型发展第一产业并兼顾扶贫开发不仅能为贫困地区创造更多的就业岗位，带动地区经济发展，而且可以享受到国家扶贫政策的红利，转型发展的方向更加明确，转型发展融资要求也可获得国家的大力支持。

7.5.1.10 转型物流，融入四川南向门户建设

交通物流体系是区域经济发展的"动脉系统"，扩大对外经济交流是资源型城市转型升级的重要途径。攀西经济区"十三五"发展规划将加快构建攀西地区综合交通运输体系，破解交通制约地区发展的难题；将构建"四向八廊"综合交通走廊和南亚国际经济走廊，加快畅通金沙江综合交通运输通道，精准对接"一带一路""长江经济带"发展；完善攀西经济区内部交通网络，使攀枝花与西昌联动发展。铁路方面，攀西地区将开通成昆铁路复线动车线，建设大理至攀枝花、宜宾至西昌的铁路线。公路方面，攀枝花至丽江、攀枝花至大理、乐山至昭觉县等主要跨区域高速和多条区域内部高速路正在建设。航空方面，区域内的西昌青山机场将扩建。未来攀西地区的水陆空交通条件都将大大改善，为物流业的发展提供基础设施保障。

攀西地区作为资源型工业地区，工业产品繁多，地区农副产品丰富，并且作为四川南向开放通道上的关键节点，物流服务需求十分巨大。资源型企业可以整合在生产中积累的交通资源，与国内外知名的物流企业合作，发展现代物流服务，结合政府政策联合其他有实力的企业打造现代化、专业化的物流园，加快构建以钢铁、钒钛产品大宗货物物流为龙头，以攀西特色农产品物流、机电等专业化市场物流、城市消费品配送物流、农村电子商务物流为支撑的现代物流产业体系。

7.5.1.11 资源型产业扩大对外开放格局

攀西地区可围绕四川南向开放门户建设，不断深化和拓展攀西地区对外开放合作的新领域、新空间，促进技术、资金、人才等要素资源的流动，激发攀西地区转型升级发展的内生动力，更加积极主动地融入"长江经济带"和"一带一路"建设，加强与宜宾、泸州、重庆、万州等长江沿线城市，成都、昆明等中心城市的联系，稳定西南市场；深化与周边大城市的产业合作，促进攀西地区的钢铁、钒钛、有色金属等资源型产业与汽摩、飞机、机械、新材料等产业的融合发展，同时可进一步合作，通过企业协同发展，提供产业链优惠服务，吸引有能力的外地企业到攀西地区投资建立生产线；进一步加强与东南亚各国的交流合作，积极拓展海外市场，引进海外先进技术。

7.5.2 阿坝州资源型产业转型升级发展路径

阿坝州属于再生型资源型地区，其发展已逐渐脱离对自然资源的依赖。根据国家制定的四川省的发展战略，未来阿坝全州将作为川西北生态示范区重点发展全域旅游、特色农牧业、民族工艺、生态经济等，充分发挥生态屏障功能。

阿坝州相对于攀西地区在矿石资源禀赋上不具有优势，且该地区也不属于传统资源型产业发展区域，资源型工业体系发展并不完善，没有形成如攀西地区那样完好的工业体系，对国家战略资源创新发展不具重大发展意义，转型升级的综合效益较低。此外，阿坝州国家生态建设示范区的发展定位，将会极大地压缩资源型企业的发展升级空间。资源型企业应该根据阿坝州的发展定位，积极融入阿坝州以生态建设为主题的时代发展潮流。

7.5.2.1 兼顾电力建设与生态保护

阿坝州河流众多，有岷江、嘉陵江、涪江、大渡河等，流域内水量充沛，河流天然落差大，年均水资源总量4 464亿立方米，水能理论蕴藏量约1 933万千瓦时，可开发量近1 400万千瓦时。在考虑生态优先的情况下，水电资源开发需要注重有序性，停止乱序开发对溪河有影响的小型水电站，电站建设要全面实现大型化，并做到电站大型化与生态保护共同发展，资源型企业要融入雅砻江、金沙江、大渡河"三江"水电基地建设，争做水电基地建设中的一环。

7.5.2.2 转型发展特色农牧业，建设现代高原特色农牧业基地

阿坝州属于我国重要的农牧区，农牧资源有独特优势，且发展历史悠久，每一方土地都有其特色农牧产品，北部高原高山区有牦牛、藏羊、藏猪等优势畜牧业，金沙江流域有无公害错季节蔬菜、酿酒葡萄、中藏药材，雅砻江流域有青稞、花椒和春油菜，岷江和大渡河有甜樱桃、车厘子、李子、酿酒葡萄、食用菌、花椒、核桃等。阿坝州农牧业将与生态建设深度融合，按照现代农业发展要求，成片、成带、成规模建设特色生态农牧业基地，杜绝零散发展的农业模式给生态环境带来的负面影响。

7.5.2.3 大力发展农牧产品精深加工

阿坝高原农牧产品品质优良，是副食加工的上乘原料，目前已形成牦牛制品的成熟加工体系，以及高原葡萄酒、中藏药材等加工链。但该区特色农产品的加工还未全面化和深度化，仍有较大的开发价值。

7.5.2.4　培育特色生态农产品品牌

阿坝州生态建设与生态农业发展相辅相成。建设具有生态效应的品牌，利用生态建设上的优势，赋予产品生态竞争力，加强农产品质量安全监管体系和质量溯源建设，打造一系列的生态农产品链条，可将生态发展与生态农业建设的效益发挥到极致。

7.5.2.5　重视农业产业扶贫

阿坝州作为全国深度贫困区域之一，同凉山州一样是全国脱贫攻坚的主战场。阿坝脱贫发展的持久动力依然需要依靠农业发展来提供，凭借阿坝州丰富优质的农业资源，以及全州的生态农业定位，农业发展潜力更加巨大，农业产业脱贫发展空间更为广阔。

阿坝州资源型企业转型第一产业的条件更加优越，可全面融入阿坝州生态示范区的建设与阿坝州扶贫开发之中，利用自身资源优势，合理转变工业生产基地为农业生产基地，利用农业的环保生态功能进行资源开采及生产基地的生态修复，打造具有现代化、生态化的生产模式，引领地区农业发展。此外，阿坝州可建设标准化的草地、人工饲草地，加工生产饲料，依托阿坝州繁荣的养殖业，抢占饲料供应市场；把转型农业发展与扶贫开发相结合，助力农业产业脱贫，争取政府的扶贫政策红利。

7.5.2.6　打造全域生态旅游发展

阿坝州有独特的山川地貌及历史文化遗迹等丰富的旅游资源，包括世界自然遗产九寨沟、黄龙，卧龙大熊猫自然保护区等森林公园式的世界著名自然景区，以及长征史诗、汶川地震特别旅游区和藏文化、羌文化等人文景观。

旅游业是阿坝州的主导产业。目前阿坝州正在建设全域旅游的发展格局，未来将规划打造一批世界级精品景区和旅游线路，包括川西环线、九寨—黄龙环线、稻城亚丁环线、红色经典文化旅游线、环红原机场旅游经济圈等。随着"交通+旅游"战略的实施，阿坝州旅游基础设施也将得到较大改善，可利用交通基础设施打造绿色生态观光廊道、旅游干线综合服务体和旅游驿站，提升安全应急、医疗救助等基础设施建设。

资源型企业转型融入阿坝生态旅游建设的方法，一是可以转型发展生态农业与农业观光基地，融合第一、第三产业发展，建设优质果园采摘、生态蔬菜生产基地展示；二是融入旅游基础设施建设，沿旅游交通线建设旅游设施，发展购物娱乐、餐饮住宿、自驾营地、汽车修理等服务设施。

8　四川民族地区资源型企业转型升级发展保障措施

8.1　构建资源型企业转型升级发展的市场体系

市场在资源配置中起决定性作用，市场能够通过价格机制和竞争机制，提升资源利用的有效性进而促进生产的发展。充分发挥市场机制的决定性作用是推动资源型企业转型升级的重要保障，四川民族地区应利用市场机制主动激发资源型企业积极参与到转型升级的发展中。

8.1.1　加强金融支持

政府和金融部门设立企业转型升级专项财政和信贷资金，对转型升级发展的关键企业、关键项目、技术开发、示范项目等开通更多的金融绿色通道，给予更多的金融优惠。政府或相关单位应构建金融融资体系，引导社会资金和各类投资主体抓住高质量发展背景下转型升级的契机，以合资、独资、参股和控股的形式参与到各类转型升级发展中去；探索结合股权和债权的新型融资方式，并大力发展诸如"园保贷"、"知识产权质押"、应收账款质押等金融服务模式；鼓励成立专业性的金融机构，形成有利于资源型产业转型升级发展的金融体系；支持担保机构、再担保机构、股权托管中心、股权投资管理公司对于转型升级企业融资担保、资金管理的支持；建立完善的企业投融资服务平台（企业信用信息平台），支持攀西经济区和阿坝州法人金融机构跨行业设立分支机构。

8.1.2　建立差别化的价格机制

建立差别化的价格机制，可通过市场的价格机制作用倒逼资源型企业转型升级。科学合理地制定资源价格，使其能够正确反映资源的供求状况、稀缺程度和社会成本。在能源市场供应和利用方面，利用价格机制引导能源开发企业和消耗企业高效开发和高效利用，促进企业的节能减耗发展。政府对于产能落后、资源使用超标、排污严重的企业应实行高能源价格政策，并制定严格的资源超额使用加价的收费政策。

8.1.3 完善市场信息化建设

市场信息是企业制定经营战略与策略、进行市场竞争的重要依据。企业通过分析市场信息，可以掌握和利用经营机会，提高企业的经营收益。企业只有在充分了解市场变化和发展趋势后，才能正确了解产品的供应状况、销售渠道。只有通过搜集、分类、传输、存储和使用此信息来确定公司的产品销售渠道、销售活动和价格策略，才能继续扩大市场。由于企业获得市场信息的能力总是有限的，不能对市场的变化做出及时的反映，更不可能有效搜集到"消费者"的消费偏好，所以需要建立市场云服务平台，利用平台对信息的搜集和发布功能信息化管理企业生产经营，通过产业以及相关产业的生产经营状况，合理地制订本企业的生产经营计划。

8.2 完善资源型企业转型升级的政策法规体系

8.2.1 完善财政支持政策，加大财政支持力度

对于企业转型升级，政府作为"搭台者"应当完善财政支持政策，通过财政政策引导整个地区产业转型升级的发展，包括确定资源开发的规模、资源企业年生产量、转型升级产业布局和产业结构政策等多项内容。为此，政府应首先加大对资源型企业转型升级所需要的配套的公共基础设施的投资力度，规划新建现代工业园区，减轻资源型产业转型升级初期的成本压力，充分调动资源型企业参与转型升级发展的积极性；并且通过高新产业园实现产业融合发展、新兴技术共享、行业信息共享，提高产业的集约化程度，达到优势互补，增强企业竞争力。其次，政府应加大对产业园区的财政支持力度，设立"园区专项资金"用于园区的规划、基础设施贷款贴息、公共服务平台建设。

8.2.2 完善民生保障措施

高质量发展背景下企业转型升级势必面临企业人员变动问题。企业为了建设适合高质量发展的内部管理体系，通常会精减人员，因此企业面临的下岗员工的基本生活、医疗保险、养老保险等问题的压力较大。政府首先应该保障下岗工人的基本生活问题，对于家庭人均收入低于当地居民人均收入的，要按照规定要求满足其最低生活保障；其次，要根据养老保险有关规定，继续为下岗员工缴纳养老保险金；再次，要妥善处理好下岗工人"再就业"问题，组织社区开展下岗工人职业培训，帮助下岗工人规划新的职业方向。对于想从事个体经营或开办私企的下岗工人，政府在一定时间内适当减免相关工商行政管理费用，并提供信贷优惠政策，支持下岗员工自我创业，自谋出路。对于积极吸收下岗工人就业的企业，政府可以按照吸收人员规模对企业进行一定量的财政补贴和税收优惠。

8.2.3 完善税收优惠政策

依法落实经济区建设中对产业、行业、企业、个人的税收优惠政策。一方面，政府在企业转型升级，生产面临困难时期适当减少税收，减少企业的资金压力，给予企业更多的资金空间。实行税收优惠差别化政策，对于大力实施技术研发、开发高端附加值产品、积极投入节能减排与环保建设等一系列落实高质量发展理念的企业实行"见成果，少税收"的动态税收制度。针对产能落后的企业，减少税收优惠力度，给予适当的税收压力，迫使其积极探索企业转型升级的道路。另一方面，对创新型人才适当减免个人所得税，直接调动科技人员的积极性，并将其劳动价值与个人收入联系起来，充分激发科技人员的创造力，促进人人创新的发展理念。为了鼓励人力资本投资，调动科技人员积极性，税收政策除了改进个人所得税的征收方式等一般性措施外，还可以对个人的技术转让等收入减免个人所得税，对在研究和创新活动中取得特殊成果或贡献的研究人员获得的各种奖金和特殊津贴免征个人所得税，以更全面的个人税收优惠政策激发科技人员的创新动力。

8.2.4 建立健全法律法规

完善法律法规是保障资源型企业转型升级的重要措施，现在有关自然资源开发保护方面的法律有森林法、草原法、矿产资源法、水法，有关污染防治的法律有水污染防治法、大气污染防治法、固体废物污染防治法、噪声污染防治法等，相关的法律体系比较完善。为保障四川民族地区资源型产业转型升级发展，需要做好三个方面的工作。一是地方政府可以在国家相关法律法规的框架内，制定出相应的地方性法规和实施细则，促进资源型企业转型升级发展的。二是开展严格符合法律法规的执法活动，各部门的管理职能和执法地位要明确，公开透明地执法，禁止企业与管理机构的暗箱操作，严格按照执法的程序和规范，不打折扣地完成执法部门的职责；同时，进一步加强执法力度，对产能落后、资源消耗过大、浪费资源和污染环境的企业，要坚决责令停业整顿，利用法律法规将一些低端产业排除在高质量发展的范围外，力争将地区产业升级向更高层次推进。三是完善项目建设管理制度，确保新建、改建的转型升级企业项目符合法律法规的要求，促进企业使用先进的生产技术、清洁能源。

8.3 健全资源型产业转型升级科技创新体系

8.3.1 建立科技人才培养机制

在资源型企业转型升级过程中，人才战略非常关键，培养一批懂技术、懂经营、懂管理的人才，能够为企业注入新鲜血液。企业首先应同高校合作，四川高校有"三线建设"和国防军工发展积累的丰富学科知识，理工科实力雄厚。一方面，高校可以根据国家人才战略需求建设一批重点、特色学科和紧缺人才学科；另一方面，企业制订一系列的人才引进计划，吸引一批能够突破关键技术、带动新兴产业发展的科学家、企业家、创新创业领军人物和高层次紧缺人才。企业不仅要解决好先进人才培养的问题，还要培养好基础性应用人才。企业要建成集职业教育、职业技能培训、技能等级鉴定、技能竞赛为一体的、"产学研"相结合的企业员工技能实训基地，根据企业转型升级的目标有针对性地培养一批懂操作流程、懂设备运转的企业职工，让员工跟随企业一起转型升级。对于积极投入到高质量发展中的行业领军者、改革先锋、劳动模范等，企业要给予充足的物质、精神激励，让人才有获得感、荣誉感。

8.3.2 建立科技研发机制

政府要积极推进科技创新平台建设，依托四川各级各类院校和科研机构的工程技术中心和重点实验室，以及企业的自主研发中心等机构进行科技创新活动，鼓励有能力的高校和科研院所设立资源型企业转型升级科技研发中心和重点实验室，通过建设科技创新平台来加强企业与科研机构的合作，实现科技成果的有效转化。企业之间可以建立合作式科研开发平台，关键技术一起攻关、分工攻关，先进技术共享，以企业间的共赢合作推动行业的发展。

加大对科技创新研发资金的投入力度，鼓励企业增加科技研发投入，建立专门的研发资金，防止在科技研发活动中因资金不足导致研发活动中断等问题。政府及金融机构可以设立对应的专项政策，从财政补贴和信贷方面支持企业的科技研发。对于涉及国家资源战略开发技术方面的科技研究，要调动全国资源，利用国内成熟的科研开发平台进行技术创新和难点攻克。

8.3.3 建立科技应用机制

科技应用机制是实现科研成果转化为现实生产力的重要一环。企业在增加对核心技术开发投入的同时，还必须广泛吸收社会资金，通过多种途径投资于科技成果的开发和转化，建立和完善核心技术的完整运行机制。要做好科技成果的商业化应用，首先，要建立科技成果转化的渠道，引导中介机构规范参与科技成果的商业化发展，而政府部门应该起到企业风险抵御"后盾"的作用，将科技成果转化的风险充分考虑到政府的经济工作当中来，并主动承担风险，以此来加快科技成果的转化进程；其次，要加强科技成果应用信息化建设，加快高校、科研机构、企业研发机构有价值的科研成果的快速传播，帮助研发机构和应用机构获得有效信息，大幅度降低交易成本，提高科技转化效率。

8.3.4 构建科技公共服务平台

构建科技公共服务平台主要是为资源型企业转型升级提供科技基础保障和条件支撑，强化满足科技创新需求的科技资源社会共享和公共技术服务供给。探索形成各具特色的科技平台有利于满足企业对不同科技公共服务的需求。相关方还应该放眼世界，建立国际化的科技服务平台，并促进平台互通，充分利用国外先进科技成果，通过加强与世界各地企业的科技交流与合作，推进转型升级发展。

要构建技术支持平台，为企业创新提供支撑；成立专家咨询团队，建立中小企业与专家联系机制；利用专家数据库对中小企业技术创新进行手把手指导；针对中小企业面临转型升级的具体需求和难题，组织专家开展技术咨询和企业诊断等活动；定期召开技术成果发布会。由政府带头宣传，开展"产学研"对接，加快新技术、新成果的直接运用，使其更快地产生实际效益。

构建科技服务中介平台，政府、银行、企业、科研院所等都是重要的参与主体，只有各方密切合作，协调行动，充分发挥各主体之间独特的功能，才能为基础创新发展提供支持与保障。要大力发展中介服务组织，采用多种手段，凝聚各方力量，实现科技创新及服务水平的提升。企业在参与科技创新服务的过程中，要努力争取政府在技术、资金、税收等方面的支持，以科技创新带动产业发展，以产业效益吸引资金。中介机构要发挥桥梁作用，引导金融机构的资金向科技创新倾斜，并提升银行的贷款意愿，为促进企业创新发展创造便利。

科技公共服务平台要实行政府主导与企业运行相结合的运行机制，利用市场对资源的调动和配置作用发挥科技资源的效用。平台不能只是满足研究，而是要面向研究、开发、产业化等不同环节的创新主体，破除科技条件的拥有者、经营者、使用者之间的壁垒，形成科技资源共建、共管、共享机制，降低创新平台的建设成本。

8.4 建立资源型企业转型升级的行政管理体系

8.4.1 建立组织协调机制

资源型企业转型升级发展是一个长期的过程，不可能通过短时间的"运动式"开发就能获得成功，它是在我国经济高质量发展战略中需要持续的过程，没有"大功告成"的时刻。因此，各级政府、相关部门要进一步加强组织领导，尽快适应"新角色"，建立资源型企业转型升级的组织保障体系，明确自身对资源型产业转型的责任，落实好党和国家提出的关于高质量发展背景下资源型企业转型升级的各项方针政策，努力把顺利推进资源型企业高质量发展作为首要任务，加强宏观管理、提供便捷服务、进行科学指导。一方面，在行政区域范围内建立资源型产业转型升级办公室，成立领导小组，协调各方，帮助企业进行合理的转型升级规划，指导资源型企业各项工作，积极统筹区域内各项资源，促进区域内企业共同发展，激发资源型产业转型升级发展的内在动力。另一方面，建立跨区域的合作机制，根据区域经济一体化发展的原则，对区域间的资源、交通、产业布局进行合理规划，实现区域间优势互补。

目前攀枝花市、凉山州被整合为攀西经济区，其经济发展战略目标是推动产业转型升级，建设攀西国家战略资源创新开发试验区。为此攀枝花市与凉山州各级政府首先要在基础设施规划上统一协调，实现两地区基础设施的联通。其次，攀西地区各级政府要在转型升级规划上统一大局，凉山州作为转型升级后的重要清洁能源基地主要保障能源开发与输送，攀枝花市主要实现矿业资源产业转型升级，实现两地错位发展，避免产能过剩，效益低下。

8.4.2　建立考核制度

资源型企业转型升级是个长期过程，这个过程要逐步推进。对此应该建立资源型企业转型升级的考核制度与评价体系，以综合评估资源型企业转型升级的速度、进程，转型升级后给地区经济与社会带来的效益。根据考核制度制定相应的奖惩制度，对于落实高质量发展战略、积极转型并获得阶段性成果的资源型企业给予适当的奖励，加大财税支持力度；对于实施高质量发展战略并获得政策支持却不积极实施转型升级发展的资源型企业，取消其政策上的优惠，并对其进行适当的经济处罚；对依然低效率使用资源、对环境造成污染的资源型企业予以曝光，并责令其停业整改或直接促使其关闭。每年都定期和不定期地对区域内的资源型企业进行评估，检查落实情况，整体把握区域的转型升级状况，精准把握不同的发展阶段，根据不同的发展阶段及时出台优化相应的政策方针。

8.4.3　创新管理机制

产业转型升级势必促使许多企业进入该领域，所以应建立市场准入标准和合格评定制度，从"源头"上把握高质量发展，对达不到能源消耗规定、资源利用效率和环保要求的企业不予审批，鼓励有能力的企业积极转型升级发展。严禁新开工的项目继续使用低效生产装备、落后工艺流程，生产低端产品。加强社会舆论和媒体监督，完善社会监督体系，重点保证企业的环保生产。

建立项目联合审批机制，对于资源型企业转型升级项目要通过发展改革委、工业和信息化相关部门和省环境保护厅联合审批，协调经济发展和生态环保之间的矛盾。对于重大决策要通过人大、政协和社会的共同讨论，加强监督，对重大的"不作为、乱作为"行为，要追求相关人员责任，使管理机制促进资源型企业、地区产业顺利健康地转型升级，促进地区经济发展。

9 结论与展望

9.1 结论

四川民族地区是省内主要的资源富集区，优越的资源条件奠定了该地区资源型产业的发展基础，黑色金属、有色金属、煤炭等采掘、加工产业均是该地区的优势产业。其中黑色金属和有色金属的开发和综合利用产业已经成为四川民族地区经济发展的主导产业和支柱产业，进而促进了这些民族地区的经济和社会的快速发展。但是，以自然资源的开发利用为主的工业化进程，也造就了民族地区"高能耗、高排放、低产出、低利用率"的特征。在我国提出高质量发展的背景下，四川民族地区资源型产业的发展也已经进入了新的变革时期。地区的资源型产业的转型升级与发展应该立足于地区资源型产业的实际状况、经济发展水平和社会民情，从高质量发展的内涵和产业转型升级的影响因素着手，探索符合地区的产业转型升级发展路径的原则、思路和重点，构建有效的产业转型升级路径，实现资源利用最大化和产业转型升级成本的最小化，实现资源型产业发展的经济效益、社会效益和环境效益的统一。通过对四川民族地区资源型产业转型升级问题的研究，本书得到的主要结论如下：

（1）资源型产业的转型升级能够有效提升资源利用率，保证地区经济的可持续发展。产业的转型升级重在优化产业结构和产业布局，一方面促进地区产业结构的高级化和合理化，另一方面促进产业集群发展。四川民族地区过去基本都是以资源密集型增长模式为主，依靠当地丰富和具有特色的各类资源形成了较为粗放的经济增长模式，主要依靠当地资源的大量投入来获得地区生产总值的增加。特别是在追求经济增长速度的评价标准下，四川民族地区出现了非常多的高要素投入、高耗能、低产能、低效益的企业，不仅过度消耗了当地的自然资源，对生态环境造成了严重的破坏，还没有对当地的经济增长起到明显的促进作用。总体来说，四川民族地区的资源型工业占比过大，三次产业发展不均衡、工业发展对资源依赖程度深，产业缺乏多样性，单位能耗较高，能量流动链条短。四川民族地区均面临不同程度的资源枯竭困境，优质资源少，资源复采率高，资源利用成本较高，资源型企业产能落后，环境污染问题严重。

（2）四川民族地区资源型产业的转型升级迫在眉睫。首先，四川民族地区落后的产业结构在地区经济的竞争中处于劣势，如果不能积极地追赶周边经济圈，将会面临被边缘化的风险。其次，资源型产业产能过剩问题阻碍着该地区经济的发展，在我国供给侧改革的背景下解决转型升级问题更加紧迫。最后，近年来资源市场的不景气进一步压缩着地区的经济效益，资源型产业带来的一系列环境问题透支着该地区的经济发展潜力。

（3）四川民族地区的资源型产业以淘汰落后产能为基础，积极推进资源型产业的转型升级，逐步形成以循环经济、产业共生和新型产业为导向，以构建产业园区和产业联合发展为表现的资源型产业转型升级发展路径。攀枝花市转型的重点是继续在以钢铁加工业为基础的工业产业格局下，大力发展钒钛产业，提高科技攻关与新技术的运用和转化率；阿坝州定位生态保护区，在保护资源的同时提高再生资源的利用效率，逐渐摆脱了对资源的依赖；凉山州定位能源基地，积极推进新能源产业的建设，同时立足于城市经济圈和产业园区，力求打造新一批高精尖的资源型企业。但是总体来说，四川民族地区资源型产业的转型升级的总体水平较低，社会效益和经济效益还有待提高，在转型升级过程中呈现出以下特征：产业转型升级多以政府或者国有大中型企业为主导；不同类型的资源型产业发展水平和演进速度差异较大；科技和教育对产业转型升级的推动作用不明显，转化率低。

（4）为探究四川民族地区资源型产业转型升级的影响因素，以凉山州为例，我们将资源型产业的影响因素分为节点层、网络层和外围层三个层次，从资源型产业的转型升级速度和转型升级方向两方面就其主要影响因素进行了实证分析，三个层次的凉山州资源型产业转型升级的影响因素对凉山州资源型产业转型升级的速度和方向产生显著的影响作用。从影响作用的大小来看，外围层的人均地区生产总值和国有及国有控股企业产值占比的影响作用最大，但是影响的方向不同，人均地区生产总值的增加对资源型产业转型升级的速度和方向均产生显著的促进作用，国有及国有控股企业产值占比的提升对产业转型升级的速度和方向均产生显著消极的影响，这说明良好的宏观经济环境以及发达的市场经济会促进资源型产业的转型升级。节点层的成本收入比在产业转型升级速度和方向两方面分别产生了促进和抑制的作用，这说明企业执行层效率的提升会加快产业转型升级的速度，同时抑制产业结构层次的提升；成本费用利用率和人均地区生产总值均对产业转型升级的速度和方向产生显著的积极作用，这说明企业科学的管理制度配合运行好的经济环境会促进企业的转型升级。实收资本中国有资本占比、国有及国有控股企业产值占比均对产业转型升级的速度和方向产生消极作用，这说明企业单一的决策层和不完全的市场经济制度会共同抑制地区产业的发展。网络层对产业转型升级速度作用明显，产业聚集程度的增加有利于转型升级速度的提升，而资源型加工业产值占比则作用相反。外围层和网络层产业转型升级的速度的影响更为显著，节点层的影响程度较小。其中外围层的影响因素按照促进效果大小排序依次为人均地区生产总值、财政收支比、国有及国有控股企业产值占比；网络层的影响因素按照促进效果大小排序依次为产业聚集程度和资源型加工业产值占比；节点层的影响因素按照促进效果大小排序依次为成本费用利用率、成本收入比、实收资本中国有资本比例。节点层对于产业转型升级的方向的影响程度比外围层的影响程度大。其中节点层的影响因素按照促进效果大小排序依次为成本费用利用率、实收资本中国有资本占比、成本收入比。外围层的影响因素按照促进效果大小排序依次为人均地区生产总值、国有及国有控股企业产值占比。

从凉山州的宏观经济层面来看，经济发展水平的提升有利于促进凉山州三次产业的转型升级。科学技术的发展一方面对三次产业的结构层次的上升产生一定的促进作用，另一方面还不能完全释放三次产业转型升级的速度，具体表现为科学技术只运用于主要产业进而产生了对劳动力流动的抑制作用。基础设施水平的提升对于凉山州三次产业转升级的作用与科学技术相同。教育资源水平和金融效率的提高均有利于推动凉山州三次产业的转型升级。

（5）资源型城市的出现和转型是伴随整个工业化发展进程的，资源型城市的产业发展以及资源型产业转型升级问题在世界许多国家都存在，因而各国针对本国资源型产业发展的实际情况采取了各不相同的政策和转型模式。四川省民族地区的资源型产业的转型升级应该从地区实际情况着手，完善升级过程中的法律法规，从多方面、多层级加以完善，明确产业转型升级过程中各个主体的责任和义务。要建立和完善相应的法律法规使四川民族地区资源型产业转型升级在法律法规约束和规范下有序推进。在国内外产业转型升级的过程中，政府都扮演着不可替代的角色。各级政府要坚定决心，发挥宏观调控作用，形成推动资源型产业转型升级的合力，深化机制体制改革，完善四川民族地区资源型产业转型升级的社会参与机制。四川民族地区的资源型产业发展时间长，生产方式也相对传统，在发展过程中对生态环境的破坏比较严重。而四川民族地区的地理环境条件和战略布局也决定了该地区必须要注重生态环境保护。因此，在资源型产业转型升级过程中，需要加大环境治理力度，尤其是大力治理矿山和矿城的生态环境。四川民族地区在产业转型升级过程中要注重人才的培育和科技的研发，整合和建立先进生态工业园区，多途径转移剩余劳动力；同时，深化改革，保护产业转型升级的微观基础。

（6）四川民族地区资源型产业转型升级的目标是实现产业的高质量发展，以创新推动资源密集型企业长久可持续发展，增强资源密集型企业的国际竞争力，打造环境友好型的产业生产模式。重点企业要注重创新发展，以创新驱动效益增长，通过引进、合作、自主研发等方式升级、革新生产技术，争取突破技术上的难关；整合企业内部资源，组织更高效的生产管理模式；积极向产业上下游拓展业务，开发新的、高级的产品，同更多的企业合作，扩大市场；在转型发展路径的构建原则上，要坚持政府与市场相结合原则、逐步推进原则、系统性原则、效益综合原则以及重点推进原则；重点把握地区经济增长方式的转变、产业创新能力的提升、资源深加工行业和应用产业的培育、骨干企业的扶持以及资源型企业经济效益的提升。

（7）四川民族地区资源型产业的转型升级应该从资源型产业生态系统的节点层、网络层和外围层着手。首先，构建市场经济体系，加大金融支持力度，建立差别化的价格机制，完善市场信息化建设。其次，完善资源型产业转型升级的政策法规体系，完善财政支持政策，保证财政支持的合理和适度，完善民生保障措施和税收优惠政策。再次，健全资源型产业转型升级的科技创新体系和教育体系，建立科技人才培养机制、科技研发机制、科技应用机制和科技教育公共服务平台。最后，建立和完善资源型企业转型升级的行政管理体系，建立组织协调机制、考核机制和创新管理机制，进而推动地区资源型产业的高质量发展。

9.2 展望

本书在产业转型升级的相关理论和高质量发展背景的指导下，从四川民族地区资源型产业入手，探索了四川民族地区资源型产业转型升级的路径和保障措施，这具有一定的理论和现实意义。但是，由于个人的能力和资料搜集等方面的限制，研究尚存在一些不足之处。今后需要对以下几个方面的问题进行深入研究。

第一，企业和园区的资源型产业转型升级的研究。本书对于资源型产业转型升级的发展路径的研究主要是从区域层面分析了资源型产业的发展水平、影响因素和发展路径，研究结论是不同地域产业转型升级的普遍性结论，并没有更加深入地对比和分析地域内具体的产业或是产业园区的资源型产业发展路径，更加缺乏企业层面转型升级的研究和探讨，这是今后研究的重点方向。尤其是基于企业规模差异、技术条件差异和资源条件差异甚至是文化差异的资源型产业转型升级路径研究将对四川民族地区资源型产业的发展和演变更加具有针对性和实践性。

第二，四川省资源型产业生态系统运行机制研究。产业生态系统的高效运行是产业实现转型升级的基础和表现形式，也是产业结构发展和构建的重要目标。四川民族地区资源型产业的经济效益、社会效益和生态效益均深刻影响着地区经济的发展进程。本书并没有进一步地测算和对比分析这些问题，因此接下来需要更加全面客观地分析该地区资源型产业转型升级的运行机制。

第三，需要结合高质量发展对资源型产业的转型升级做进一步的评价。由于对于产业高质量发展的评价指标体系的构建还不完善，因此本书关于资源型产业高质量发展指标的运用仍然存在局限性，更多的是借鉴过去已有的指标和数据，导致相关研究结论与高质量发展的切合度较低，因此还需要制定严格的标准，进一步搜集更加翔实的数据和资料，构建更加可行且完善的指标体系，切实地评价和分析资源型产业转型升级的绝对和相对资源效率。

参考文献

［1］周一星. 城市地理学 ［M］. 北京: 商务印书馆, 1995: 204-222.

［2］MACHINTOSH W A. Economic factors in Canadian history ［J］. Canadian Historical Review, 1923, 4 (1) : 12-25.

［3］INNIS H A. The fur trade in Canada: an introduction to Canadian economic history ［M］. Toronto: University of Toronto Press, 1930: 383-402.

［4］JONES S B. Mining and tourist towns in the Canadian Rockies ［J］. Economic Geography, 1933, 9 (4) : 368-378.

［5］覃娟. 一个综述: 国外自然资源开发理论与模式 ［J］. 学术论坛, 2014, 37 (8): 75-78.

［6］HABAKKUK H J. American and British technology in the nineteenth century ［M］. Cambridge, MA: Cambridge University Press, 1962.

［7］GORDON W B. Economic growth in Canadian industry, 1870-1915: the staple model and the take-off hypothesis ［J］. The Canadian Journal of Economics and Political Science, 1963, 29 (2) : 159-184.

［8］WATKINS M H. A staple theory of economic growth ［J］. The Canadian Journal of Economics and Political Science, 1963, 29 (2): 141-158.

［9］LUCAS R A. Mine town, mill town, rail town: life in Canadian communities of single industry ［M］. Toronto: University of Toronto Press, 1971: 410-423.

［10］SIEMENS L B, PEACH J W, WEBER S M. Aspects of interdisciplinary research in resource frontier communities ［R］. Winnipeg: University of Manitoba, 1970: 45-75.

［11］SIEMENS L B. Single-enterprise communities on Canada's resource frontier ［A］//PRESSMAN N. New Communities in Canada Exploring Planned Environment. Waterloo: University of Waterloo, 1976: 277-297.

［12］沈镭. 我国资源型城市转型的理论与案例研究［D］. 北京：中国科学院研究生院（地理科学与资源研究所），2005.

［13］BRADBURY J H, ST-MARTIN I. Windingdown in a Quebec mining town: a case study of Schefferville［J］. The Canadian Geographer, 1983, 27（2）: 128-144.

［14］BRADBURY J H. Towards an alternative theory of resource-based town development in Canada［J］. Economic Geography, 1979, 55（2）: 147-166.

［15］BRADBURY J H. The impact of industrial cycles in the mining sector: the case of the Quebec-Labrador Region in Canada［J］. International Journal of Urban and Regional Research, 1984, 8（3）: 311-331.

［16］RUI Y, HU Z L. Study of mining towns in northern American and Australia［J］. Urban Studies, 1997（1）: 41-44.

［17］O'FAIRCHEALLAIGH C. Economic base and employment structure in northern territory mining towns［A］// BREALEY C T, NEIL N P. Resource Communities: Settlement and Workforce Issues. Melbourne: CSIRO, 1988: 41-63.

［18］CORDEN W M, Neary J P. Booming sector and de-industrialization in a small open economy［J］. The Economic Journal, 1982, 92（368）: 825-848.

［19］AUTY R M. Sustaining development in mineral economics: the resource curse thesis［M］. London: Routledge, 1993.

［20］AUTY R M. Resource-based industrialization: sowing the oil in eight developing countries［M］. New York: Oxford University Press, 1990.

［21］SACHS J D, WAMER A M. Natural resource abundance and economic growth［J］. NBER Working Paper, 1995（5）: 398.

［22］BOTTGE R. Company towns versus company camps in developing Alaska's mineral resource［R］. Bureau of Mines, 1986: 1-19.

［23］PARKER P. Queensland coal towns: infrastructure policy, cost and tax［R］. Australian National University, Centre for Resource and Environmental Studies, 1986: 30.

［24］ROSS D, USHER P. From the roots up: economic development as if community mattered［M］. Toronto: James Lorimer & Company, 1986: 55-68.

［25］SHARPE R. Informal work and its development role in the west［J］. Progress in Human Geography, 1988, 12: 315-316.

[26] HOUGHTON D S. Long-distance commuting: a new approach to mining in Australia [J]. The Geographical Journal, 1993, 159 (3): 281-290.

[27] BRITTON J N H. Canada and the global economy: the geography of structural and technological change [M]. Montreal: McGill-Queens University, 1996: 97-100.

[28] HAYTER R. Flexible crossroads: the restructuring of British Columbia's forest economy [M]. Vancouver: UBC Press, 2000: 321-354.

[29] HAYTER R, BARNES T J. The restructuring of British Columbia coastal forest sector: flexibility perspectives [J]. BC Studies, 1997 (113): 7-34.

[30] BARNS T J, BRITTON N H, COFFEY W J, et al. Canadian economic geography at the millennium [J]. The Canadian Geographer, 2000, 44 (1): 4-24.

[31] ALTMAN M. Staple theory and export-led growth: constructing differential growth [J]. Australian Economic History Review, 2003, 43 (3): 230-255.

[32] SORENSEN T, EPPS R. The role of tourism in the economic transformation of the central west Queensland economy [J]. Australian Geographer, 2003, 34 (1): 73-89.

[33] TANYA B, HAYTER R, BARNES T J. Resource town restructuring, youth and changing labour market expectations: the case of grade 12 students in Bowell river, BC [J]. BC Studies, 2003, 103: 75-103.

[34] DENNIS D R, MEREDITH J R. An analysis of process industry production and inventory management systems [J]. Journal of Operations Management, 2000, 18 (6): 683-699.

[35] BUTLE E H, DAMANIA R, DEACON R T. Resource intensity, institutions, and development [J]. World Development, 2005, 33: 1029-1044.

[36] MEHLUM H, MOENE K, TORVIK R. Institutions and resource curse [J]. The Economic Journal, 2006, 116: 1-20.

[37] CHRISTA N B, BUTLE E H. The resource curse revisited and revised: a tale of paradoxes and red herrings [J]. Journal of Environment Economics and Management, 2008, 55: 248-264.

[38] ALEXEEV M, CONRAD R. The elusive cures of oil [J]. Review of Economics and Statistics, 2009, 91: 586-598.

[39] STIJINS J C. Natural resource abundance and economic growth revisited

[J]. Resources Policy, 2005, 30: 107-130.

[40] GYIFASON T, ZOEGA C. Natural resources and economic growth: the role of investment [J]. World Economy, 2006 (8): 1091-1115.

[41] COLLIER P, GODERIS B. Commodity prices, growth and the natural resource curse: reconciling a conundrum [J]. MPRA Paper, 2009 (17): 315.

[42] ALEXEEV M, CONRAD R. The natural resource curse and economic transition [J]. Economic Systems, 2011, 35: 445-461.

[43] AUTY R M. Natural resources, capital accumulation and the resource curse [J]. Ecological Economics, 2007, 61: 627-634.

[44] RNDAL T, HERRERO I, NEWMAN A, et al. Operations research in the natural resource industry [J]. International Transactions in Operational Research, 2012, 19 (1-2): 39-62.

[45] KATZ J, PIETROBELLI C. Natural resource based growth, global value chains and domestic capabilities in the mining industry [J]. Resources Policy, 2018 (8): 58.

[46] RUD J P, FERNANDO M ARAGÓN, TOEWS G. Resource shocks, employment, and gender: evidence from the collapse of the UK coal industry [J]. Labour Economics, 2018 (3): 52.

[47] 刘吕红. 中国资源型城市起点研究 [J]. 兰州学刊, 2014 (1): 89-94.

[48] 韩术合, 张寿庭, 裴秋明. 资源型城市转型及可持续发展研究综述 [J]. 国土资源科技管理, 2016, 33 (1): 102-109.

[49] 李文彦. 矿产资源条件对形成地区工业体系与工业基地特点的作用 [C] //中国地理学会. 1978 年经济地理专业学术会议论文集. 北京: 科学出版社, 1981.

[50] 程绪平. 我国资源稀缺性与资源产业的发展选择 [J]. 经济研究, 1991 (9): 67-71.

[51] 樊杰. 我国煤矿城市产业结构转换问题研究 [J]. 地理学报, 1993, 48 (3): 218-226.

[52] 刘随臣, 袁国华, 胡小平. 矿业城市发展问题研究 [J]. 中国地质矿产经济, 1996, 9 (5): 16-20.

[53] 沈镭. 河西走廊矿业城市资源多元化开发战略初探 [J]. 中国地质矿产经济, 1995, 8 (6): 16-22.

[54] 王开盛. 我国资源型城市产业转型效果及影响因素研究 [D]. 西安：西北大学, 2013.

[55] 焦华富, 陆林. 西方资源型城镇研究的进展 [J]. 自然资源学报, 2000 (3)：291-296.

[56] 杨振超. 国内外资源型城市转型理论研究述评 [J]. 上海经济研究, 2010 (6)：67-73.

[57] 马洪云, 汪安佑. 发达国家矿业城市经济转型模式研究 [J]. 中国国土资源经济, 2006, 19 (5)：18-20.

[58] 张冬冬. 国外资源型城市产业转型及其对我国的启示 [J]. 资源与产业, 2009, 11 (3)：8-11.

[59] 郑伯红, 廖荣华. 资源型城市可持续发展能力的演变与调控 [J]. 中国人口·资源与环境, 2003 (2)：95-98.

[60] 顾恩国, 秦文钏, 安树庭. 资源型产业可持续发展的动力学模型分析及混沌控制 [J]. 中南民族大学学报（自然科学版）, 2015, 34 (2)：127-132.

[61] 杨莉莉, 邵帅. 人力资本流动与资源诅咒效应：如何实现资源型区域的可持续增长 [J]. 财经研究, 2014, 40 (11)：44-60.

[62] 赵领娣, 徐乐, 张磊. 资源产业依赖、人力资本与"资源诅咒"假说：基于资源型城市的再检验 [J]. 地域研究与开发, 2016, 35 (4)：52-57.

[63] 徐君, 李贵芳, 王育红. 国内外资源型城市脆弱性研究综述与展望 [J]. 资源科学, 2015, 37 (6)：1266-1278.

[64] 徐君, 高厚宾, 王育红. 生态文明视域下资源型城市低碳转型战略框架及路径设计 [J]. 管理世界, 2014 (6)：178-179.

[65] 林利剑. 资源型城市生态文明建设中的产业转型升级机理：以马鞍山与莱芜为例 [J]. 中国城市研究, 2014 (1)：116-125.

[66] 景普秋. 资源型地区经济增长动力构成及转换研究 [J]. 南开学报（哲学社会科学版）, 2016 (3)：125-134.

[67] 陈冬博. 资源型城市的产业转型与新产业发展 [J]. 山西财经大学学报, 2018, 40 (S2)：60-61, 65.

[68] 薛雅伟, 张在旭, 李宏勋, 等. 资源产业空间集聚与区域经济增长："资源诅咒"效应实证 [J]. 中国人口·资源与环境, 2016, 26 (8)：25-33.

[69] 刘媛媛, 孙慧. 资源型产业集群形成机理分析与实证 [J]. 中国人

口·资源与环境, 2014, 24 (11): 103-111.

[70] 傅沂, 杨修进. 资源型产业集群演化机理研究: 基于利益主体间演化博弈和仿真视角 [J]. 中南大学学报 (社会科学版), 2016, 22 (1): 106-113.

[71] 李烨, 潘伟恒, 龙梦琦. 资源型产业绿色转型升级的驱动因素 [J]. 技术经济, 2016, 35 (4): 65-69, 119.

[72] 田原, 孙慧. 低碳发展约束下资源型产业转型升级研究 [J]. 经济纵横, 2016 (1): 45-48.

[73] 田原, 孙慧. 资源型产业低碳转型的影响因素及作用机理分析 [J]. 求是学刊, 2016, 43 (4): 58-64.

[74] 白云朴, 李辉. 资源型产业结构优化升级影响因素及其实现路径 [J]. 科技管理研究, 2015, 35 (12): 116-122.

[75] 杨丹辉, 张艳芳, 李鹏飞. 供给侧结构性改革与资源型产业转型发展 [J]. 中国人口·资源与环境, 2017, 27 (7): 18-24.

[76] 王伟. 资源型产业链的演进、治理与升级: 以铜陵市铜产业链为例 [J]. 经济地理, 2017, 37 (3): 113-120.

[77] 仇韪, 李金叶. 资源型产业与非资源型产业互动效应研究: 以新疆为例 [J]. 科技进步与对策, 2018, 35 (7): 68-73.

[78] 彭佑元, 程燕萍, 梅文文, 等. 资源型产业与非资源型产业均衡发展机理: 基于合作创新的演化博弈模型分析 [J]. 经济问题, 2016 (2): 80-85.

[79] 杜国银, 王玉平, 卜善祥. 资源型产业的地位与高科技产业发展的关系 [J]. 中国矿业, 1999 (3): 13-16.

[80] 孟航. 经济发展方式转变与民族地区产业转型升级 [J]. 社会科学家, 2012 (10): 56-60.

[81] 严红. 中国西部民族地区经济发展路径转型研究: 基于改革开放以来的考察与分析 [J]. 云南社会科学, 2017 (4): 40-46.

[82] 王建敏. 西部少数民族地区促进资源型产业转型的制度研究: 基于法律激励与约束的视角 [J]. 贵州民族研究, 2017, 38 (6): 17-20.

[83] 兀晶. 西部民族地区传统产业升级路径研究 [J]. 贵州民族研究, 2016, 37 (7): 158-161.

[84] 王峰. 西部民族地区经济发展的路径演化与新时期战略选择 [J]. 民族论坛, 2016 (5): 26-32.

［85］任志军，肖艳涛. 新常态下西部民族地区资源型产业发展研究 ［J］. 改革与战略，2017，33（8）：109-114.

［86］郭淑芬，郭金花. "综改区"设立、产业多元化与资源型地区高质量发展 ［J］. 产业经济研究，2019（1）：87-98.

［87］饶勇，何莽. 人力资本投资优先：西部民族地区旅游业转型发展的路径选择 ［J］. 广西民族大学学报（哲学社会科学版），2012，34（1）：130-136.

［88］吴铀生. 四川民族地区经济发展与社会稳定战略的实现途径 ［J］. 民族学刊，2013，4（6）：14-17，93-95.

［89］刘玉邦，眭海霞，徐云峰. 新常态下四川民族地区发展路径优化 ［J］. 开放导报，2015（4）：56-60.

［90］蔡凌曦. 多民族地区经济转型升级的评价研究：以四川省阿坝藏族羌族自治州为例 ［J］. 新疆社会科学，2018（1）：53-58.

［91］李昌明. 西部民族地区经济空间结构演进研究 ［J］. 延边大学学报（社会科学版），2009，42（1）：88-93.

［92］吴德辉. 四川民族地区经济社会可持续发展的路径选择与政策支持 ［J］. 中共四川省委党校学报，2006（1）：107-109.

［93］吴永红. 四川民族地区经济不平衡发展原因浅析 ［J］. 西南民族大学学报（人文社科版），2004（8）：85-86.

［94］人民银行成都分行课题组. 民族地区经济发展的金融支持问题研究 ［J］. 西南金融，2003（1）：4-9.

［95］杜明义. 生态资本视角下生态脆弱民族地区经济发展模式探讨：以四川甘孜藏族自治州为例 ［J］. 理论导刊，2016（6）：78-81.

［96］田秋生. 高质量发展的理论内涵和实践要求 ［J］. 山东大学学报（哲学社会科学版），2018（6）：1-8.

附　录　调研团队考察过程中拍摄的照片

课题组与四川博鑫铜业有限公司相关负责人交流

攀钢集团有限公司尾矿库

攀枝花铁矿山

四川博鑫铜业有限公司车间

高质量发展背景下四川民族地区资源型产业转型升级研究

四川博鑫铜业有限公司厂房

攀枝花市东区粮库光伏发电设备

后　记

本书是四川省科学技术厅软科学项目"高质量发展背景下四川民族地区资源型产业转型升级研究"（项目编号：2019JDR0034）的最终成果。在本项目研究过程中，课题组得到了凉山彝族自治州发展和改革委员会、攀枝花市发展和改革委员会、攀枝花学院、西南财经大学、会理县发展和改革局、成都五洲智库工程管理咨询有限公司等单位相关领导和部门负责同志的关心和大力支持；研究所涉及的所有调查与访谈对象给课题组调研提供了很大帮助，如四川博鑫铜业有限公司的赵小平总经理、会理县财通铁钛有限责任公司李忠斌总工程师、攀枝花学院的严安国教授、五洲智库的CEO（首席执行官）杨五洲博士均给予了课题组调研很大方便，与课题组成员进行了充分的座谈，在此表示感谢；四川农业大学经济学院硕士研究生陈朴、李皓、朱伟永作为课题组成员全程参与了调研，在搜集数据、记录访谈内容、处理论文数据、撰写初稿、校稿等工作中付出了辛勤劳动，在此表示感谢。

在本书撰写过程中，我们得到了许多专家学者和党政部门领导的指导与帮助，他们提出了很多宝贵的意见。我们也参考了很多专家学者的论文、著作等成果，以及部分互联网上的文章。本书尽可能地以脚注或参考文献的方式标注引用或参考的资料来源，但也可能还存在遗漏，没有一一注明。在此，我们对所有提供意见、建议的专家学者，党政部门领导、资料的作者及出版单位和相关网站表示衷心感谢。

本书的出版得到了西南财经大学出版社的大力支持，在此，我们谨向出版单位的相关领导及具体负责的工作人员表示衷心感谢。

最后，要特别感谢为本书作序的四川省学术与技术带头人、四川省政府研究室特邀专家孙超英教授和凉山彝族自治州发展和改革委员会万映斌副主任。

　　本书中错漏在所难免，敬请读者批评指正。

作者

2020 年 12 月

报告收录证书